JN415501

텔 더 스토리

성경 속 40가지 이야기

텔 더 스토리

성경 속 40가지 이야기

초판 1쇄 발행 2021년 3월 30일

지은이 Woman's Missionary Union

옮긴이 차정화, 편집부
발행인 이요섭
기획 박찬익
편집 이지혜
디자인 박지혜
제작 이인애
영업 김승훈, 정준용, 이대성

펴낸곳 요단출판사
등록 1973. 8. 23. 제13-10호
주소 07238) 서울특별시 영등포구 국회대로76길 10
기획 (02)2643-9155
영업 (02)2643-7290
Fax(02)2643-1877

©2021. 요단출판사 all rights reserved.

ISBN 978-89-350-1874-1 03230
978-89-350-1876-5 04230 (세트)
값 25,000원

Copyright © 2018 by Woman's Missionary Union
Originally published in English under the title
Tell the Story: Bible Storying for Kids
Woman's Missionary Union , SBC
PO Box 830010, Birmingham, AL 35283-0010
All rights reserved,
Used and translated by the permission of Woman's Missionary Union
This Korean edition copyright © 2021 by Jordan Press, Seoul, Republic of Korea

이 한국어판의 저작권은 Woman's Missionary Union과 계약한 요단출판사에 있습니다.
신 저작권법에 의하여 한국 내에서 보호 받는 저작물이므로 무단 전재와 무단 복제를 금합니다.
본문에 인용된 성경 구절은 대한성서공회의 성경전서 개역개정판을 사용하였습니다.

텔 더 스토리

성경 속 40가지 이야기

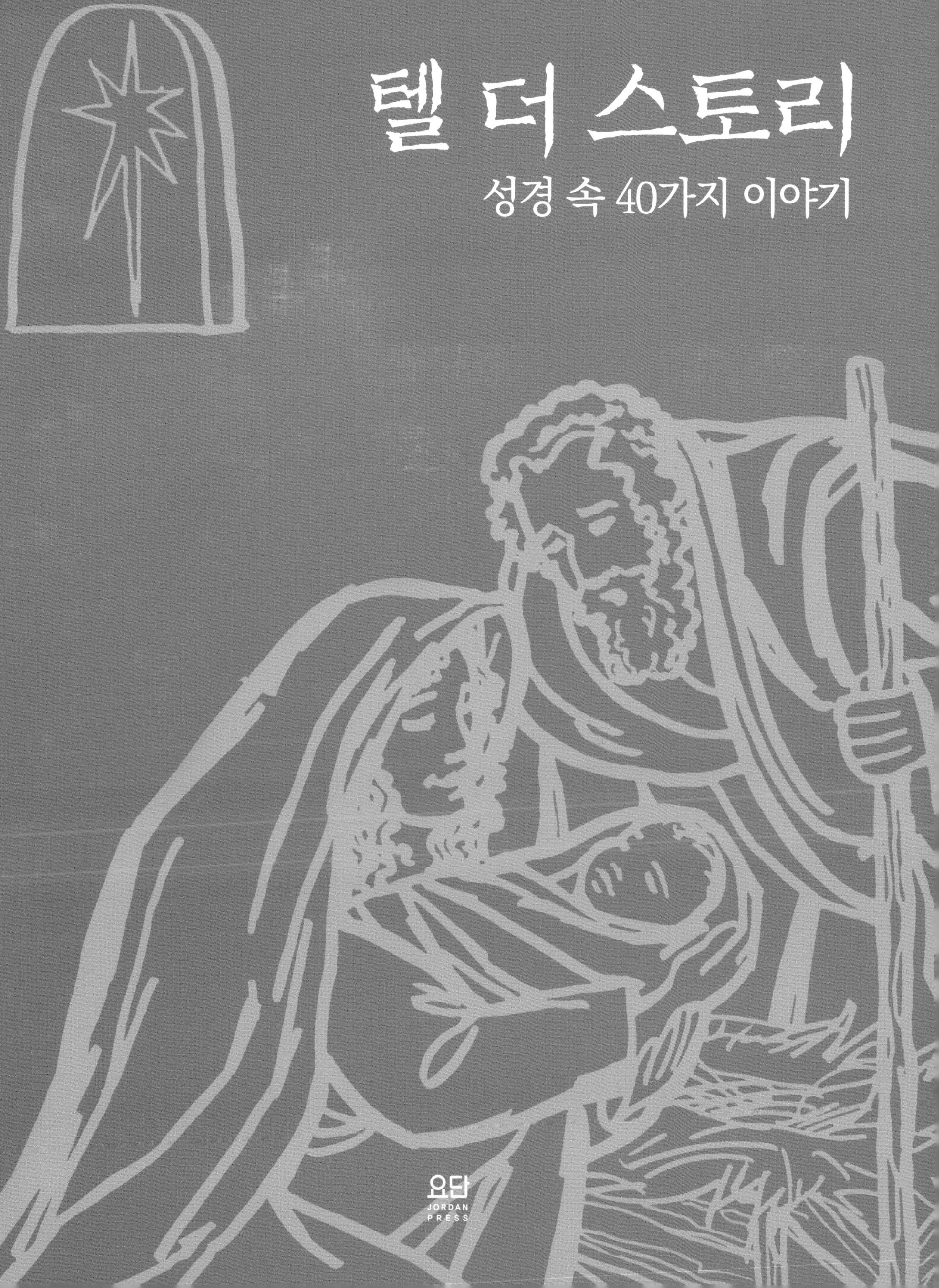

요단
JORDAN
PRESS

추천사

이현모 (한국침례신학대학교 선교학 교수)

오래 전 미국에서 유학생으로 공부하던 시절에, 미국 남침례 교회의 선교 교육 중 하나인 *Mission Friends* 프로그램에 교사로 참여했던 적이 있었다. 매주 수요일 저녁에 모여서 어린이들에게 선교에 대한 교육을 시키는 프로그램이었다. 유치원생 수준의 영아로부터 초등학생, 중고등학생에 이르기까지 다양한 연령층에 선교 교육을 시키는 것에 감탄했었다. 이때 배운 것이 몇 가지 있었다. 하나는 선교 교육의 필요성이었다. 선교와 영혼 구원을 강조하지만 실제적인 훈련이 없을 경우 하나의 구호에 그치거나 소수의 사람들만이 참여하는 특별한 일이 되어 버린다. 한국 교회도 그동안 선교를 많이 외쳤지만 실제적 선교 교육이 따르지 않으므로 점차 선교는 소수의 교회, 소수의 사람들만이 참여하는 프로그램으로 변질되는 느낌을 받고 있다. 이 당시 배운 또 다른 발견은 미국 남침례교여선교회(WMU)에서 만들어내는 선교 교육을 위한 다양한 교재들이었다. 선교 대상자의 눈높이에 맞는 극히 다양하고 창의적인 자료들을 보면서 한국 교회와의 실제적 차이를 느끼고 너무나 부러웠다. 한국에 돌아온 후 침례교 전국여성선교회가 아이들의 선교 교육 교재로 "작은 선교사"를 제작, 출간할 때 마음을 다해 환영했었다. 그러나 제한된 자원으로 이 교재를 만들면서 아쉬웠던 것은, 좀 더 다양하고 창의적인 접근 방법이었다.

이번 요단출판사에서 "텔 더 스토리"를 제작하게 됨을 보면서 그동안 마음에 있던 아쉬움이 한 번에 풀리는 듯한 시원함을 느낀다. "텔 더 스토리"를 적극 환영하는 데는 이 책이 가진 몇 가지 장점 때문이다. 첫째는 다양한 대상들을 향한 선교 교육 교재라는 점이다. 선교 여행 시 만나게 되는 어린이들, 국내 타문화권 아이들, 돌봄이 필요한 어른들 등 다양한 대상에게 사용할 수 있는 효과적인 내용을 담고 있다. 둘째는 부교재를 포함하는 효율적 접근 방법이다. 오감을 사용해서 보고 듣고 느끼고 만지고 대화할 수 있는 교육 방법은 오늘날의 비디오, 오디오 문화에서 절실하게 요구되던 접근 방법이다. 셋째로는 스토리텔링(story-telling) 방식의 창의적 내용이라는 점이다. 20세기 후반부부터 선교 영역에서는 스토리텔링을 통한 선교 방법이 주목을 받고 있다. 처음에는 문자가 없는 구전 문화권을 향한 접근 방식으로 개발되었지만 점차 문자 문화권 내에서도 비기독교인들에게 효과적인 접근 방법으로 인정을 받고 있다. 사람들은 전통적 설교 형식의 메시지 전달보다는 이야기식 메시지에 더 좋은 반응을 보인다. "텔 더 스토리"는 신구약 성경을 40개의 이야기로 구성했다. 이는 우리 시대의 필요에 맞는 적절한 선교 방법이다. 마지막으로는 이야기 전도의 효율을 높이기 위해 준비 단계, 이야기, 질문, 적용의 구조를 가지고 있다는 것이다. 이전에 선교사 입국이 안 되는 선교지에서 사용하기 위한 스토리텔링 전도법을 외국에서 훈련시킨 경험이 있다. 그러나 이야기 자체는 잘 준비되었지만 이야기를 전하기 위한 도입 단계와 이야기 전달 이후의 반응을 이끌어 내는 부분에서 사람들이 어려워하는 것을 발견하곤 했었다. 이런 약점이 "텔 더 스토리"에서는 온전히 보완되었다.

"텔 더 스토리"의 출간을 환영하면서 해외 선교사, 어린이 사역자, 국내 타문화권 사역자, 특별한 돌봄이 필요한 어른들에게 사역하는 분들에게 "텔 더 스토리"의 사용을 적극적으로 권한다. 현장에서 사역의 경험이 많은 사역자들일수록 스토리텔링 방식 선교의 효율을 실감하고 있을 것이다. 이 책을 통해 우리의 사역에 풍성한 열매가 맺히는 아름다운 일이 일어날 것을 확신하며 적극 추천한다.

목차

1단원

2단원

3단원

4단원

부록

1

단원

텔 더 스토리란 무엇인가

아이들에게 성경 이야기를 전하는 것이라고요?

텔 더 스토리는 다음과 같이 구성되어 있습니다: 소개, 40개의 성경 이야기, 학습 활동, 그리고 선교 여행이나 지역 전도를 위한 성경 이야기 5일 계획. 책에 따라오는 성경 이야기천은 각 이야기마다 필요한 시각 효과를 주기 위한 교보재입니다.

누구를 위한 것입니까?

이 교재는 다음과 같은 상황들을 위해 준비되었습니다:

- 여러분이 살고 계시는 지역이나 다른 지역에서 선교적 차원으로 교회 밖 어린이에게 다가가 가르칠 수 있습니다.
- 지역 전도나 일주일 간의 단기 선교를 위한 다섯 차례의 교육을 계획할 수 있습니다.
- 성경 전체를 연대기순으로 훑어볼 수 있습니다.
- 부모님들이 가족 예배 시간에 연대기적 성경 공부 교재로 사용할 수 있습니다.
- 개척 교회나 소그룹에서 아동부 성경 공부 교육 과정으로 사용할 수 있습니다.
- 성경을 전혀 들어보지 못한 어른들에게 간단한 복음의 진리를 나눌 수 있습니다.

이 다용도 교재는 다양한 대상과 연령에 맞추어 사용할 수 있습니다. 이 교재를 마음껏 사용하시고 여러분의 생각도 자유롭게 더하여 활용해 보세요.

왜 이야기를 사용해야 하나요?

이야기는 강력합니다. 우리는 이야기를 기억할 수 있고 다른 이들에게 전달할 수 있습니다. 성경의 반 이상이 이야기 형식으로 쓰인 것을 보면, 하나님께서 우리 삶에 큰 힘을 발휘하는 수단인 이야기를 선택하셨다는 것을 알 수 있습니다. 이 교재의 이야기들은 서로 연결되도록 사건 발생 순서를 따라 연대기적으로 정리되었습니다. 각 장에서는 이전 이야기를 복습합니다. 그러나 성경 자체가 다음 이야기를 자연스럽게 불러오도록 다음 이야기가 무엇인지 알려 주지 않습니다

교재는 어떻게 구성되었나요?

이 교재는 네 개의 주요 단원으로 나뉩니다.

❶ 교재 사용 방법
❷ 40가지 성경 이야기
❸ 학습 활동과 놀이
❹ 선교 여행과 지역 사회 전도를 위한 성경이야기 5일 계획

교재를 어떻게 사용하나요?

- 이야기 강화 학습 활동이나 20가지 성경 암송 활동 중 하나를 골라 각각의 성경 이야기를 배울 때 더불어 사용하십시오. 각 장 준비를 도울 장 별 계획표가 교재 뒤편 부록에 수록되어 있습니다.
- 먼저 오는 아이들이나 늦게 돌아가는 아이들을 위해 한두 가지 놀이를 골라 준비하세요.

무엇을 준비해야 하나요?

- 성경 이야기천(교재 구매 시 제공)

각 성경 이야기에 해당하는 채색 삽화이며 손쉽게 접어 보관할 수 있습니다. 각 그림을 가리키면서 이전 이야기를 복습하거나 현재 이야기를 전달할 때 사용할 수 있습니다. (이야기천 설명은 부록에 있습니다.)

각 장에 포함된 내용은 무엇인가요?

- 성경 본문
- 성경 암송 구절
- 성경 이야기를 위한 준비 – 이전 이야기가 무엇이었는지 복습할 시간을 갖고, 현재 이야기가 무엇인지 생각해 봅니다.
- 성경 이야기 – 쉬운 언어로 전달할 수 있도록 구성되었습니다.
- 질문 – 이야기 내용을 기억하고 배운 것을 적용하여 삶의 변화를 꾀하도록 구성되었습니다.
- 성경 이야기를 삶에 적용하기 – 질문이나 활동, 구체적인 성경의 진리를 아이들 삶에 적용합니다.

성경 이야기하기 기본

왜 이야기를 사용하는가?

하나님께서는 어른을 포함한 우리 모두를 이야기라는 매체에 적합하게 만드셨습니다. 여러분이 어릴 때 가장 좋아하던 이야기를 물으면 대부분은 바로 대답할 수 있을 것입니다. 그렇다면 무엇이 우리로 하여금 이야기를 기억하도록 하는 것일까요? 이야기는 우리의 상상력을 북돋웁니다. 이야기는 재미있습니다. 이야기는 진리가 장소, 인물, 사건, 대화에 근거하여 우리 안에서 견고하게 자리잡도록 시각적 틀을 제공합니다.

성경의 반 이상이 왜 이야기 형식으로 되어 있는지 궁금하지 않으십니까? 하나님께서 글을 읽을 줄 모르는 사람들이 대다수인 고대에 이야기를 통해 말씀을 기억할 수 있도록 하신 것입니다. 하나님께서 앞으로 오게 될 여러 세대를 위하여 이야기 형식으로 진리를 제시하셨습니다. 이야기가 없는 성경을 상상조차 할 수 있을까요? 이야기 없이 사역을 감당할 수 있다고 생각하는 선교사가 있겠습니까? 우리는 이야기를 통해 사실을 듣고 알기 원합니다.

하나님께서는 오감으로 배우도록 우리를 만드셨습니다. 우리는 적극적인 경청과 상상력을 발휘함으로 이야기 속으로 들어갈 수 있습니다. 이야기의 전개를 앎으로 사건을 구체화할 수 있습니다. 이야기와 관련한 물건을 만질 때 우리는 주변의 사물과 이야기를 연결하여 떠올릴 수 있습니다. 우리는 문자적, 상징적으로 전달된 이야기와 더불어 후각, 미각을 사용할 수 있습니다.

여러분이 가장 좋아하는 성경 이야기들을 떠올려 보시고, 자신은 왜 이런 이야기들을 좋아하는지, 왜 이 이야기들을 기억하는지, 그리고 이 이야기들을 아이들에게 말해 주면 어떤 영향을 끼칠 수 있을지 깊이 생각해 보십시오.

이야기하기 기본

성경 이야기를 준비할 때 다음 사항들을 고려하십시오.

❶ 이야기를 이해하십시오.

성경 이야기를 읽고 또 읽으세요. 이야기의 주제에 집중합니다. 자연스럽게 전달할 때까지 읽습니다.

❷ 이야기를 상상하십시오.

여러분의 상상력을 이용하세요. 눈을 감고 성경 이야기가 일어난 그 장소를 그려보세요. 그 장면의 색깔, 소리, 냄새, 맛을 떠올려 봅니다. 여러분 자신을 주인공 위치에 놓아 보세요. 이야기의 전개를 그려 보고 이야기의 줄거리를 구성해 봅니다.

❸ 이야기를 배우십시오.

암기하지 말고 자연스럽게 이야기합니다. 혼자 전달하는 연습을 반복적으로 해 보세요. 가족이나 친구에게 평가를 받으세요.

❹ 이야기를 해 보십시오.

이야기를 시작하면서 성경을 펼치세요. 이 이야기가 어디 있는지 모인 이들에게 알려주세요. 원래 성경 이야기와 가장 비슷하도록 이야기합니다. 성경 이야기를 과거 시제로 전달하세요. 이야기를 동작과 함께 전달하세요. 성경 이야기를 할 때는 여러분의 해석이 아니라 성경 말씀 자체가 드러나야 합니다. 무엇을 설명하려고 이야기의 흐름을 끊지 마세요. 토론은 나중에 할 수 있습니다.

❺ 청중을 배려하십시오.

어떤 단어는 아이들이 이해하도록 쉽게 바꿉니다. 이를테면, 서기관들과 바리새인들이라고 부르는 대신, 그 시대의 '종교 지도자들'이라고 부릅니다.

❻ 여러분 자신이 되십시오.

어떤 분들은 다른 분들보다 더 극적으로 전달하실 것입니다. 다른 사람처럼 되려고 하지 마세요. 여러분에게 자연스러운 방법으로 이야기를 전하고, 아이들도 직접 이야기를 전할 수 있다는 생각을 갖도록 해 주세요.

❼ 이야기를 마무리하십시오.

성경을 덮고 이야기가 끝났다는 것과 토론 시간 시작을 알립니다.

좋은 질문을 하십시오

잘 전달된 이야기에는 좋은 질문이 따릅니다. 예수님은 이야기만 하신 것이 아니라 이야기 전이나 도중, 그리고 후에도 질문을 하고는 하셨습니다. 질문은 앞에서 들은 이야기를 기억하여 개인적으로 적용을 하는 데 도움을 줍니다.

모든 성경 이야기에는 다음과 같은 세 가지 유형의 질문이 따릅니다.

머리	마음	손
머리에 해당하는 질문은 성경 내용을 생각나게 합니다. 이 질문은 세부 사항을 기억하도록 하기 때문에, 이를 통해 누군가에게 이야기를 전할 준비를 하게 됩니다. 이 질문은 관찰을 토대로 한, '무엇'에 관한 질문입니다. 가장 쉽게 만들 수 있는 질문 유형입니다.	마음에 해당하는 질문은 아이들이 이야기를 해석하는데 도움을 줍니다. 이 질문으로 아이들은 자기 삶에 변화가 필요함을 느낄 수 있습니다. 마음 질문은 '왜', '그래서?'라는 질문에 답하게 합니다. 추측과 해석에 초점을 둡니다.	손에 해당하는 질문은 아이들이 배운 것을 적용하도록 합니다. 구체적이고 개인적인 행동을 요청합니다. 이 유형은 적용을 요구하는, '어떻게', '이제 어떻게 할까?'라는 질문입니다.

이 교재로 성경 이야기를 전할 때 아이들에게 준비된 '머리, 마음, 손' 유형 질문을 하십시오. 여러분이 만든 질문을 더해도 됩니다. 질문은 아이들이 다양한 방법으로 이야기를 탐구하고 그것들을 이해하도록 해 줍니다. 또한 진리를 삶 속에 어떻게 적용할지 고민하도록 돕습니다. 아이들은 자기가 기억하는 이야기와, 그것을 통해 자기가 변하여 다른 사람들에게 이야기를 전하고 있는 것을 보고 놀라게 될 것입니다.

이야기가 기억에 남게 하라

성경 이야기, 그리고 '머리, 마음, 손' 질문을 한 후, 그 이야기가 기억에 남도록 감각을 활용한 다양한 활동을 하세요.

아이들 마음과 생각에 이야기가 심겼기 때문에, 질문 시간부터는 자연스럽게 흘러갈 것입니다. 자원하는 이가 연기를 하게 하고, 이야기에 나오는 대화를 활용하세요. 혹은 아이들이 연기하는 동안 여러분은 그 장면에 맞는 이야기를 들려줄 수 있습니다. 아이들이 오늘 이야기와 짝을 이룰 만한 노래를 만들어 보도록 하십시오.

이야기의 다른 면을 이끌어낼 수 있도록 성경 이야기천을 사용할 때, 머리, 마음, 손 질문을 함께 하십시오. '13cm X 13cm' 크기의 작은 정사각형 종이를 반으로 접으세요. 그리고 테두리 2cm를 남기고, 안쪽 정사각형을 오려냅니다. 질문을 할 때 이 틀을 사용하여 그림에 초점을 두십시오.

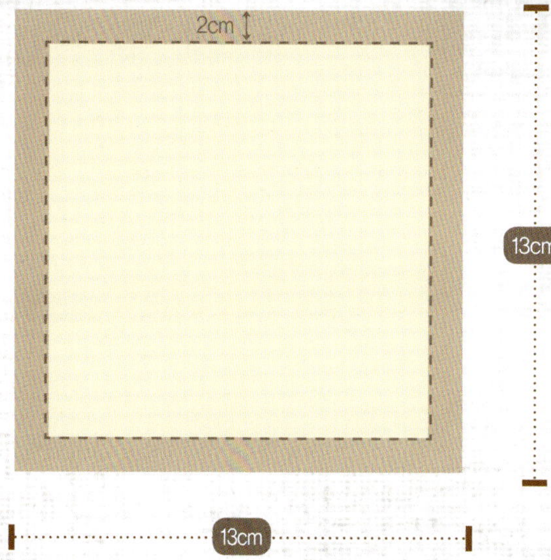

놀이는 이야기를 익히는 데 아주 유용합니다. 이야기 내용을 기억하기 위해서는 집중하게 하는 놀이가 좋습니다. 간단한 사례를 들어주고 역할극을 하여 아이들이 주어진 상황에서 전에 배운 성경 진리를 어떻게 적용해야 할지 깨닫게 합니다. 아이들이 이 이야기를 누가 들으면 좋을지 생각하고 이야기를 전할 계획을 세우도록 도와주십시오.

아이들이 성경을 배우고 경험하도록 모든 방법을 동원하세요. 사람들은 모두 좋은 이야기를 사랑합니다. 그리고 하나님 말씀은 그런 이야기들로 가득합니다!

교회 밖 아이들에게 사역하기

교회 밖 아이들에게 사역하는 것은 다른 지역에 있는 아이들에게 사역하는 것과 여러 면에서 같습니다. 어떤 환경에서는 특별한 배려가 필요합니다. 아이들을 일반화하거나 편견을 가지고 대하지 않도록 하십시오. 구체적인 안내 지침은 다음과 같습니다.

일반적인 고려 사항

❶ 기억하세요 – 사역은 복잡합니다.
❷ 기도하십시오! 기도, 기도, 기도. 모임 전과 후, 그리고 도중에 기도하십시오.
❸ 진심으로 사랑하십시오. 모든 사람은 그리스도만이 주실 수 있는 깊고 만족할 만한 사랑을 갈망합니다. 아이들이 당신을 통해 그 사랑을 조금이라도 경험하게 해 주십시오.
❹ 사역 방식에 적응하되, 복음을 훼손하지는 마십시오.
❺ 아이들의 전자기기 사용에 신경 쓰십시오. 시작할 때 휴대폰을 수거할지, 다른 곳에 둘지 생각해 두십시오. 이러한 사항을 분명하게 전달하십시오.
❻ 깨지거나 복합적인 가정 출신, 혹은 육체적, 성적 학대를 받은 아이들이 있을 수 있다는 점에 유의하세요.
❼ 성령님의 인도하심이나 아이들의 이야기에 주의를 기울이십시오.
❽ 관용하시고, 참는 법을 연습하십시오.
❾ 어떤 부모님은 진리가 상대적이거나 허구적 관념이라고 생각한다는 것을 아셔야 합니다. 우리 목적은 사람들을 진리로 인도하는 것이지, 논쟁에서 이기는 것이 아니라는 것을 명심하세요.
❿ 아이들과 부모님이 신앙 공동체에 정착하도록 도우세요. 종종 예수님을 믿는 일은 나중에 일어나기도 합니다.

특별한 도움이 필요한 장년이나 어린이들과 사역을 할 때

그 돌봄이 주는 영향력을 기억하세요.

- 오늘날 많은 아이들이 특별한 도움을 필요로 합니다.
- 아이들이나 장년을 위한 특별한 돌봄은 가족 전체에게 큰 영향을 끼칩니다.

그러므로,

- 사랑과 포용을 보여주고,
- 가족 모두에게 사역을 하며,
- 특별한 도움이 필요한 형제나 자매에게 사랑을 보여야 할 때는 그들의 형제 자매가 참석하도록 하시며, 힘들어 할 때는 공감을 표하십시오.
- 자원봉사자 짝꿍 제도를 도입하고,
- 자원봉사자가 비밀 유지 합의서에 서명하게 하십시오.

모든 아이는 가족의 상황, 경제적인 여건, 혹은 이웃의 환경에 상관 없이, 여러분의 사랑과 관심을 필요로 합니다. 그리고 모든 아이는 예수 그리스도를 알아야 합니다. 교회 밖 아이들의 배경이 여러분과 다르겠지만, 그들도 배우기 원하고 여러분이 전할 복음을 갈망한다는 것을 기억하십시오.

특별한 돌봄이 필요한 어른들에게 텔 더 스토리를 사용하는 법

어른들과 이 교재를 사용한다면, 양로원, 요양원, 장애인 시설과 같은 곳에서 사용할 수 있습니다. 어른들도 다 그리스도인들은 아니기 때문입니다.

노인들도 아이들처럼 이야기로 감동을 받습니다. 그분들은 때로 아주 외롭습니다. 어떤 분들은 친척이나 친구들이 돌아가셔서 방문자가 거의 없기도 합니다. 이야기하기는 그분들의 의사소통 능력 향상에 도움이 될 수 있습니다. 그분들이 이야기를 듣거나 이야기를 한다면 새롭게 자기 가치를 발견하고 수용됨을 느낌으로서 우울증이나 불안감이 감소할 수 있습니다.

그러나 아이들에게 복음을 전하는 좋은 방법들이 어른들에게도 똑같이 적용되지는 않습니다. 나이가 많든 적든 어른 대부분은, 놀이를 할 때 많은 힘이 필요하고, 또 그 놀이를 통해 유익을 잘 얻지 못합니다. 그러므로 어른을 위한 성경 이야기 시간을 매끄럽게 진행하기 위해서는 창의력이 더 필요합니다.

어른들과 성경 이야기 및 그 의미를 나눌 수 있는 방법들

❶ 손톱을 칠해 드리고, 등이나 손 마사지를 하며, 머리 손질을 해 드리면서 성경 이야기를 들려 드리세요.

❷ 매 성경 이야기 시간에 노래와 연극을 하십시오. 어른들은 익숙한 노래 부르기를 좋아하십니다. 많은 분들이 아는 익숙한 곡들을 부르세요.("연가" - 비바람이 치던 바다, "모닥불" - 모닥불 피워 놓고, "조개 껍질 묶어" - 조개 껍질 묶어, "과수원 길" - 동구 밖 과수원길) 음악은 기쁨, 미소, 웃음을 줍니다. 노인들은 젊은 시절 들었던 노래들을 좋아하십니다. 기억력을 잃은 분들에게는 그런 노래들이 기억하는 전부이기도 합니다.

❸ 실제 삶과 배운 성경 이야기가 연결되는지 생각해 보십시오. 성경 이야기 시간이 끝난 후에는 적용하기 위해 실제 삶에 대해 이야기하십시오. 혹은 그분들 삶의 이야기를 적용할 수도 있습니다.

❹ 어떤 성경 이야기들은 음악을 틀고 노래로 만들어 부를 수 있습니다. 반복되는 몇 구절을 추가하여 어른들의 참여를 유도하십시오.

❺ 각 장에 있는 질문을 사용하세요. 그분들이 답하기 쉽게 질문을 변형할 수도 있습니다.

❻ 성경 이야기 시간이 끝난 후 그분들과 시간을 보낼 만한 일정을 만드세요. 그분들 이야기를 들어주시고, 손을 잡아주세요. 필요하다면 그들과 조용히 앉아 계십시오.

하나님께서 성경 이야기와 여러분의 존재를, 돌봄이 필요한 어른들과 노인들에게 치유제로 사용하시게 하십시오.

타문화권 아이들에게 사역하기

세계는 우리에게 아주 가까이 있습니다. 멀리 여행을 가거나
다른 지역을 지날 때, 다른 언어로 말을 하고, 다른 관습을 지키며,
조금은 다른 모습으로 보이는 사람들을 만날 수 있습니다.

선교여행이나 이웃 성경 공부 모임을 계획할 때

- 여러분이 사는 지역의 인구 분포 현황을 숙지하세요.
- 국가와 그곳 문화의 특징들을 표로 작성하고,
- 아이들의 문화와 배경을 배우십시오.

인터넷 검색 등으로 다른 문화를 먼저 배우고 이해하십시오. 혹은 도서관에 방문하여 책을 찾아 보십시오. 다른 문화권의 축제를 참관할 수도 있습니다.

Tip

❶ 아이들은 새로운 환경에 빨리 적응한다는 점을 기억하십시오.

❷ 다른 나라, 문화권에서 왔거나 다른 언어를 사용하는 부모 아래 있을지라도, 성경 이야기를 들으러 오는 대다수 아이들은 어느 정도 우리말을 할 것입니다.

❸ 아이들이 우리말을 유창하게 하지 않는다면, 예를 들거나 시범을 보여 소통하세요. 여러분이 그들을 돌본다는 것을 느낄 수 있도록 친절하게 이야기하세요. 대화 중에 미소를 보이고, 고개를 끄덕임으로 반응하십시오.

❹ 간식을 준다면, 음식 알레르기가 있는지 부모님에게 물어보세요.

❺ 부모님에게 그들의 역할과 아이들과의 관계를 존중한다는 것을 보이기 위해 특별한 노력을 기울이세요. 여러분과 아이들이 우리말을 사용하고 부모님은 우리말을 할 줄 모른다면, 여러분이 그들 자녀를 진심으로 돌보고 있다는 것과 아이들의 유익을 우선시 한다는 것을 믿을 수 있게 할 다른 방도를 모색해 보십시오.

❻ 부모님에게 자녀들이 출석하게 허락한 것에 대한 고마움을 표하십시오.

아이들에게 예수님에 대해 전하기

여러분이 가르치게 될 아이들

- 예수님에 대해 처음 듣거나 배울 수 있습니다.
- 종교적 배경에서 자랐을 수도, 아닐 수도 있습니다.
- 영적인 이해 수준이 다를 수 있습니다.
- 한 주가 지나도 그리스도인이 되겠다는 결정을 하지 못할 수 있습니다.

여러분의 책임

- 긍정적인 초석을 놓으세요.
- 아이들이 준비되면 결정하도록 필요한 정보를 제공하십시오.

여러분이 아이들과 보내면서 하는 일들은 아이들의 현재와 미래의 삶에 중요합니다. 아이들은 한 주 동안 당신에게 정이 들 것입니다. 여러분을 통해 그동안 경험하지 못했던 사랑, 안정감, 자신감을 느끼게 될 것입니다. 아이들은 당신을 기쁘게 하려 할 것이고, 그러기 위해 그리스도인이 되고 싶다고(이런 말을 사용하지 않을지라도) 할지 모릅니다.

영적 대화로 방향 잡아주기

- 사려 깊게 행동하세요.
- 결정을 내리기에 어리거나 이해가 부족한 아이들에게 부담을 주지 마세요.
- 말과 행동으로 하나님을 사랑하고 기쁘시게 하려는 아이들의 열망을 인정해 주십시오.
- 아이들도 예수님처럼 살도록 격려하십시오.
- 그리스도인이 되는 것이 무슨 의미인지 아이들 수준에서 이해하고 결단할 수 있도록 충분히 대화하세요.

기독교에 대해 물어보는 아이들 모두와 '결단의 시간'을 갖기보다는 개별적으로 응대하세요. 이렇게 함으로 아이들이 또래 집단의 압력을 받는 것을 막을 수 있습니다. 여러분이 하는 모든 성경 이야기, 함께 하는 놀이, 노래 부르기, 그리고 만들기 활동은, 아이들이 하나님 사랑을 이해하는 데 기초를 만들고, 나중에 그리스도인이 되는 것이 무슨 뜻인지 알도록 도울 것입니다.

어떤 아이가 그리스도인이 되고 싶다고 할 때, '옳은' 대답을 하는 것에서 그치지 마세요. 아이가 결단한 내용을 잘 이해하고 있는지 친절하게 물어보세요.

만약 아이가 이 결단을 이해한 것 같으면,

- 그 결정을 가족들과 나누도록 도우세요.
- 아이의 가족은 이 결정이 무엇을 말하는지 잘 알 수도 있고 그렇지 않을 수도 있다는 것을 인지하십시오. 그리고 그리스도인이 된다는 것과, 입교하는 것을 동일시 할 수 있으니 차이점을 설명하십시오.
- 부모님과 다른 가족이 이 일에 증인이 되게 도우십시오.

아이들과 그리스도에 대해 이야기하는 8가지 방법

❶ 이해할 수 있는 용어를 사용하세요.

❷ 신앙 교육이나 교회에 다닌 적 없는 아이들에게 '교회 용어들'이나 익숙하지 않은 말들은 사용하지 마세요. '하나님을 신뢰'하는 것이라든지 '예수님을 따르라'는 단순한 말도, 교회를 다닌 적이 없거나 성경을 전혀 접해 보지 못한 아이들에게는 다른 뜻이 될 수 있습니다.

❸ 모든 아이들이 이해할 만한 간단하고 일관된 용어를 사용하도록 사역부 모두 합의하십시오.

❹ 여러분이 큰 그림과 같은 아이들의 삶에서 한 부분을 차지한다는 사실을 기억하세요.

❺ 아이들이 전에 없던 예수님에 대한 인식, 지식, 이해를 가지는 데 하나님께서 여러분을 사용하실 것입니다.

❻ 아이들이 지역 교회 혹은 다른 곳에서라도 성경 공부에 참여하여 지속적으로 배우고 이해를 넓히도록 격려하십시오.

❼ 아이들 근처에 사는 다른 어른들도, 아이들이 그리스도인이 되고 믿음을 키우도록 도울 수 있다는 믿음을 가지세요.

❽ 지역 교회가 아이들과 접촉하여 성경 공부나 다른 학습 활동에 아이들을 초대하도록 해 보십시오.

야외 활동

아이들과 사역을 할 때는 언제나, 유연성을 좌우명으로 삼으십시오. 익숙하지 않은 선교 현장에서는 더욱 그러합니다. 사역지에 도착하고 난 후에 잘 세운 계획 중 다수를 포기해야 할 수도 있습니다. 실내에서 할 수 있는 계획을 세웠으나, 막상 도착하면 아파트 마당이나 공원에서 진행해야 할 때도 있습니다. 야외에서 모이게 된다면 다음 사항들을 고려하십시오.

아이들의 안전과 보안

만날 장소에 경계를 두어 지정하지 않으면 아이들이 주변을 배회하고는 합니다. 동네 공원이나 마당에서 모임을 가지게 된다면 줄이나 막대로 울타리를 만들어 경계를 지어 주십시오. 인도자들의 지시가 따로 없으면 아이들이 울타리 안에 머물게 합니다. 인도자 한두 명을 지정하여 아이들이 다른 곳으로 이탈하지 못하도록 살피세요. 특별한 모자, 스카프, 티셔츠, 배지 등으로 그들을 다른 인도자들에게서 구분하십시오. 아이들이 그곳을 벗어나야 할 이유가 생긴다면 인도자들에게 허락을 구하도록 하십시오.

아파트 마당에서 만나야 한다면 다른 것도 고려해야 합니다. 아이들이 익숙한 곳에 있으면 자기 집이나 다른 곳으로 가려 할지도 모릅니다. 다시 한번 말씀드리지만, 인도자를 지정하여 허락 없이 자리를 떠나는 아이들이 있는지 지켜보세요. 만날 때마다 아이들이 이름표를 착용하여 인도자들이 쉽게 알아볼 수 있게 합니다.

기후

야외 모임을 준비했는데 날씨가 안 따른다면 어떻게 하시겠습니까? 가능하다면 대체할 장소를 사전에 물색하십시오. 아파트 단지 관리자에게 공실이나 회관을 사용할 수 있는지 물어보십시오. 공원에는 공연장이나 가건물이 있을 수 있습니다. 실내 장소를 사용할 수 없어서 비 오는 날마다 성경 모임을 열 수 없다면 주중으로 시간을 옮겨 진행해 보십시오. 모든 활동을 다 할 수는 없겠지만 중요한 요점들은 전달할 수 있고, 아이들에게 숙제로 주어 나중에 활동을 다 마칠 수도 있습니다.

집중 방해 요인

야외 모임에는 방해 요소들이 많습니다. 차 소리, 개 짖는 소리, 머리 위로 날아다니는 새, 심하게 부는 바람, 혹은 다른 아이들이 노는 소리 등이 순간적으로 아이들의 집중을 흐트러뜨립니다. 장애물은 두 가지, 즉 무시하거나 오히려 그것을 사용하는 방식으로 처리할 수 있습니다. 장애물을 이용하여 아이들이 거기에 반응하고, 이러한 상황을 인정하며, 긍정적인 점을 발견하게 한 후 진행하고 있던 활동으로 돌아갑니다.

교통편과 이동 시 안전

성경 모임에 참여할 아이들에게는 교통편이 문제가 될 수 있습니다. 매일 모임에 오는 것이 아이들에게는 대단한 일일 수 있습니다. 어떤 아이들은 멀리 살고 있어서 걸어 오거나, 자전거를 타거나, 누군가가 차를 태워 주어야 합니다. 성경 모임에 있는 아이들이 도로를 건너야 한다면, 아이 쪽에서 만나도록 약속을 잡으세요.

준비하기

무엇을 해야 할까

❶ 지역 전도와 성경 모임을 진행할 장소와 세부 사항을 미리 정하세요. 공원이나 아파트 단지 같은 공공장소는 허가를 미리 받으세요. 화장실 사용 가능 여부도 확인하세요.

❷ 자원 봉사자들을 미리 섭외하세요. 청소년들이 돕기를 원한다면, 봉사자 중 18세 이상 되는 이들이 있어야 한다는 점을 염두에 두십시오.

❸ 봉사자들이 확보되었다면 준비 모임을 가지세요. 봉사자들이 무엇을 해야 하는지 알리는 것은 중요합니다. 준비를 하면 일들은 순조롭게 진행될 것입니다.

❹ 안전을 위해 가능한 한 신원이 분명한 봉사자들을 모집하세요.

❺ 봉사자들이 무엇을 해야 하는지 숙지하도록 합니다. 여러분 교회나 선교 사역에서 봉사자들이 어린이들을 다룰 때 지킬 특정한 방침이나 절차가 있지는 않습니까?

❻ 여러분이 섬기게 될 지역에서 함께 걸으며 기도하는 시간을 마련하세요.

❼ 지역 사회에 사역 내용을 알리는 개시 행사를 준비하세요. 지역 전도 사역이나 성경 공부 모임을 알리기 위해 SNS, 지역 모임, 웹사이트 등을 활용할 수 있습니다.

❽ 봉사자들은 모임 시작 30-45분 전에 모입니다. 이때 만날 아이들을 위해 기도하거나 활동 준비를 합니다.

❾ 봉사자들과 함께 참석한 아이들을 어떻게 지속적으로 관리할지 미리 계획하세요.

❿ 성령님께서 일하시도록 깨어 있고, 사역에 유연성을 가지세요. 필요하다면 여러분의 계획을 바꿀 각오가 있어야 합니다. 종종 모임을 시작한 후 일정 조정의 필요성이 생깁니다.

⓫ 아이들이 돌아간 후 그날 모임에 대해 보고를 듣고 참석한 아이들을 위해 기도하세요. 필요하다면 사역을 조정합니다.

☐ 구급약품	☐ 담요	☐ 텐트
☐ 물	☐ 접이 의자(인도자)	☐ 접이식 테이블
☐ 골판지 보드	☐ 쓰레기 봉투	☐ 종이 수건
☐ 물티슈	☐ 가위	☐ 펜
☐ 크레용	☐ 종이	☐ 색지

2

단원

1 태초에

창세기 1:1-2:4

태초에 하나님이 천지를 창조하시니라 (창세기 1:1)

성경 이야기를 위한 준비

아이들을 둥그렇게 모아주세요. 환영하여 맞이하고 몇 가지 질문으로 시작하세요. 물어보세요 키가 아주 큰 나무를 보면서 '이 나무는 어디서 왔을까?' 하며 궁금해 한 적이 있나요? 나무는 씨앗에서 자라지만 씨는 어디에서 왔을까요? 강아지나 아기 고양이는 어디서 왔을까요? 해, 달, 별들은 어디에서 시작되었을까요? 이 모든 것이 어떻게 시작되었는지 생각해 본 적 있나요? 아이들의 관심을 이야기천에 있는 2번 그림, "태초에"로 집중시킵니다. 말씀하세요 오늘 이야기는 하나님께서 어떻게 아름다운 세상을 창조하셨는가에 관한 이야기입니다.

성경 이야기

태초에 하나님께서 하늘과 땅을 창조하셨습니다. 우리가 살고 있는 이 지구는 모양이 없고 빈 공간이었습니다. 어두움만 있었습니다. 하나님의 영이 물 위로 운행하고 계셨습니다.

"빛이 있으라"고 하나님께서 말씀하셨습니다. 그러자 마자 어두움이 사라지고 빛이 있었습니다. 빛을 "낮"이라 부르시고 어두움을 "밤"이라 부르셨습니다. 첫 날에 있었던 일입니다.

둘째 날에는 하나님께서 말씀하셨습니다. "물 사이에 거대한 공간이 생겨라. 위에 있는 물과 아래 있는 물로 갈라져라." 그리고 이 거대한 공간을 "궁창"이라고 부르셨습니다. 궁창을 "하늘"이라고 이름을 지으셨습니다.

하나님께서는 아직 멈추지 않으셨습니다. 하나님께서 말씀하셨습니다. "하늘 아래에 있는 물들은 한 곳으로 모이라." 그리고 마른 곳이 드러났습니다. 마른 곳을 "땅"으로, 물을 "바다"라고 부르셨습니다. 하나님께서 손수 만든 것들을 보시니 좋으셨습니다.

다음 날, 하나님께서는 씨앗, 식물, 그리고 나무를 창조하셨습니다. 모든 식물과 나무는 각기 종류대로 씨앗을 맺었습니다. 하나님께서 손수 만드신 것을 보시고 좋다고 생각하셨습니다. 이는 셋째 날이었습니다.

넷째 날에는 하나님께서 해와 달을 만드셔서 이 땅에 빛을 주셨습니다. 해는 큰 빛이고, 낮에 나옵니다. 달은 작은 빛이고, 밤에 별과 함께 나옵니다. 하나님께서 어둠과 빛을 나누기 위해서 해, 달, 별을 하늘에 두셨습니다. 하나님께서 자기가 만든 것들을 보시니 좋았습니다. 저녁과 아침이 이어졌습니다.

다음 날에는 하나님께서 하늘을 나는 모든 종류의 새

를 만드셨습니다. 거대한 고래와 돌고래, 그리고 바다에 사는 온갖 물고기를 만드셨습니다. 그리고 하나님께서는 하늘과 바다를 가득 채우기 위해 새와 물고기에게 새끼를 낳으라고 하셨습니다. 이것은 다섯 째 날이었습니다.

여섯째 날에는 하나님께서 온갖 종류의 들짐승들을 만드셨습니다. 여러 모양과 크기대로 짐승을 만드셨습니다. 하나님께서 자기가 만든 것들을 보시니 좋으셨습니다.

하나님께서 말씀하셨습니다. "우리가 우리와 같은 사람을 만들자. 그들이 바다에 물고기와, 하늘의 새와 소떼, 그리고 모든 들짐승을 돌볼 것이다. 땅 위에 움직이는 모든 피조물을 다스릴 것이다." 그리하여 하나님은 땅의 흙으로 사람을 만드셨습니다. 하나님은 사람이 살도록 호흡을 불어넣으셨습니다. 그는 살아 있는 사람이 되었습니다. 나중에 하나님께서 여자를 만드셔서 남자가 외롭지 않게 하며 돕는 자가 되게 하셨습니다.

하나님께서 육일 동안 열심히 일하셨습니다. 그리고 일곱째 날에는 쉬셨습니다. 하나님께서 쉬셨기 때문에 일곱째 날을 복 주시고 그날을 특별하게 하셨습니다. 이것이 바로 하나님께서 하늘과 땅을 만드신 이야기입니다.

질문

1 이야기를 통해 하나님에 대해서 무엇을 배웠습니까?

2 하나님께서 어떻게 세상을 창조하셨습니까? 손을 사용하셨습니까? 무엇을 사용하셨나요?

3 첫째 날에는 무엇을 창조하셨습니까?

4 둘째 날에 하나님께서 땅을 만드셨습니다. 그 위에는 무엇이 있었나요?

5 하나님께서 셋째 날에는 많은 것들을 창조하셨습니다. 몇 가지만 이름을 대 보세요. (땅, 물, 풀, 나무, 꽃 등.)

6 넷째 날에는 하나님께서 하늘에 세 가지 다른 것을 창조하셨습니다. 그것들은 무엇입니까?

7 하나님께서 다섯째 날에는 무엇을 창조하셨습니까?

8 하나님께서 여섯째 날에 창조하신 것들은 무엇입니까?

9 하나님께서 여섯째 날에 동물과 동산을 돌보기 위해 누구를 만드셨나요? 무엇으로 사람을 만드셨습니까?

10 일곱째 날에는 하나님께서 무엇을 하셨나요?

11 하나님께서 직접 만드신 모든 것을 보시고 어떻게 느끼셨나요?

12 하나님께서 만드신 것에 대해 여러분은 무엇을 느끼셨나요?

13 이 이야기에 대해 여러분이 좋아하는 것은 무엇인가요? 좋아하지 않는 것은 무엇입니까?

성경을 삶에 적용하기

아이들을 둥그렇게 모아주세요. 설명하세요 하나님께서 우리에게 이 세상을 주셨고, 하나님께서 그렇게 하신 것처럼 우리도 세상을 돌보고 아끼라고 하셨습니다. 우리는 무엇을 할 수 있을까요? 대답을 기다리세요. 말씀하세요 하나님께서는 우리가 이 세상과 거기 있는 모든 것에 감사하기를 원하십니다. 누군가 우리에게 무엇을 주었다면 어떻게 감사를 표현할 수 있을까요? 대답을 기다리세요. 말씀하세요 우리는 그 사람에게 '고맙다'고 말할 수 있습니다. 우리가 하나님께 감사하다고 말씀드린다면, 이것을 기도라고 합니다. 이제 우리는 하나님께 아름다운 세상을 주신 것을 감사하며 기도할 것입니다. 제가 먼저 이 세상에 있는 감사드릴 만한 어떤 것을 말하면, 여러분도 함께 "하나님 감사합니다"라고 말해 주세요.

아이들에게 머리를 숙이고 눈을 감으라고 하십시오. 기도를 시작할 때 참석한 아이들에 관하여 감사 기도를 드리세요. 이 땅의 아름다움에 대해 하나님께 감사드리세요. 구체적으로 식물, 동물, 해, 달, 별, 그리고 사람을 주신 하나님께 감사하세요. 각 사물을 말할 때 잠깐씩 멈추어서 아이들이 "하나님 감사합니다"라고 말할 수 있도록 하십시오.

2 아담과 하와

창세기 1:16-3:24

악을 버리고 선을 행하며 화평을 찾아 따를지어다

(시편 34:14)

성경 이야기를 위한 준비

말씀하세요 지난 시간에 우리는 하나님께서 하늘과 땅을 창조하신 것을 배웠습니다. 그 외에 하나님께서는 무엇을 만드셨나요? 하나님께서 어떻게 창조를 하셨나요? 불도저를 사용하셨나요? 손뼉을 쳐서 모든 것이 나타나게 하셨나요? 하나님께서는 자기가 만드신 것을 보시고 어떻게 느끼셨나요? 칠일 째에는 무엇을 하셨나요? 오늘 이야기는 하나님께서 처음 만드신 남자와 여자에 대해 조금 더 알려줍니다. 아담과 하와가 한 선택으로 어떤 일이 일어났는지 들어 보세요.

성경 이야기

하나님께서 아담과 하와를 만드시고 그들에게 자기가 만드신 모든 것을 돌보게 하셨습니다. 그들이 행복하게 살도록 아름다운 동산을 만드셨습니다. 동산에는 온갖 나무들이 먹을 만한 좋은 과실을 맺게 하셨습니다. 동산에는 나무와 식물들에게 물을 주는 시내가 흘렀습니다.

하나님께서는 그들에게, 딱 한 나무 열매 말고는 어떤 나무 열매든 먹어도 된다고 말씀하셨습니다. 그 나무 열매는 사람들이 선과 악을 알게 하는 것이었습니다. 그 과일을 먹으면 죽게 됩니다.

아담과 하와는 동산에 살면서 그곳을 돌보았습니다. 저녁마다 하나님께서 동산을 거니셨고, 그들과 대화를 나누러 오셨습니다.

어느 날 뱀이 하와에게 이야기했습니다. "하나님이 정말 어떤 나무 열매도 먹으면 안 된다고 하셨어?"

하와가 대답했습니다. "아니, 하나님께서는 동산에 있는 한 가지 말고는 어떤 나무 과일이든 먹어도 된다고 하셨어. 동산 중앙에 있는 나무 열매를 먹으면 죽게 될 거야."

뱀이 놀란 듯이 물었습니다. "하나님이 그렇게 말씀하셨다고? 그건 사실이 아니야. 네가 하나님처럼 되는 것이 싫어서 그렇게 말씀하셨을 뿐이야. 네가 그 과일을 먹으면 너는 하나님처럼 되어 무엇이 좋고 나쁜지 알게 되기 때문이야."

하와는 나무를 바라보았습니다. 아름다운 나무였습니다. 과일 또한 아주 먹음직스러워 보였습니다. 지혜로워지면 일나나 좋을까 생각하였습니다. 그래서 하와는 손을 뻗어 나무에서 과일을 하나 따서 한 입 베어먹었습니다. 아담에게 주자 그도 먹었습니다.

그들은 곧 나쁜 선택을 했다는 것을 깨달았습니다. 그러나 너무 늦었습니다. 하나님께서 동산에 오실 때가 되었습니다. 이들은 어디에 숨을 수 있을까요? 그들은 부끄러워서 하나님과 대화하고 싶지 않았습니다. 큰 나뭇잎으로 옷을 만들어 입고 나무 뒤에 숨었습니다. 하나님께서 그들을 부르시며 물으셨습니다. "어디에 있느냐?" 그들이 나무 뒤에서 나오자, 하나님께서는 그들이 만든 옷을 보시고 말씀하였습니다. "무슨 일이냐? 내가 먹지 말라는 과일을 먹었느냐?"

아담은 하와를 탓하려고 하였습니다. "여자가 그 열매를 주어서 먹었습니다." 하와는 뱀을 탓하였습니다. "뱀이 저를 속였습니다."

하나님은 아담과 하와에게 벌을 주셨습니다. 그들을 동산에서 쫓아내신 것입니다. 삶에 힘든 일이 가득했습니다. 그러나 하나님께서는 그들을 계속 사랑하셨습니다. 하나님께서는 언젠가 그들이 다시 하나님과 가까이 살게 해 줄 구원자를 보내겠다 약속하셨습니다.

질문

1 세상을 돌보라고 하나님께서 만드신 첫 사람들은 누구인가요?

2 아담과 하와에게 주신 에덴 동산에 관한 규칙은 무엇입니까?

3 하나님이 창조하신 아담과 하와가 살았던 에덴 동산에 대해서 말해 보세요. 동산은 어떤 모습이었을까요?

4 하와가 하나님께 불순종하게 만들려고, 뱀은 하와를 어떻게 속였나요?

5 금지된 과일을 먹자 아담과 하와에게 어떤 마음이 들었습니까?

6 금지된 과일을 먹은 후 하나님께서 동산에 방문하셨을 때 아담과 하와는 무엇을 하였습니까?

7 하나님께서 과일을 먹었는지 물으셨을 때 아담과 하와는 어떻게 대답하였나요?

8 아담과 하와가 불순종했다는 것을 아시고, 하나님은 아담과 하와에게 어떤 일을 하셨나요?

9 아담과 하와가 불순종하자 하나님께서는 누구를 보낸다고 약속하셨습니까?

10 이번 이야기에서 여러분은 하나님에 대해 무엇을 배울 수 있습니까?

11 이 이야기에서 여러분은 무엇을 느끼나요?

12 여러분은 좋지 않은 선택을 하면 어떤 마음이 드십니까?

13 여러분이 하나님께 용서를 구하면 용서해 주실까요? 그렇다면, 왜 그렇게 생각하십니까? 그렇지 않다면, 왜 그렇게 생각하십니까?

성경을 삶에 적용하기

이야기천에 있는 아담과 하와 그림을 보여주세요.

말씀하세요 창조의 시작 때 에덴 동산은 어떤 모습이었을지 상상해 봅시다. 무엇이 있었을까요? 대답을 기다리세요. 계속 말씀하세요 왜 아담과 하와가 잘못된 선택을 했다고 생각하십니까? 여러분은 잘못된 선택을 한 적이 있나요? 잘못된 선택 때문에 어떤 일이 일어났습니까? 대답을 기다리세요.

말씀하세요 아담과 하와의 불순종은 하나님 마음을 아프게 하였습니다. 그러나 하나님은 그들을 용서하셨습니다. 하나님은 여러분도 용서하실 것입니다. 하나님께나 다른 사람들에게 불순종하였으면, 언제나 여러분은 미안하다고 말하며 용서를 구할 수 있습니다. 여러분이 누군가에게 상처를 준 적이 있는지 생각해 보세요. 그 사람에게 용서를 구하지 않았다면, 하나님께서 여러분이 어떻게 하기를 바라실까요? 그 사람에게 어떤 일이 있었는지 말하고 용서를 구하겠습니까?

아이들이 옳은 선택을 하고, 다른 사람들을 용서할 수 있도록 하나님께 도움을 구하세요. 잘못된 선택에 대해 나누고 싶은 아이가 있다면, 함께 들어보세요.

3 가인, 아벨, 셋, 그리고 노아

창세기 4:1-16, 25-26; 5:3, 28-32

주 우리 하나님께는 긍휼과 용서하심이 있사오니 이는 우리가 주께 패역하였음이오며 (다니엘 9:9)

성경 이야기를 위한 준비

물어보세요 지난 이야기에서 아담과 하와가 한 선택에 대해 기억하는 사람이 있나요? 그 선택은 어떤 것이었습니까? 지난 시간 이후로 여러분이 한 좋은 선택은 무엇입니까? 나쁜 선택은 무엇인가요? 아담과 하와는 나쁜 선택을 해서 에덴 동산을 떠나야 했습니다. 여러분이 나쁜 선택을 하여 어떤 일이 일어난 적 있나요? 말씀하세요 아담과 하와는 부모가 되었고, 그들 자녀들에게도 저와 여러분처럼 선택할 일들이 있었습니다. 이야기 끝 무렵에 그 선택이 무엇이었는지, 그리고 그 선택 때문에 어떤 일이 있었는지 말할 준비를 해 보세요.

성경 이야기

아담과 하와에게는 두 아들이 있었습니다. 큰 아들은 가인이고 농부가 되었습니다. 작은 아들은 아벨이며 양 치는 목자가 되었습니다. 각 사람은 하나님께 헌물을 가지고 왔습니다. 하나님께서 그들의 헌물을 보셨습니다. 하나님은 아벨이 가지고 온 헌물을 보시고 기뻐하셨습니다. 그러나 가인의 헌물은 기뻐하지 않으셨습니다.

가인은 매우 화가 나서 삐죽거리기 시작했습니다. 하나님께서 물으셨습니다. "너는 왜 그렇게 화가 났느냐? 네가 만약 옳은 일을 했다면 내가 너의 헌물을 받았을 것이다. 네가 옳은 일을 하지 않을 때, 죄는 사나운 짐승처럼 너를 잡으려고 기다리고 있을 것이다. 너는 그 죄를 잘 다스려야 한다."

어느 날 가인이 아벨을 불렀습니다. "들판으로 나가자." 들판으로 나갔을 때, 가인은 동생 아벨을 죽였습니다.

하나님께서 가인에게 물으셨습니다. "네 동생 아벨이 어디 있느냐?"

가인이 대답하였습니다. "저는 모릅니다. 제가 그를 돌보는 사람입니까?"

하나님께서 말씀하셨습니다. "가인아, 네가 무슨 일을 한 것이냐? 너에게 벌을 내리겠다. 지금부터 네가 농사를 지어도 밭에서 나는 것이 없을 것이다. 너는 집도 없이 방황하는 떠돌이가 될 것이다."

가인이 울부짖었습니다. "제 벌이 너무 큽니다. 저는 그 벌을 감당할 수 없습니다. 저는 하나님에게서 멀어질 것이며 저를 발견하는 사람이 저를 죽일 것입니다."

하나님께서 말씀하셨습니다. "내가 너를 보호할 것이

다. 너는 죽지 않을 것이다."

그리하여 가인은 그곳에서 멀리 떠났습니다. 아담과 하와는 '셋'이라는 다른 아들을 낳았습니다. 아주 여러 해가 지난 후, 셋의 집안에 '노아'라는 아들이 나왔습니다.

질문

1 아담과 하와는 자녀를 몇이나 두었습니까? 그들의 이름은 무엇인가요?

2 가인은 어른이 되어 어떤 일을 하였습니까? 아벨은 무엇을 하였습니까?

3 이야기천에서 4번 그림을 보여주세요. 형제들은 각각 하나님께 헌물을 가지고 왔습니다. 하나님께서는 아벨이 가져온 헌물을 어떻게 여기셨습니까? 가인이 가져온 헌물에 대해서는 어떠셨나요?

4 매우 화가 난 사람은 누구입니까? 하나님은 그 사람에게 무엇이라고 말씀하셨나요?

5 어느 날 형제 간에 어떤 일이 일어났습니다. 그중 한 명은 어떤 선택을 했습니까? 그 선택으로 무슨 일이 생겼습니까? 여러분은 그 일을 어떻게 생각하십니까?

6 하나님께서 가인에게, 동생 아벨이 어디 있느냐고 물으셨을 때 가인은 어떻게 대답하였습니까?

7 가인이 한 일에 대해서 하나님께서는 어떻게 벌하셨나요?

8 하나님께서는 가인에게 벌을 주셨음에도 불구하고, 가인을 어떻게 돕겠다고 하셨습니까?

9 아담과 하와의 셋째 아들 이름은 무엇입니까?

10 오늘 이야기에서 나온, 셋 가문에서 난 아들의 이름은 무엇인가요?

11 아벨을 어떻게 설명할 수 있을까요? 가인은 어떻게 설명할 수 있습니까? 하나님께서는 여러분이 둘 중 어떤 사람이 되기를 원하신다고 생각합니까? 이유는 무엇입니까?

12 여러분이 화가 나면 하나님께서 어떻게 도와주실까요? 여러분이 할 수 있는 좋은 선택은 무엇입니까?

성경을 삶에 적용하기

아이들을 둥그렇게 모아주세요. 물어보세요 선물 받기를 좋아하시나요? 선물 주기를 좋아하시나요? 잠시 시간을 내어 아이들이 받았던 선물에 대해 이야기를 나누어 보세요.

말씀하세요 하나님은 우리에게 많은 선물을 주셨습니다. 하나님께서 우리에게 어떤 선물을 주셨나요? 우리는 하나님께 어떤 선물을 드릴 수 있을까요? 아이들이 시간이나 헌금을 하나님께 선물로 드릴 수 있다는 생각을 하게 해 주십시오. (쓰레기를 청소하기, 새로운 아이들에게 친구가 되어 함께 놀기, 노인들의 짐을 들어 드리는 것 등.) 하나님께 헌금이나 다른 어떤 것들을 드림으로 감사를 표현할 수 있다고 알려주십시오. 하나님께 헌물을 가져오는 것은, 하나님께서 우리에게 주신 선물을 기억하게 하는 일임을 아이들이 인지하게 해 주십시오.

4 홍수

창세기 6:9-9:17

사람보다 하나님께 순종하는 것이 마땅하니라

(사도행전 5:29하)

성경 이야기를 위한 준비

말씀하세요 하나님께서 아담과 하와, 그리고 그들 이후 이 땅에 사는 모든 사람들이 함께 일하고, 가족을 이루고, 서로 사랑하며 살도록 하셨습니다. 사람들은 아담과 하와가 선악과를 먹을지 고민했던 것과 같은 선택의 문제를 맞이하였습니다. 사람들은 자신들을 위한 하나님의 계획을 따를 수도, 자기들이 원하는 것을 선택할 수도 있었습니다.

사람들은 자기들이 정한 규칙을 따르기로 했습니다. 나중에는 서로 속이고, 빼앗고, 서로의 가족을 깨뜨렸습니다. 사람들이 너무 악해져서 이 땅은 더 이상 살 수 없는 곳이 되었습니다. 한 사람과 그의 가족 말고는 모두 악했습니다. 그 사람의 이름이 무엇이며, 안전해진 다음 그와 그의 가족이 무엇을 했는지 잘 듣고 배워 봅시다.

성경 이야기

아담과 하와의 시대가 지났고, 노아는 오랫동안 살았습니다. 노아는 하나님을 사랑했습니다. 그는 사람들에게 정직하고 공평했습니다. 노아와 아내, 세 아들과 며느리들만 이 땅에서 하나님을 사랑하고 그분께 순종하였습니다.

다른 모든 이들은 악하고 해로운 일들을 하였습니다. 하나님께서 자신들에게 무엇을 원하시는지 신경쓰지 않았습니다. 그래서 하나님께서 노아에게 말씀하셨습니다. "이제 끝이다. 내가 이 땅에 사는 모든 악한 사람들과 피조물을 없앨 것이다. 너와 네 가족만 살아남을 것이다."

그리고 더 자세하게 말씀하셨습니다. "너는 큰 배인 방주를 지어라. 내가 홍수를 일으켜 이 땅의 모든 것을 다 없앨 것이다. 너와 네 가족은 모든 생물, 즉 동물 각 쌍을 방주로 데리고 들어가 그들을 보전하도록 하여라. 또한 필요한 음식을 준비하여 가지고 들어가라."

노아는 하나님께 순종하여 말씀하신 대로 하였습니다. 칠일 후 노아와 그의 가족과 짐승들은 방주 안으로 들어갔고, 하나님께서 문을 닫으셨습니다. 비가 오기 시작하였습니다.

사십 일 밤낮으로 비가 왔습니다. 물이 높은 산을 덮었습니다. 땅에 있던 모든 생물이 죽었습니다. 사람들과 짐승들이 없어졌습니다. 노아와 방주에 있던 사람들만 남았습니다.

백 오십 일이 지난 후에야 최악의 상황이 지나갔습니다. 노아는 창문을 열고 까마귀를 내보냈습니다. 땅에서 물이 빠졌는지 보고 싶었기 때문입니다. 까마귀가 홍수로 불어난 물이 다 마를 때까지 날아서 왔다 갔다 했습니다. 노아는 그 다음 비둘기를 내보냈습니다. 그러나 물이 아직도 땅을 덮고 있었기에 비둘기는 쉴 곳을 찾지 못하였습니다. 노아는 손을 뻗어 비둘기를 잡아 다시 방주 안으로 들였습니다.

노아는 칠 일을 기다렸다가 다시 한번 비둘기를 밖으로 보내 보았습니다. 이번에는 비둘기가 방금 딴 감람나무 잎사귀를 물고 돌아왔습니다. 또 칠 일을 기다렸다 비둘기를 내보냈는데, 이제는 다시 돌아오지 않았습니다. 땅이 완전히 말랐던 것입니다.

하나님께서 노아에게 가족, 짐승들, 새와 다른 생물들을 데리고 방주에서 나오라고 말씀하셨습니다. 노아는 하나님께 순종하였습니다. 그는 제단을 쌓고 하나님이 돌보심에 감사하였습니다. 이것이 하나님을 기쁘시게 했습니다. 하나님께서 말씀하셨습니다. "이제 내가 다시는 홍수로 땅을 멸하지 않을 것이다."

하나님께서는 땅에 다시 사람들이 살도록 노아와 그의 가족에게 아이들을 낳으라고 말씀하셨습니다. 하나님께서 그들에게 새, 짐승, 그리고 다른 생물들을 주셔서 돌보게 하셨습니다. 그리고 하나님께서 말씀하셨습니다. "내가 너와 후대에 태어날 사람들, 모든 생물과 언약을 맺을 것이다. 다시는 홍수를 일으켜 땅을 멸하지 않을 것이다. 언약의 증표는 하늘에 있는 무지개이다. 무지개를 볼 때마다, 나와 땅에 있는 모든 생물 사이에 맺은 나의 언약을 기억하라."

질문

1 이 이야기는 노아에 대해 어떻게 말하고 있나요?

2 이 이야기에서 노아의 가족에 대하여 무엇을 알 수 있습니까?

3 하나님께서 노아에게 무엇을 만들라고 하셨나요?

4 하나님께서 노아에게 방주에 무엇을 데리고 들어가라고 말씀하셨습니까?

5 하나님께서는 왜 노아에게 방주를 지으라고 말씀하셨나요?

6 노아와 그의 가족, 그리고 짐승들이 방주에 들어간 후 며칠 동안 비가 내렸습니까?

7 노아는 자기와 가족이 방주에서 나올 수 있다는 것을 어떻게 알게 되었습니까?

8 노아와 그의 가족은 방주에서 나와 무엇을 하였나요?

9 하나님께서 노아와 그의 가족에게 무엇을 약속하셨습니까?

10 하나님께서는 우리가 하나님의 약속을 기억하도록 무엇을 주셨습니까?

11 이 이야기에서 우리는 하나님에 대해 무엇을 배울 수 있나요?

12 이 이야기에서 우리는 하나님께 순종하는 것에 대해 무엇을 배울 수 있습니까?

13 이 이야기에서 여러분이 좋아하는 것은 무엇이고, 그렇지 않은 것은 무엇인가요?

성경을 삶에 적용하기

이야기천에서 5번 그림을 가리키세요. 말씀하세요 노아에 대해 생각해 봅시다. 그를 어떤 말로 설명할 수 있을까요? 노아가 당시에 살았던 사람들과 다른 점은 무엇이었나요? 이제 여러분에 대해 생각해 보세요. 큰 소리로 대답할 필요는 없습니다. 다른 사람들이 여러분을 어떤 말로 설명할까요? 이 말들은 좋은 것일까요, 나쁜 것일까요? 하나님과 사람들이 여러분에 대하여 어떤 좋은 말을 사용하기를 바라나요? 대답을 기다리세요.

물어보세요 노아가 옳은 일을 하는 것이 항상 쉬웠을까요? 여러분에게는 쉬운가요? 말씀하세요 하나님께서는 여러분이 옳은 일을 하도록 도우실 것입니다.

아이들이 하나님께 순종하고 옳은 일을 하도록 하나님께 기도하십시오. 기도는 짧고 간단하게 합니다. 그동안 아이들이 했던 좋은 행동에 대하여 칭찬해 보세요.

5 아브람과 언약을 맺으신 하나님

아들을 주신다는 약속

창세기 12:1-9; 15:1-18; 17:1-22; 18:1-15; 21:1-21

그 말씀하신 바를 행하지 않으시며 하신 말씀을 실행하지 않으시랴 (민수기 23:19하)

성경 이야기를 위한 준비

물어보세요 지난 시간 이후로 무지개를 본 사람이 있나요? 무지개를 보았을 때 무엇이 떠올랐나요? 그때 기분이 어땠습니까? 무지개가 무엇을 뜻하는지 다른 사람에게 말해 주었나요? 대답을 기다리세요. 말씀하세요 오늘 이야기는 아브람과 그의 아내 사래에 관한 이야기입니다. 하나님께서 아브람과 사래에게 주신 특별한 약속에 대해 들어 보세요.

성경 이야기

하나님께서 아브람에게 자기 나라와 이웃을 떠나 하나님이 보여주실 땅으로 가라고 하셨습니다. 하나님은 아브람이 큰 민족을 이루게 하시고, 그에게 복을 주겠다고 말씀하셨습니다. 아브람은 하나님께 순종했습니다. 그는 아내 사래와 조카 롯을 데리고 가나안이라는 땅으로 떠났습니다. 아브람이 그 나라를 통과하게 되었습니다. 하나님께서 아브람에게 말씀하셨습니다. "내가 이 땅을 너의 자손들에게 줄 것이다." 아브람은 하나님께서 말씀 하신 그 장소에 제단을 쌓은 후 계속 여행을 했습니다.

아브람이 계속해서 새로운 곳으로 이동하던 어느 날 하나님께서 말씀하셨습니다. "두려워 말라. 나는 너의 보호자이다. 내가 너에게 큰 상을 주겠다."

"어떻게 말씀이십니까?" 아브람이 여쭈었습니다. "사래와 저는 아직 자녀가 없습니다."

"나를 믿어라. 너는 아들을 갖게 될 것이다. 하늘을 올려다 보아라. 할 수 있으면 별을 세어 보아라. 너의 자녀를 통해 저렇게 많은 자손을 이룰 것이다."

아브람은 하나님을 믿었고, 하나님은 그를 기쁘게 여기셨습니다. 하나님께서 아브람에게 언젠가는 땅을 주시겠다고 약속하셨습니다. 아브람이 죽고 나면, 그 땅이 그의 가문의 소유가 될 것이라는 말씀이었습니다.

여러 해가 지난 후에 하나님께서 아브람에게 다시 말씀하셨습니다. "나는 전능한 하나님이다. 나의 뜻을 따라라. 네가 큰 가문을 이루도록 내가 너에게 약속하겠다. 너의 이름은 이제부터 '아브람'이 아니고, '많은 민족의 아버지'라는 뜻인 '아브라함'이다. 너의 아내도 더 이상 '사래'라고 부르지 말고 '사라'라고 불러라. 내년 이맘

때 쯤에는 내가 너와 사라에게 아들을 줄 것이다." 아브라함은 자기가 들은 말을 믿기 어려웠습니다. 사라는 그 말을 듣고 웃었습니다. 사라와 아브라함은 매우 늙었기 때문입니다.

하나님은 아브라함과 사라에게 하신 약속을 지키셨습니다. 사라는 아들을 낳았고, 아기는 하나님께서 말씀하신 그때에 태어났습니다. 두 사람은 아기 이름을 '이삭'이라고 했습니다.

여러 해가 지난 후, 아브라함의 후손들은 하나님이 약속하신 대로 가나안 땅을 가지게 되었습니다. 그리하여 아브라함은 오늘날, 히브리인 혹은 유대인이라고 불리는 모든 사람들의 조상으로 알려지게 된 것입니다.

질문

1 이야기 초반에 하나님께서는 아브람에게 무엇을 하라고 말씀하셨나요?

2 아브람은 누구를 데리고 가나안으로 갔습니까?

3 하나님께서는 아브람에게 무엇을 준다고 약속하셨나요?

4 하나님께서는 아브람의 이름을 무엇으로 바꾸셨습니까?

5 '아브라함'이라는 이름의 뜻은 무엇인가요?

6 아브라함의 아내는, 자신이 아이를 낳을 것이라는 말씀을 들었을 때 무엇을 했습니까?

7 하나님은 약속을 지키셨나요?

8 아브라함과 사라는 아들 이름을 무엇이라고 지었습니까?

9 이 이야기에서 우리는 하나님에 대해 무엇을 배울 수 있습니까?

10 이 이야기에서 우리는 하나님을 신뢰하는 것에 대해 무엇을 배울 수 있을까요?

11 이 이야기에서 여러분이 좋아하는 것은 무엇이고, 그렇지 않은 것은 무엇입니까?

성경을 삶에 적용하기

이야기천에 있는 아브라함과 별 그림을 가리키세요. 그리고 물어보세요 "하늘에 있는 별을 본 적 있는 사람 있나요? 아주 아주 많은 별을 본 적이 있나요?" 대답을 기다리세요. 그리고 계속해서 물어보세요 "하나님께서 아브라함과 사라의 가족에게 하신 약속에서 별이 의미하는 것은 무엇인가요? 하나님께서는 그 약속을 지키셨나요?" 대답을 기다리세요. 말씀하세요 우리는 약속을 항상 지키지 못할지라도, 하나님은 항상 약속을 지키십니다. 그러므로 우리는 하나님께서 하시는 말씀을 믿을 수 있습니다. 이와 같이 다른 사람들이 우리 말도 믿기를 원한다면, 우리도 항상 진실을 말해야 합니다. 우리가 그렇게 할 수 있도록 하나님께 도움을 구합시다.

아이들이 진실을 말하며 하나님께서 말씀하신 것을 믿게 해 달라고 기도 드립시다.

6 아브라함이 시험을 받다

창세기 22:1-19

여호와여 주의 도를 내게 가르치소서 내가 주의 진리에 행하오리니 일심으로 주의 이름을 경외하게 하소서

(시편 86:11상)

성경 이야기를 위한 준비

물어보세요 "지난 밤에 하늘에 있는 별을 본 사람이 있나요? 별을 볼 때 하나님과 아브라함에 대해 생각나는 것이 있었나요? 하나님께서는 약속을 지키셨나요? 대답을 기다리시고

말씀하세요 오늘 아브라함과 이삭이 어떻게 하나님을 신뢰하고 그분께 순종하였는지 주의 깊게 살펴보시기 바랍니다. 이번 이야기에는 아주 놀라운 일이 일어나니, 잘 들어 보세요.

성경 이야기

이삭은 소년이 되었습니다. 어느 날 하나님께서 아브라함에게 말씀하셨습니다. "네가 아끼고 사랑하는 아들을 데리고 모리아 산으로 가라. 가서 네가 나를 사랑한다는 표시로 나에게 희생 제물(번제)을 올려라. 네가 가야 할 곳을 내가 보여주겠다."

다음날 아침 아브라함이 일어나서 나귀에 짐을 실었습니다. 젊은 두 종과 아들 이삭과 함께 번제에 사용할 나무를 가지고 갔습니다. 삼일 째 되던 날 아브라함은 하나님께서 가라고 하신 산을 보게 되었습니다. 그가 종들에게 말했습니다. "너희들은 나귀와 함께 여기에 있어라. 나는 내 아들과 저곳에 예배를 드리러 갈 것이다. 예배를 마치고 너희에게 돌아오겠다."

아브라함은 이삭에게 나무를 가져가게 했고, 자신은 불과 칼을 가지고 갔습니다. 둘은 함께 걸어갔습니다. 이삭이 아버지 아브라함에게 말했습니다. "불과 나무는 있는데 번제에 드릴 어린 양은 어디에 있습니까?"

아브라함이 대답했습니다. "아들아, 하나님께서 번제에 드릴 어린 양을 손수 마련하실 것이다." 그리고 둘은 계속 걸었습니다.

그들은 마침내 하나님께서 알려주신 곳에 도착했습니다. 아브라함은 제단을 만들기 위해 돌을 쌓기 시작했습니다. 그리고 나무를 그 위에 쌓았습니다. 그는 이삭을 움직이지 못하게 묶은 후 나무 위 번제단에 올려 놓았습니다. 아브라함이 손을 들어 칼로 아들을 죽이려 했습니다. 바로 그때 하나님의 천사가 그를 부르며 말했습니다. "아브라함아! 아브라함아! 그 아이에게 손을 내지 말라. 그를 다치게 하지 말아라. 네가 나를 위해 무엇이든 한다는 것을 확인하였다. 너는 나를 위해 아들도 포기할

수 있는 사람이다."

아브라함이 주위를 돌아보았습니다. 나무에 뿔이 걸려 있는 숫양이 보였습니다. 숫양을 가져와 아들 대신 하나님께 번제물로 드렸습니다. 아브라함은 그곳을 "하나님께서 준비하시리라"라고 이름 붙였습니다.

하나님의 천사가 아브라함을 다시 부르시고 말씀하셨습니다. "내가 너에게 복된 말씀을 주겠다. 네가 나를 위해 하나밖에 없는 아들도 아끼지 아니하였으니 내가 너를 복되게 할 것이다. 내가 네 가족을 하늘의 별만큼 번성하도록 하겠다. 땅에 있는 모든 나라가 너의 자손들 때문에 복을 받을 것이다. 이 모든 복은 네가 나에게 순종하였기에 내리는 것이다."

질문

1 하나님께서는 아브라함에게 무엇을 하라고 하셨나요?

2 아브라함은 순종하였습니까, 아니면 불순종하였습니까? 그는 자신의 결정을 어떻게 보여주었나요?

3 이삭은 산에 올라갈 때 무엇을 가지고 갔습니까? 아브라함은 무엇을 가지고 갔습니까? 번제를 드려야 하는데 빠진 것은 무엇입니까?

4 아브라함은 번제물을 누가 주실 것이라고 하였나요?

5 아브라함은 제단을 만들 때 무엇을 사용하였습니까?

6 아브라함이 제단에 올려놓은 것은 무엇입니까?

7 천사가 아브라함에게 특별한 말씀을 전하였습니다. 그것은 무엇인가요?

8 번제물 곧 희생 제물로 삼으라고 하나님께서 주신 것은 무엇입니까? 그들은 어디서 그것을 찾았습니까?

9 아브라함은 그곳을 무엇이라고 불렀나요?

10 하나님께서 아브라함에게 주신 약속은 무엇입니까? 하나님께서 그 약속을 지키셨나요?

11 이번 이야기에서 우리는 하나님에 대해 무엇을 알 수 있습니까? 하나님을 신뢰할 수 있습니까? 왜 그렇습니까? 아니면 왜 신뢰하지 못합니까?

12 아브라함은 그 장소를 "하나님께서 준비하시리라"라고 불렀습니다. 여러분의 삶에서는 하나님께서 어떻게 준비하여 주셨나요?

13 하나님께 순종하는 것이 왜 중요합니까?

14 하나님께 순종할 수 있도록 도와달라는 기도를 드려도 된다고 생각하십니까? 하나님께 뭐라고 말씀드리면 될까요?

성경을 삶에 적용하기

이야기천에서 7번 그림을 가리키세요. 말씀하세요

하나님께서 아브라함에게 그의 독자 아들을 데리고 산으로 가서 번제로 바치라고 하셨습니다. 아브라함은 하나님을 신뢰하고 순종하든지, 그냥 집에 머무르든지 선택할 수 있었습니다. 오늘 이야기를 생각해 보세요. 아브라함이 어떤 식으로 하나님을 신뢰하고 순종했는지 몇 가지를 말해 보세요. **대답할 시간을 주세요.**

짚어주세요 아브라함은 하나님이 신뢰할 만한 분인 것을 배웠으며, 우리도 그것을 배울 수 있습니다. 하나님은 모든 것을 아십니다. 그분은 항상 우리에게 무엇이 가장 좋은지 아시며, 그것을 주기 원하십니다. 그러나 순종할지 여부는 우리의 결정에 달렸습니다. 여러분은 하나님께 순종할지, 순종하지 않을지 선택해야 합니다.

순종하는 것이 왜 중요한지 서로 이야기해 보십시오. (예: 순종은 하나님을 기쁘시게 합니다. 순종은 하나님에 대한 우리 사랑의 표현입니다. 순종을 통해 여러분이 하나님을 사랑한다는 것을 다른 사람들이 알게 됩니다. 순종은 우리를 안전하게 지켜줍니다.)

말씀하세요 이번 주에는 여러분이 어떻게 하나님께 순종할 수 있는지 생각해 보시고, 순종하는 편을 선택해 보세요.

7 야곱이 이삭의 축복을 차지하다

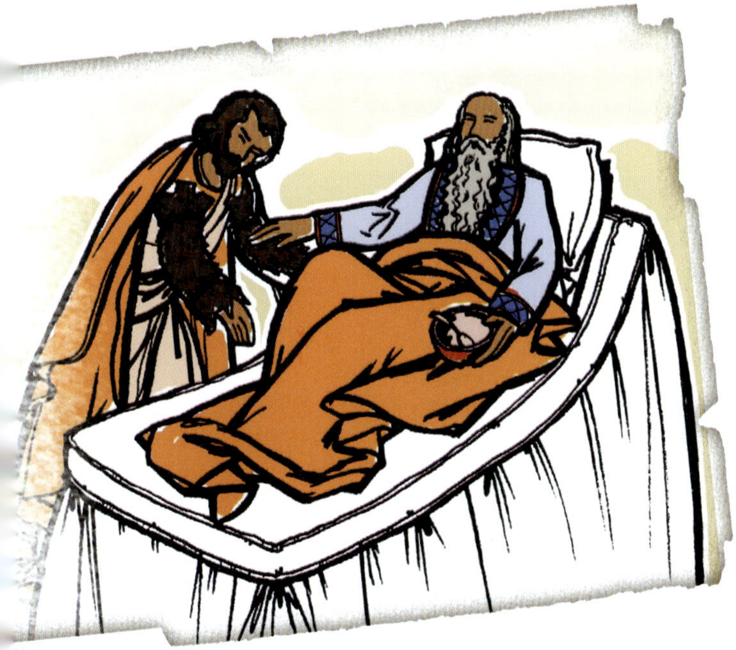

창세기24:1-67; 25:20-34; 27:1-46

너희는 선을 행하게 하고자 함이라 (고린도후서 13:7하)

성경 이야기를 위한 준비

말씀하세요 지난 시간 앞부분에 놀라운 일이 일어날 것이라고 말씀드렸습니다.

하나님께서 아브라함에게 약속하신 아들을 제물로 바치라고 하실 것이라 생각이나 할 수 있었나요? 아브라함과 이삭은 어떻게 하여 하나님께 순종함을 보여드렸나요? 오늘 이야기는 아주 다른 쌍둥이 형제에 관한 것입니다. 그들은 서로 사이좋게 지내기 힘들었습니다. 이들 중 하나가 어떻게 아버지를 속였는지 잘 들어 보세요.

성경 이야기

아브라함은 나이가 많이 들었습니다. 그는 아들 이삭의 아내를 얻도록 가나안에서 먼 곳으로 종을 보냈습니다. 종이 나홀의 마을에 왔을 때, 리브가라는 젊은 여인이 물동이를 가지고 와서 그 사람과 낙타에게 물을 마시게 해 주었습니다. 그는 리브가의 가족에게, 자신은 아브라함 아들의 아내 될 사람을 찾고 있다고 말했습니다. 리브가의 가족은 리브가가 이 사람과 함께 아브라함 집으로 가서 이삭과 결혼하고 싶은지 물어보았습니다. 리브가는 그렇게 하겠다고 하였습니다. 리브가와 여자 종들, 그리고 그 남자는 이삭이 사는 곳으로 갔습니다. 이삭은 리브가와 결혼하였고, 그를 사랑하였습니다.

리브가는 아이를 가질 수 없었습니다. 이삭이 하나님께 기도했으며, 하나님께서는 그의 기도에 응답하셨습니다. 리브가는 쌍둥이 아들을 낳았습니다. 첫째 아들의 몸은 털로 덮여 있었습니다. 이름은 에서였습니다. 둘째 아들은 에서의 발꿈치를 붙잡고 나왔습니다. 이름은 야곱이었습니다.

형제는 다 자랐습니다. 에서는 사냥꾼이 되었고, 밖에 있는 것을 좋아했습니다. 야곱은 조용했으며, 집에 머무는 것을 좋아했습니다. 이삭은 들짐승 고기를 좋아해서 에서를 더 사랑했습니다. 그러나 리브가는 야곱을 더 사랑했습니다.

어느 날 에서가 들에서 돌아왔을 때 야곱은 죽을 끓이고 있었습니다. 에서는 배가 고팠습니다. 그가 야곱에게 말했습니다. "너무 배가 고파! 죽 좀 주라!" 야곱이 말했습니다. "나랑 거래하자. 형의 장자권을 나한테 주면, 죽을 줄게." 그래서 에서는 야곱에게 자기의 장자권을 팔았습니다. 야곱은 에서에게 떡과 죽을 주었습니다.

아버지 이삭이 나이들었습니다. 그는 더 이상 볼 수 없게 되었습니다. 어느 날 그는 장자 에서를 불렀습니다. 에서가 말했습니다. "제가 왔습니다." 이삭이 말했습니다. "나는 늙었고 언제 죽을지 모른다. 들에 나가서 나를 위해 짐승을 사냥해 오너라. 그리고 내가 좋아하는 음식을 네가 만들어 오면 내가 먹고, 죽기 전에 너를 축복하게 해 다오."

리브가는 이삭이 에서에게 하는 말을 들었습니다. 에서가 들로 나갈 때 리브가는 야곱에게 말했습니다. "네 아버지가 에서에게 하는 말을 들었다. 내 말을 잘 들어라. 염소 떼로 가서 어린 염소 두 마리를 잡아 오너라. 내가 네 아버지가 좋아하는 별미를 만들어 주마. 네가 그 음식을 아버지에게 가져다 드리면, 돌아가시기 전에 너에게 축복하실 것이다." 야곱이 말했습니다. "에서의 몸은 털로 덮였고 제 피부는 매끄러운데, 아버지가 저를 만져 보시면 어떻게 하지요? 제가 아버지를 속이는 것을 알게 되실 텐데요." 그러나 리브가는 대답했습니다. "내가 말한 대로 하거라."

그래서 야곱은 염소를 가져왔고, 리브가는 이삭이 좋아하는 별미를 만들었습니다. 에서의 옷은 집안에 있었습니다. 리브가는 에서의 옷 중 가장 좋은 것을 가져다가 야곱에게 입혔습니다. 리브가는 야곱의 팔과 목을 염소 가죽으로 덮었습니다.

야곱이 아버지에게 갔습니다. 이삭이 물었습니다. "너는 누구이냐?" 야곱이 대답했습니다. "아버지의 맏아들 에서입니다. 제 음식을 드시고 저를 축복해 주세요." 이삭이 말했습니다. "이리 오너라. 너를 만져 보자꾸나." 이삭은 야곱을 만져 보고 말했습니다. "목소리는 야곱 같은데 손은 에서 같구나. 네가 정말 내 아들 에서이냐?" 야곱이 말하였습니다. "네, 그렇습니다." 그래서 이삭은 음식을 먹었습니다. 이삭은 야곱이 입은 옷 냄새를 맡고, 야곱을 축복하였습니다.

야곱이 자리를 떠난 다음 에서가 들에서 돌아왔습니다. 에서가 말했습니다. "아버지, 제 음식을 드세요. 그리고 저를 축복해 주세요."

이삭이 대답했습니다. "너는 누구이냐?" 에서가 말했습니다. "저는 아버지의 맏아들 에서입니다." 이삭이 말했습니다. "그럼 누가 들에서 짐승을 잡아 음식을 만들어 내게 가져온 것이냐? 네가 오기 전에 내가 음식을 먹고 그를 축복하였다." 에서는 크게 소리 지르며 슬퍼했습니다. "아버지 저도 축복해 주세요!" 그러나 이삭이 말하였습니다. "네 동생이 나를 속였구나. 야곱이 너의 축복을 가로챘구나."

에서가 말하였습니다. "야곱이 나의 장자권을 가져갔습니다. 그리고 이제 나의 축복도 빼앗아 갔습니다." 그는 야곱에게 화가 나서 그를 해치고 싶었습니다. 리브가가 이를 듣고 야곱에게 말하였습니다. "네 삼촌 집으로 도망가거라. 네가 한 일을 에서가 잊어버리면 알려 주마. 그때 돌아오너라." 리브가는 야곱이 아내를 얻도록 보내자고 이삭을 설득하였습니다.

Q?A 질문

1 이삭은 어떻게 아내를 얻었나요? 그의 아내의 이름은 무엇인가요?

2 이삭이 아이를 위해 기도하자 하나님께서는 어떻게 응답하셨나요?

3 이삭과 리브가는 아들 몇을 두었습니까? 누가 먼저 태어났습니까? 다른 아들의 이름은 무엇입니까?

4 에서를 설명해 보세요. 야곱을 설명해 보세요.

5 아버지가 돌아가시게 되면 대부분 맏아들이 장자권을 갖습니다. 이것은, 맏아들이 가족을 이끌어가는 이가 되면 모든 재산을 갖게 된다는 것을 말합니다. 에서는 무엇 때문에 장자권을 쌍둥이 동생에게 팔았습니까?

6 에서를 더 좋아한 사람은 누구입니까? 야곱을 더 좋아한 사람은 누구인가요?

7 부모님들에게 더 좋아하는 자녀가 있는 것은 좋은 것입니까? 왜 그것은 좋지 않은 것입니까?

8 늙고 보지 못하게 되었을 때, 이삭은 에서에게 무엇을 해 달라고 했나요?

9 리브가는 야곱이 아버지 이삭을 속이도록 어떻게 도왔습니까? 그 일은 성공했나요?

10 에서는 속은 것을 깨달았을 때 기분이 어떠했습니까?

11 에서는 야곱에게 어떻게 하려 했나요?

12 야곱의 속임수는 어떤 결과를 가져왔습니까?

13 이 이야기는 어떻게 하면 다르게 끝날 수 있을까요?

14 오늘 이야기는 속임수에 대해서 무엇을 가르쳐 줍니까?

성경을 삶에 적용하기

아이들을 둥그렇게 모아주세요. 이야기천에서 8번 그림을 가리키고 물어보세요 두 형제가 서로 부모님에게 특별한 관심을 받으려다 어떤 일이 생겼나요? 여러분이나 여러분의 형제, 자매가 부모님에게 그런 일을 한 적 있는지 말해 볼 사람 있나요? 어떤 일이 일어났나요? 한 사람만 더 좋아하는 것은 왜 좋지 않을까요? 말씀하세요 성경은 말씀합니다. "정직한 일을 행하라."(신 6:18) 이 구절이 오늘 외울 말씀입니다. 어떤 옳은 행동을 하면 가족과 다른 사람들에게 우리 사랑을 보여줄 수 있을지 말해 봅시다(일 도와주기, 진실 말하기, 예의 지키기, 부모님과 선생님들에게 순종하고 감사하기). 이번 주에 옳은 것과 그른 것 사이에서 선택할 기회가 있다면, 성경이 말하는 대로 행동하고, 선한 것을 택하기를 바랍니다.

아이들이 옳은 것을 택할 수 있도록 하나님께 도움을 구하는 기도를 하십시오.

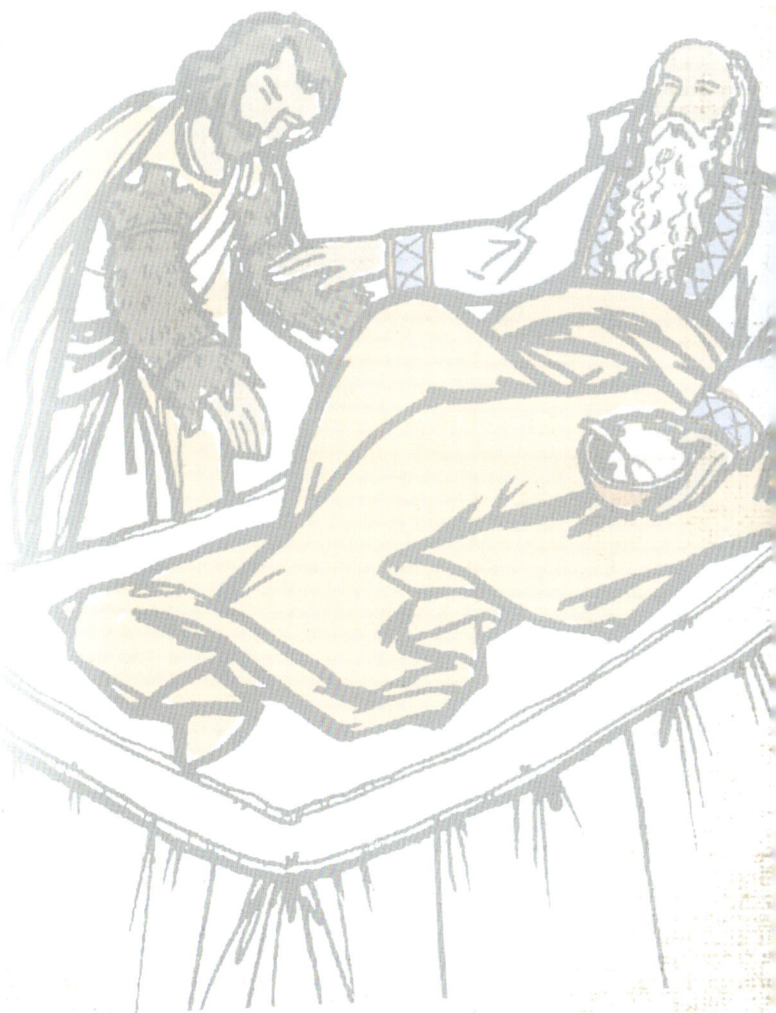

8 야곱이 벧엘에서 꿈을 꾸다

창세기 28:10-22

내가 두려워하는 날에는 내가 주를 의지하리이다 (시편 56:3)

성경 이야기를 위한 준비

물어보세요 "여러분이 아는 사람 중에 쌍둥이가 있나요?" 쌍둥이가 어떻게 같고, 어떻게 다른지 이야기를 나누어 보세요.

물어보세요 야곱과 에서는 무엇이 달랐나요? 야곱은 왜 자기 아버지를 속였나요? 이 일 후 에서는 야곱에게 대해 어떤 마음이 들었나요? 대답할 시간을 주세요.

이야기천에서 9번 그림, "야곱이 벧엘에서 꿈을 꿈"을 가리키시고 말씀하세요 야곱에게 속은 후 에서는 화가 났습니다. 그래서 야곱은 집을 떠나 아내를 얻으러 다른 곳으로 떠났습니다. 그는 들에서 잤고, 이상한 꿈을 꾸었습니다. 잘 듣고 그 꿈이 어떤 꿈이었는지 말해 보세요.

성경 이야기

야곱은 아내를 얻으러 하란으로 떠났습니다. 그는 어떤 곳에 도착했고, 그날 밤을 지내기 위해 그곳에 머물렀습니다. 그는 돌 하나를 가져다가 베개로 삼았습니다. 그리고 거기 누워 잠이 들었습니다.

그는 땅에 있는 사다리가 하늘까지 연결된 꿈을 꾸었습니다. 천사들이 사다리를 오르락내리락하고 있었습니다. 하나님께서 사다리 옆에 서서 말씀하셨습니다. "나는 하나님이다. 너의 할아버지 아브라함의 하나님이요, 이삭의 하나님이다. 네가 누워 있는 땅을 너와 네 자손들에게 주겠다. 그들은 땅의 먼지처럼 셀 수 없이 많아질 것이다. 그들은 동서남북으로 퍼져 나갈 것이다. 이 땅의 모든 사람들이 너와 너의 자손으로 인해 복을 받을 것이다. 내가 너와 함께 있다. 내가 너를 지켜줄 것이다. 내가 너를 이 땅으로 다시 데려올 것이다. 너에게 약속한 것을 다 이룰 때까지 나는 너를 떠나지 않을 것이다."

야곱이 꿈에서 깨어나서 말했습니다. "하나님이 이곳에 계신다. 그런데 나는 알지도 못했다니! 이 곳은 거룩한 곳이다!" 그는 베게로 삼았던 돌을 가져다가 기둥으로 세웠습니다. 그 위에 감람유를 붓고 그곳을 벧엘이라고 불렀습니다.

야곱은 하나님과 약속을 했습니다. "하나님께서 저와 함께하셔서 이 여정에서 저를 보호하시고, 제게 음식과 옷을 주시며, 저를 안전하게 돌아오게 하신다면, 당신은 저의 하나님이심을 제가 확실히 알게 될 것입니다. 하나님이 거하시는 곳에 제가 돌을 세워 표시를 했습니다. 하나님, 하나님이 제게 주시는 모든 것 중 십 분의 일을 돌려 드리겠습니다."

질문

1 야곱은 아내를 얻으러 어디로 여행을 떠났나요?

2 그는 무엇을 베개로 삼았습니까?

3 야곱이 꾼 꿈을 자세히 말씀해 보세요. 하나님은 야곱에게 어떤 약속을 하셨습니까?

4 야곱은 꿈에서 깨어난 후 무슨 말을 했습니까?

5 야곱은 자기가 베개로 삼았던 돌 위에 무엇을 부었습니까?

6 야곱은 그 장소를 무엇이라고 불렀습니까?

7 야곱이 하나님과 한 약속은 무엇인가요?

8 야곱은 하나님께서 자기에게 주신 모든 것의 얼마를 다시 하나님께 드린다고 했습니까?

9 이 이야기에서 여러분은 하나님에 대해 무엇을 배웠나요?

10 오늘 이야기에서 여러분을 놀라게 한 것은 무엇인가요?

11 하나님께서 야곱을 돌보신 것처럼 여러분도 돌보신다는 것을 어떻게 알 수 있습니까?

성경을 삶에 적용하기

물어보세요 여러분은 꿈을 꾸시나요? 누가 자신이 꾸었던 꿈을 이야기해 보시겠어요? **자원하는 아이들이 대답하게 해 주세요. 그러나 장난치지 않도록 지도해 주세요.**

말씀하세요 가끔 우리는 재미있는 꿈이나 엉뚱한 꿈을 꾸기도 합니다. 그러나 야곱의 꿈은 달랐습니다. 그는 꿈에서 하나님에 대해 배웠습니다. 우리는 성경에서 이와 비슷한 경우를 종종 발견할 수 있습니다. 하나님은 야곱과 함께하신 것처럼 저나 여러분과 함께하십니다. 여러분이 슬프거나, 두렵거나, 아프거나, 외로울 때 다음과 같은 말을 해 보도록 연습하세요. "하나님은 나와 함께하십니다." 하나님은 항상 여러분과 함께하실 것입니다. 다음 문장을 세 번 말하면서 연습해 볼까요. "하나님은 나와 함께 하십니다." **이 말을 세 번 반복하도록 지도해 주십시오.**

9 야곱이 결혼하여 열두 자녀를 낳다

창세기 29:14-31; 30:3, 9, 21-24; 35:16-18

남에게 대접을 받고자 하는 대로 너희도 남을 대접하라

(누가복음 6:31)

성경 이야기를 위한 준비

물어보세요 지난 시간 이후로 꿈을 꾼 것 중에 기억나는 것이 있나요? 어떤 종류의 꿈이었나요? 야곱의 꿈은 무엇이었지요? 꿈에서 하나님은 어떤 말씀을 하셨나요? 그 꿈은 야곱이 무엇을 느끼게 했나요? 그는 무엇을 하였습니까? 대답을 기다리세요.

말씀하세요 야곱이 아버지와 에서를 어떻게 속였는지 기억하세요? 오늘 이야기에서는 야곱이 속게 됩니다. 이야기를 들어보고 그가 어떻게 속았는지 알아보세요.

성경 이야기

야곱은 아내를 얻기 위해 계속해서 여행을 떠났습니다. 야곱은 친척 라반의 집에 머무르며 그를 위해 일했습니다. 라반에게는 두 딸이 있었습니다. 언니는 레아였고, 동생은 라헬이었습니다. 레아는 평범하였지만, 라헬은 아름다웠습니다. 야곱은 라헬을 사랑했기에 그와 결혼하고 싶어서, 라반을 위해 칠 년 동안 일하겠다고 했습니다.

야곱은 라반을 위해 칠 년을 일했습니다. 그리하여 라반은 저녁에 야곱에게 라헬 대신 레아를 보내 결혼하도록 했습니다. 다음날 야곱은 라반이 자신을 속인 것을 알게 되었습니다. "왜 저를 속였습니까?" 야곱이 라반에게 물었습니다. 라반이 말했습니다. "우리 지방에서는 언니가 동생보다 먼저 결혼해야 한다. 라헬과도 결혼하도록 해 줄 것이다. 그러나 너는 나를 위해 칠 년을 더 일해야 한다." 야곱은 그렇게 하겠다고 했습니다.

야곱은 레아보다 라헬을 더 사랑했습니다. 하나님께서 이것을 보시고 레아에게 자녀를 주셨습니다. 그는 네 아들을 두었습니다. 그러나 라헬은 아이를 가질 수가 없었습니다. 대신 라헬은 자기 여종 빌하를 야곱에게 주어 아이를 갖게 하였습니다. 빌하는 두 아들을 두었습니다. 레아도 더 이상 아이를 가질 수 없게 되자, 자기 여종 실바를 야곱에게 주어 아이를 갖게 되었습니다. 그런데 그때 레아는 두 명의 아들을 더 갖게 되었습니다.

이후 하나님께서 라헬의 기도를 들으셨습니다. 하나님께서는 라헬이 자기 자식을 갖게 해 주셨습니다. 그는 아들의 이름을 요셉이라 불렀습니다. 이후 죽음을 맞이하며 아들 하나를 더 낳았고, 이름을 베냐민이라 했습니다.

질문

1 야곱은 아내를 얻기 위해 누구와 살며 일하였나요?

2 라반의 딸 중 야곱이 사랑해서 결혼하고 싶었던 사람은 누구인가요?

3 야곱이 라헬과 결혼하기 전 라반을 위해 얼마나 일해야 했습니까?

4 라반은 야곱을 속였습니다. 라반이 야곱에게 아내로 준 사람은 누구입니까?

5 라반은 야곱을 왜 속였습니까? 이 이야기가 서로 속였던 어떤 사람 이야기를 생각나게 하나요?

6 야곱이 라헬을 아내로 맞이하려고 라반을 위해 얼마나 더 일해야 했나요?

7 야곱이 가장 사랑한 사람은 누구인가요? 레아인가요, 라헬인가요? 그는 편애를 했나요?

8 하나님께서는 우리가 편애하는 것을 바라실까요? 왜 그렇습니까? 아니라면, 왜 그렇지 않습니까?

9 라헬은 몇 명의 자녀를 두었습니까? 그들의 이름은 무엇입니까?

10 야곱은 모두 몇 명의 아들을 두었습니까?

11 이 이야기에서 여러분은 하나님에 대해 무엇을 배웠나요?

12 다음에 누군가를 속이고 싶은 생각이 든다면 그렇게 하시겠습니까? 왜 그렇습니까? 아니라면, 왜 안 하시겠습니까?

성경을 삶에 적용하기

물어보세요 누군가 여러분을 속인 적이 있습니까? 그때 기분이 어땠나요? 여러분이 누군가를 속인 적이 있나요? 사람을 속이는 일이 좋은 것이라고 생각하나요?

이야기천에서 10번 그림을 가리키며 말씀하세요 야곱은 자기가 원하는 것을 갖기 위해 사람을 속이는 것보다, 하나님을 신뢰하는 것이 낫다는 것을 배웠습니다. 사람들을 속이는 것은 그들에게 정직한 것이 아닙니다. 이제 이 시간을 마치며, 우리가 항상 진실을 말하고 옳은 일을 할 수 있도록 하나님께 도움을 구하는 기도를 드리세요.

10 야곱이 씨름하다

창세기 32:22-32; 35:10-15

주와 같이 능력 있는 이가 누구리이까 여호와여 주의 성실하심이 주를 둘렀나이다 (시편 89:8하)

성경 이야기를 위한 준비

말씀하세요 야곱은 자기 아버지와 형을 속였습니다. 그러나 야곱은 자신이 라반의 딸 라헬을 위해 칠 년 동안 라반에게 일해 주고도 그와 결혼할 수 없자, 속는 것이 어떤 것인지 알게 되었습니다. 야곱은 어떤 기분이 들었을까요? 여러분이라면 기분이 어땠을까요? 사람을 속이는 것이 좋다고 생각하십니까? 왜 그렇게 생각하시나요?

이야기천에서 11번 그림을 가리키고 말씀하세요 사다리에 천사가 오르락내리락 하던 꿈 말고도, 다른 날 밤에 야곱에게 이상한 일이 생겼습니다. 이야기를 잘 들으시고 그것이 무엇인지 알아보세요.

성경 이야기

야곱이 홀로 있던 어느 날 밤에, 한 남자가 아침이 될 때까지 야곱과 겨루었습니다. 그 남자는 자신이 야곱을 이길 수 없다고 생각하자, 야곱의 허벅지뼈를 쳐서 어긋나게 하였습니다. 그가 말했습니다. "나는 가야겠다. 아침이다." 야곱이 대답하였습니다. "당신이 저를 축복하시기 전까지 못 가십니다."

그가 말했습니다. "너의 이름이 무엇이냐?" 야곱이 대답하였습니다. "야곱입니다." 그 남자가 말했습니다. "이제 더 이상 너의 이름은 야곱이 아니다. 이제부터 너는 이스라엘이다. 네가 하나님과 겨루어 이겼기 때문이다." 그리고는 그가 야곱을 축복했습니다. 야곱이 말했습니다. "내가 하나님의 얼굴을 뵙고도 살았다니!"

하나님은 야곱과 다시 말씀을 나누셨습니다. "나는 전능한 하나님이다. 너는 자녀를 낳아라. 너는 많은 민족의 아버지가 될 것이다. 네 자손에게서 왕들이 나올 것이다. 내가 아브라함과 이삭에게 주었던 땅을 너에게 줄 것이다. 네 후손들에게도 줄 것이다."

그러고 나서 하나님은 야곱과 말씀하시던 곳에서 떠나셨습니다. 야곱은 하나님께서 자기와 말씀을 나누시던 곳에 거룩한 기둥을 세워 표시했습니다.

질문

1 누가 야곱과 씨름했습니까?

2 그 남자는 야곱을 이길 수 없을 것 같자 야곱에게 무엇을 하였나요?

3 그 남자는 야곱에게 무엇을 하라고 하였나요?

4 야곱은 그에게 어떻게 대답하였나요?

5 야곱의 이름은 무엇으로 바뀌었습니까? 왜 이름이 바뀌었나요?

6 야곱은 하나님과 겨룬 후에 하나님에 대해 어떻게 말했습니까?

7 하나님은 야곱에게 뭐라고 말씀하셨습니까?

8 야곱은 하나님께서 자기에게 말씀하셨던 장소를 어떻게 표시했습니까?

9 야곱이 왜 그곳을 표시했다고 생각하십니까?

10 무엇을 기억하려고 어떤 물건을 보관한 적 있나요? 하나님을 기억나게 하는 것이 왜 중요하다고 생각하십니까?

11 여러분은 하나님에 대해 어떤 것들을 기억하고 있나요?

성경을 삶에 적용하기

말씀하세요 하나님께서 야곱과 말씀하실 때, 아브라함과 이삭에게 땅을 주겠다고 하신 약속을 야곱이 떠올리게 해 주셨습니다. 하나님께서는 약속대로 하시겠다고 야곱에게 확인해 주셨습니다. 야곱은 하나님께서 자기에게 말씀하신 것이 특별한 일임을 알았기에, 그곳에 기둥을 세워 표시를 했습니다. 야곱은 하나님께서 약속을 지키신다는 것을 배웠습니다.

성경을 위로 들고 말씀하세요 이 책은 우리에게 하나님에 대해 말씀해 주는 진리의 책입니다. 이 책은 하나님께서 자기 백성들에게 오래전에 주신 약속들에 대해 알려주고 있습니다. 오늘날에도 우리에게 주시는 약속을 성경에서 찾을 수 있습니다. 이런 약속들 중 여러분이 알고 있는 것이 있나요? 하나님께서 약속을 지키심에 감사합시다. 잠시 기도하는 시간을 가지세요.

II 이집트에 있는 요셉

창세기 37, 39-45

당신들은 나를 해하려 하였으나 하나님은 그것을 선으로 바꾸사 오늘과 같이 많은 백성의 생명을 구원하게 하시려 하셨나니 (창세기 50:20)

성경 이야기를 위한 준비

물어보세요 야곱은 밤에 누구와 겨루었습니까? 하나님께서 야곱에게 어떤 말씀을 하셨습니까? 이전 시간에 하나님은 그와 같은 약속을 누구에게 하셨습니까?

말씀하세요 야곱은 오래 살았습니다. 야곱은 노인이 되었습니다. 하나님께서 야곱에게 선을 베푸셨고, 아들 열둘을 주셨습니다. 야곱은 아들들이 모두 자랑스러웠으나, 라헬이 낳은 가장 어린 요셉과 베냐민을 더 사랑하였습니다. '질투'가 무엇인지 아시나요? 질투 때문에 형제들에게 무슨 일이 일어났는지 들어 보세요. 이야기를 들으면서, 여러분은 형제들 중 누구를 가장 이해할 것 같은지 생각해 보세요.

성경 이야기

야곱은 아들 중 누구보다 요셉을 사랑했습니다. 어느 날 야곱은 요셉에게 아름다운 채색옷을 주었습니다. 이는 야곱이 자기 아들 중 누구보다 요셉을 사랑한다는 것을 보여주는 것이었습니다. 다른 아들들은 기쁘지 않았고, 요셉에게 친절한 말 한마디도 하고 싶지 않았습니다.

형제들은 나쁜 생각을 하기 시작했습니다. 그들은 요셉을 없앨 방법을 궁리했습니다. 어느 날 기회가 왔습니다. 형들이 양의 먹이를 찾아 길을 떠난 날이었습니다. 야곱이 요셉에게 말했습니다. "가서 형들과 양떼들이 잘 있는지 보고 와서 어떤지 내게 알려 주어라."

형들은 멀리서 요셉이 오는 것을 보았습니다. 요셉은 채색옷을 입고 있었습니다. 그들은 다시 나쁜 생각을 하기 시작했습니다. "요셉을 죽이자. 빈 웅덩이에 던지고, 들짐승이 그를 잡아먹었다고 말씀드리자."

그러나 요셉의 맏형인 르우벤은, 요셉을 죽이지는 말고 구덩이에 던지자고 설득했습니다. 그들은 요셉이 가까이 오자 아름다운 채색옷을 벗기고 근처에 있는 구덩이에 요셉을 던져버렸습니다.

얼마 지나지 않아 낙타를 탄 상인들이 지나가고 있었습니다. 그들은 이집트로 가고 있었습니다. 형제들 중 하나가 말했습니다. "요셉을 이 상인들에게 팔면, 돈을 제법 벌 수 있을 거야."

그들은 요셉을 구덩이에서 끌어 올려 상인들에게 팔았습니다. 그러고는 요셉의 채색옷에 짐승의 피를 묻혀 아버지께 가져갔습니다. 야곱은 아들 옷에 피가 묻은 것을 보고 울었습니다. 그는 들짐승이 요셉을 잡아먹었다고 생각했습니다.

상인들은 보디발이라는 사람에게 요셉을 팔았습니다. 보디발은 왕의 모든 경비대를 책임지고 있어서 매우 힘 있고 부유한 사람이었습니다. 요셉은 보디발을 위해 열심히 일했고, 아주 잘했습니다. 하나님은 요셉을 기쁘게 여기셨습니다. 보디발은 곧 요셉이 훌륭한 청년인 것을 알게 되었고, 그에게 온 집안 종들을 맡겼습니다.

요셉은 아주 착하고, 친절하며, 쾌활하여 보디발 집 모든 사람이 요셉을 좋아했습니다. 그러나 어느 날 보디발의 아내가 요셉 때문에 무척 화가 났습니다. 요셉이 자기 기분을 좋게 해 주는 나쁜 일을 하지 않았기 때문입니다. 그래서 보디발의 아내는 왕의 죄수들을 가두는 감옥에 요셉을 가두었습니다.

감옥에서도 하나님께서는 요셉과 함께 계셨습니다. 감옥을 돌보는 간수장이 요셉을 좋아하여, 요셉에게 다른 죄수들을 맡겼습니다. 하나님께서 요셉이 하는 모든 일이 잘 되게 하셨습니다.

어느 날 왕이 잠에서 깨어났을 때, 마음이 불편했습니다. 왕이 말했습니다. "지난 밤 이상한 꿈을 꾸었다." 그는 지혜로운 사람들을 모두 불러 그 꿈이 무슨 뜻인지 물었습니다. 그러나 그들은 모두 어리둥절하였습니다. 왕의 꿈이 무엇을 말하는지 아무도 대답할 수 없었습니다.

왕의 술을 맡은 관원장이 나섰습니다. "이 년 전 제가 감옥에 있을 때 한 사람을 만났습니다. 그 사람 이름은 요셉입니다. 어느 날 저도 이상한 꿈을 꾸었는데, 그 꿈이 무슨 뜻인지 그 사람이 말해 주었습니다. 그 꿈은 제가 감옥에서 풀려나는 것을 가리키는 것이라고 하였는데, 정말 그렇게 되었습니다. 요셉이 말한 대로 정확하게 모든 일이 이루어졌습니다."

왕은 꿈을 해석하려고 사람을 보내 요셉을 감옥에서 데려왔습니다. 왕이 말했습니다. "내가 꿈을 꾸니 마른 소 일곱 마리가 있었다. 그 소들이 살찐 일곱 마리 소를 잡아 먹었다. 이게 무슨 뜻인지 내게 말해 주겠느냐?"

요셉은 옳게 말하는 것이 중요하다고 생각했습니다. 요셉은 그 꿈이 무엇을 말하는지 하나님께서 알게 해 주실 것이라 믿었고, 하나님은 그렇게 하셨습니다.

요셉이 말했습니다. "그 꿈은 칠 년 동안 풍년이 들어 먹을 것이 풍족하다는 것을 말합니다. 그 다음에는 칠 년 동안 날씨가 좋지 않아 농산물이 자라지 않는다는 것입니다. 그 칠 년 동안 사람들은 굶주리게 될 것입니다."

왕은 요셉이 자기 꿈이 무슨 뜻인지 말해 주어 기뻤습니다. 왕은 그 기간 동안 곡물을 모아 저장하여 이집트에 먹을 것이 충분하도록 요셉을 책임자로 임명했습니다.

땅에 먹을 음식이 넉넉하지 않고 모든 사람들이 매우 배고픈 시기가 되었습니다. 요셉은 사람들에게 저장했던 곡물을 팔기 시작했습니다.

저 멀리 요셉의 고향에 있는 요셉의 가족들도 배가 고팠습니다. 형들은 가진 곡물을 다 먹어버려서, 곡물을 조금 사려고 이집트로 갔습니다. 요셉은 자기 형들이 곡물을 사러 온 것을 보고 놀랐습니다. 요셉은 바로 형들을 알아보았으나, 형들은 요셉을 알아보지 못하였습니다. 오래전 그들이 요셉을 상인들에게 팔아넘긴 후 요셉은 많이 변했기 때문입니다.

요셉은 형제들에게 자기가 누구인지 말할 적당한 때를 기다렸습니다. 그들은 그 사람이 요셉임을 알게 되자 매우 두려웠습니다.

요셉은 친절하게 말했습니다. "두려워하지 마세요. 저는 형님들을 여전히 사랑합니다. 형님들이 저에게 하신 일을 다 용서합니다. 하나님께서 많은 생명들을 살리시려고 저를 여기에 보내신 것입니다. 가서 아버지를 모셔 오시고, 형들도 모두 여기서 함께 살아요. 제가 모두 돌보겠습니다." 마침내 다시 가족이 모두 함께하게 되었습니다.

질문

1 왜 형들은 요셉을 좋아하지 않았습니까?

2 형들은 요셉에게 어떤 일을 하였나요?

3 형들이 요셉을 구덩이에 던진 다음 아버지에게 뭐라고 말했습니까?

4 요셉은 팔려가서 누구를 위해 일하게 되었습니까? 보디발은 요셉이 하는 일을 기쁘게 여겼나요?

5 하나님께서는 요셉이 열심히 일하는 것을 기뻐하셨습니까?

6 요셉에게 화가 나서 그를 감옥에 넣은 사람은 누구입니까?

7 하나님께서는 요셉이 감옥에 있을 때도 함께하셨습니까?

8 요셉이 감옥에 있을 때 한 특별한 일은 무엇인가요?

9 왕이 요셉에게 꿈을 해석하라고 했을 때, 요셉은 왕에게 무슨 일이 일어날 것이라고 했습니까?

10 요셉이 왕에게 꿈의 의미를 말하자 왕은 그에게 어떤 중요한 임무를 맡겼습니까?

11 요셉에게 곡물을 사러 이집트에 온 사람들은 누구였나요?

12 형들이 요셉을 알아보았을 때, 요셉은 형들에게 뭐라고 했습니까?

13 이 이야기에서 우리는 하나님에 대해 무엇을 배울 수 있습니까?

14 이 이야기에서 우리는 용서에 대해 무엇을 배울 수 있습니까?

15 이 이야기에서 여러분이 좋아하는 것은 무엇이고, 그렇지 않은 것은 무엇입니까?

성경을 삶에 적용하기

이야기천에서 12번 그림을 가리키고 말씀하세요 요셉은 형들이 자기를 나쁘게 대하고 노예로 팔아넘겼어도 그들을 용서하였습니다. 요셉은 하나님께서 자기를 돌보셔서 가족을 구할 수 있었다는 것을 알았기 때문입니다. 여러분도 아시다시피, 하나님께서는 항상 우리를 용서하십니다. 하나님께서는 이와 같이 우리도 다른 사람들을 용서하기를 원하십니다. 각각의 이야기를 듣고, 상황마다 하나님께서는 우리가 어떻게 하기를 원하시는지 생각해 보세요.

1. 하진이는 자기가 그리고 있던 꽃 그림을 마무리하면서 미소를 지었습니다. 지금까지 그린 그림 중에 가장 멋졌습니다. 바로 그때 태훈이가 하진이의 그림을 보러 왔습니다. 그런데, 이럴 수가! 태훈이가 실수로 하진이의 꽃 그림 위에 파란 물감을 쏟았습니다. 하진이는 어떻게 해야 할까요?
2. 한솔이는 엄마가 넣어 주신 초콜릿 쿠키를 한 입 먹으려고 점심 도시락을 열었습니다. 그런데 초콜릿 쿠키가 없어졌습니다. 한솔이가 둘러 보니, 마침 지혜가 남은 한 입을 먹어버리고 있었습니다. 한솔이는 어떻게 해야 할까요?

토의할 시간을 주십시오. 자기에게 잘못한 사람들을 용서할 수 있도록 도와달라고 하나님께 기도 드리며 마치십시오.

12 모세가 태어남

출애굽기 1:8-2:10

나의 도움은 천지를 지으신 여호와에게서로다 (시편 121:2)

성경 이야기를 위한 준비

말씀하세요 지난 시간에 우리는 요셉과 그의 열한 형제들 이야기를 했습니다. 그런데, 형제 사이가 항상 좋지는 않았습니다. 형들은 왜 요셉을 질투하였습니까? 그래서 형들은 요셉에게 어떻게 하였습니까? 형들이 먹을 것이 부족하여 이집트에 왔을 때 왜 요셉 때문에 놀랐습니까? 요셉이 형들을 용서한 것처럼 여러분도 다른 사람들을 용서해 본 적이 있나요? 있다면 말씀해 보세요. 다른 사람에게 용서를 구해 본 적이 있나요? 어떤 일이 일어났습니까?

계속 말씀하세요 여러 해가 지난 후 새 왕은, 요셉과 그의 동족들을 알지 못했습니다. 새 왕은 요셉의 동족인 히브리 사람들을 구박했습니다. 왕이 무슨 일을 했는지, 그리고 어떤 가족이 아주 특별하게 아기를 돌보았는지 들어 보세요.

성경 이야기

요셉과 그의 동족 이스라엘 사람들을 모르는 새 왕이 이집트를 다스리게 되었습니다. 왕이 말했습니다. "우리가 다루기에 이스라엘 사람들이 너무 많다. 전쟁이 나면 적을 도와 이곳을 떠나지 못하도록, 이들을 통제할 계획을 세우자."

그래서 이집트 사람들은 이스라엘 사람들을 노예로 만들었습니다. 이집트 노예 감독들은 이스라엘 백성을 괴롭히고 심하게 일 시켰습니다. 더 나아가 왕은, 이스라엘 여자 아이들은 살리고 남자 아이들을 모두 죽이라고 명령하였습니다.

요게벳은 이 시기에 남자 아이를 낳았습니다. 요게벳은 아이에게 특별한 무언가가 있음을 알고, 석 달 동안 아이를 숨겼습니다. 병사들에게서 아이를 숨기는 것이 점점 어려워졌습니다. 그래서 요게벳은 갈대 줄기로 작은 바구니를 만들었습니다. 바구니에 물이 들어가지 않도록 역청과 나무 진으로 틈을 메웠습니다. 요게벳은 아이를 바구니에 누여서 나일 강가에 있는 갈대 숲에 바구니를 놓았습니다.

누나인 미리암이, 아기가 어떻게 되는지 보려고 강가에 떠 있는 바구니를 지켜보았습니다.

공주가 나일강에 목욕을 하러 내려와 있었습니다. 시녀들도 함께 강변에서 걷고 있었습니다. 공주는 갈대 사이에 있는 바구니를 발견했습니다. 그래서 시녀에게 그 바구니를 가져오게 하였습니다. 공주가 바구니를 열었더니, 아기가 있었습니다. 아기가 울고 있는 것을 보사 불쌍한 마음이 들었습니다. 공주가 말했습니다. "이 아기는 원래 죽여야 하는 아이들 중 하나이다."

아기 누나인 미리암이 공주에게 물었습니다. "공주님

대신 아기에게 젖을 먹일 이스라엘 여인 한 명을 데려올까요?"

공주가 말하였습니다. "그래, 그러렴." 미리암이 뛰어가서 자기 엄마를 데리고 왔습니다. 공주가 말하였습니다. "이 아기를 데려다가 젖을 먹여라. 내가 값을 지불하마." 그리하여 아기 어머니는 아기를 데려다가 젖을 먹였습니다. 미리암은 아기가 자라자 공주에게 데려갔고, 공주는 아기를 자기 아들로 삼았습니다. 공주는 아이의 이름을 모세라고 지었고, 그 뜻은 '건져 내었다'입니다. 그가 아이를 물에서 건져 내었기 때문입니다.

질문

1 요셉을 모르는 누가 이집트를 다스리게 되었나요?

2 그는 히브리인이라고도 불리는 이스라엘 백성들을 어떻게 대했나요?

3 왕은 이스라엘 남자 아이들을 어떻게 하라고 명령했습니까?

4 아이의 어머니 이름은 무엇입니까? 누나 이름은 무엇입니까? 아기 이름은 무엇입니까?

5 요게벳은 왜 모세를 숨겼습니까? 모세를 얼마나 숨겼나요?

6 모세의 어머니는 아기를 어디에 넣었습니까?

7 요게벳과 미리암은 바구니와 아기 모세를 어디에 놓았습니까?

8 누가 머물러서 아기를 살펴보았나요?

9 누가 바구니에 둔 아기 모세를 발견했습니까?

10 공주는 아기 모세를 죽이려 했나요?

11 누가 아기에게 젖을 줄 유모를 구하러 갔나요?

12 미리암이 아기 모세의 유모로 데려온 사람은 누구입니까?

13 여러분은 가족, 특히 형제 자매에게 사랑을 표현하고 돌보는 것에 대해 무엇을 배웠습니까?

14 이 이야기에서 여러분이 좋아하는 것은 무엇이고, 그렇지 않은 것은 무엇입니까? 그 부분이 좋거나 싫은 이유는 무엇인가요?

15 이 이야기를 누구에게 해줄 수 있나요?

성경을 삶에 적용하기

이야기천에서 13번 그림을 가리키고 물어보세요 미리암은 아기 모세를 지켜볼 용기가 있었나요? 미리암이 어머니를 데리러 간 것은 왜 좋은 일입니까? 부모님이나 가족들은 어떤 방법으로 아이들을 돌보나요? 가족이 여러분을 어떤 특별한 방법으로 돌보아 주었는지 이야기하고 싶은 사람이 있나요? 대답할 시간을 주세요.

아이들이 기억한 것을 재현해 보게 해 주세요. 다음을 예로 들어, 시작할 수 있도록 도와주세요.(요리하시는 부모님, 숙제를 도와주는 언니나 누나, 아이들이 거리로 뛰어나가지 않도록 해 주는 형이나 오빠, 아픈 아이들을 병원에 데려가시는 부모님, 성경을 함께 읽는 가족)

물어보세요 이번주에는 가족들을 어떻게 돕겠습니까?

아이들이 잊지 않고 가족을 도울 수 있게 하나님께 도움을 구하는 기도로 마무리하세요.

⑬ 모세와 불타는 떨기나무

출애굽기 2:23-4:17

하나님이 이르시되 내가 반드시 너와 함께 있으리라 네가 그 백성을 애굽에서 인도하여 낸 후에 너희가 이 산에서 하나님을 섬기리니 이것이 내가 너를 보낸 증거니라

(출애굽기 3:12)

성경 이야기를 위한 준비

물어보세요 부모님이 자녀를 돌보는 방법에는 어떤 것들이 있나요? 모세의 가족은 아기를 어떻게 돌보았습니까? 미리암은 아기 모세를 용감하게 보살폈나요? 미리암이 어머니를 데리러 간 것은 왜 좋은 일인가요?

말씀하세요 오늘의 이야기는 힘차고 활발한 영화 같은 이야기입니다. 하나님께서 모세에게 자신의 전능함을 보여주실 때 모세에게 일어난 믿을 수 없는 모든 일들에 대하여 들어 보세요. 어떤 일이 가장 믿기 어려운지 생각해 보세요.

성경 이야기

시간이 지나고 모세는 어른이 되었습니다. 모세와 같은 민족 이스라엘 사람들은 여전히 이집트 노예로 지내고 있었습니다. 그들은 하나님께 구해 달라고 부르짖었습니다. 하나님께서는 그들이 부르짖는 소리를 들으셨습니다. 하나님은 아브라함과 이삭과 야곱에게 세웠던 약속을 기억하셨습니다.

어느 날 모세는 산 근처에 있는 사막에서 장인의 양떼를 돌보고 있었습니다. 갑자기 모세는 안에서부터 불타오르는 떨기나무를 보았습니다. 불이 붙어 있었지만 나무가 타 버리지는 않았습니다. 모세는 생각했습니다. '도대체 무슨 일이지? 보이는 것을 믿을 수가 없구나. 어떻게 나무가 타 들어가지 않는 거지?'

하나님께서 모세가 이 광경을 보고 서 있는 것을 보셨습니다. 덤불 속에서 하나님 말씀이 들렸습니다. "모세야, 모세야!"

모세가 대답하였습니다. "제가 여기 있습니다."

"이리로 가까이 오지 말아라. 네 신발을 벗어라. 너는 거룩한 곳에 서 있다. 나는 네 조상인 아브라함의 하나님이다. 이삭과 야곱의 하나님이다." 모세는 얼굴을 가렸습니다. 하나님 얼굴을 뵙는 것이 두려웠기 때문입니다.

하나님께서 말씀하셨습니다. "이집트 왕이 내 백성에게 얼마나 지독하게 굴었는지 보았다. 내가 그들을 구할 것이다. 내가 그들을 젖과 꿀이 흐르는 좋은 땅으로 데려갈 것이다. 그러므로 이제 가라. 이집트로 가서 나의 백성을 이끌고 나오너라."

모세가 대답하였습니다. "제가 누구이기에 왕에게 가고, 이스라엘 백성을 이집트에서 데리고 나옵니까?"

하나님께서 말씀하셨습니다. "내가 너와 함께 할 것이다. 내가 너를 보냈다는 것을 증명하는 표적을 너에게 줄 것이다. 네가 이집트에서 내 백성을 데리고 나오면, 너희 모두가 바로 이 산에서 나에게 예배하게 될 것이다."

모세가 하나님께 말씀드렸습니다. "제가 이스라엘 사람들에게 가서, '너희 조상의 하나님이 나를 너희들에게 보냈다'고 하고, 그들이 저에게 '그분의 이름이 무엇이냐'고 묻는다면, 저는 어떻게 대답하여야 합니까?"

하나님께서 말씀하셨습니다 "나는 '스스로 있는 자'이다. 그들에게 말하라. "스스로 있는 분'이 나를 너희에게 보내셨다.' 나는 네 조상의 하나님이다. 아브라함과 이삭과 야곱의 하나님이다."

"나를 믿어라. 이스라엘 지도자들이 너의 말을 들을 것이다. 그리고 너와 이스라엘 지도자들은 이집트 왕에게 가서 '하나님, 이스라엘의 하나님께서 우리를 만나 주셨소. 삼일 거리에 있는 광야로 가서, 우리 하나님께 예배 드릴 수 있게 해 주시오.'라고 말하여라."

하나님께서 이어서 말씀하셨습니다. "이집트 왕은 강요받지 않는 한 너희를 보내지 않을 것이다. 그래서 내가 직접 간섭할 것이다. 놀라운 일들로 이집트를 심하게 벌 줄 것이다. 이 모든 일을 겪은 후에야 왕이 너희를 보낼 것이다."

모세가 대답하였습니다. "이스라엘 지도자들이 저를 믿지 않으면 어떻게 합니까? 하나님께서 저에게 나타나시지 않았다고 생각하면 어떻게 하지요? 그러면 저는 어떻게 해야 합니까?"

하나님께서 말씀하셨습니다. "네 손에 든 것이 무엇이냐?"

모세가 대답하였습니다. "지팡이입니다."

하나님께서 말씀하셨습니다. "땅에 던져라."

모세가 지팡이를 땅에 던지니 그것이 뱀이 되었습니다. 모세는 순간 놀랐습니다!

그러자 하나님께서 말씀하셨습니다. "손을 내밀어 그 꼬리를 잡아라." 모세가 손을 내밀어 뱀을 잡았습니다. 그러자 다시 지팡이로 변했습니다. "그들이 이것을 보고, 하나님이 너에게 나타났다는 것을 알게 될 것이다."

하나님께서 다시 말씀하셨습니다. "손을 겉옷 안으로 넣어 보아라." 모세가 순종하여 손을 겉옷 안으로 넣었습니다. 손을 빼 보니 피부가 눈처럼 하얗게 피부병으로 덮였습니다.

"이제 다시 겉옷 안으로 손을 넣어 보아라." 하나님께서 말씀하셨습니다. 모세가 순종했습니다. 손을 다시 꺼내니 다시 깨끗해졌습니다.

하나님께서 말씀하셨습니다. "그들이 너를 믿지 않고 첫 번째 표적으로 설득되지 않는다면, 두 번째 표적을 보여라. 그래도 그들이 너를 믿지 않는다면 나일강에서 물을 조금 가져다가 땅에 부어라. 그러면 땅에 부은 그 물이 피로 변할 것이다."

모세는 변명을 했습니다. "주여, 저는 말을 잘 못합니다. 말주변이 없습니다. 그냥 말을 잘 못합니다."

하나님께서 대답하셨습니다. "누가 네 입을 만들었느냐? 누가, 사람들이 듣고, 말하고, 보게 하거나, 그러지 못하게 할 수 있겠느냐? 나 하나님 아니더냐? 이제 가거라. 내가 너와 함께 있을 것이며, 무슨 말을 해야 할지 가르쳐 주겠다."

그러나 모세가 말하였습니다. "하나님, 저 대신 다른 사람을 보내십시오."

하나님께서 모세에게 화가 나셨습니다. "언변이 좋은 네 형 아론이 있지 않느냐? 그가 말을 아주 잘한다. 지금 그가 너를 만나러 이리로 오고 있다. 너를 보고 기뻐할 것이다. 무엇을 말하여야 할지 네가 그에게 알려 주어라. 내가 너희들이 말하는 것을 도울 것이다. 너희가 무엇을 해야 할지 내가 가르칠 것이다. 아론이 네 대신 말하겠지만, 나는 '너에게' 무엇을 말해야 할지 알려줄 것이다. 이 지팡이를 들고 가라. 표적을 행할 때 이것을 사용하여라."

질문

1 하나님께서는 이집트에 있는 이스라엘 사람들에게서 무엇을 들으셨나요?

2 오늘 이야기 시작 즈음, 모세는 어디에 있었나요?

3 모세는 무엇을 보았고, 왜 그 광경이 이상하다고 생각했나요?

4 모세는 불 붙은 나무에서 하나님께서 말씀하시는 것을 들었습니다. 하나님은 모세에게 뭐라고 말씀하셨습니까?

5 모세는 왜 자기 신발을 벗었나요?

6 하나님께서 모세가 어떤 일을 하기를 원하셨습니까?

7 모세가, 하나님이 자신을 이집트에서 이스라엘을 이끌어 낼 지도자로 부르셨다고 이스라엘 사람들에게 말할 때, 하나님의 이름을 무엇이라 말하게 하셨습니까?

8 하나님께서는 모세더러, 이집트 왕에게 가서 이스라엘 사람들을 보내 '무엇'을 하게 하라고 요구하라 하셨습니까?

9 하나님은 기적을 베푸실 수 있습니다. 모세가 손에 든 것은 무엇이었습니까? 모세가 그것을 땅에 던졌을 때, 하나님은 그것을 무엇으로 바꾸셨습니까?

10 하나님께서 모세에게 손을 겉옷 안으로 넣어 보라고 하셨습니다. 손이 어떻게 되었나요?

11 하나님께서는, 이집트인들이 이스라엘 사람들을 못 가게 하면 나일강에서 물을 조금 가져다가 땅에 부으라고 하셨습니다. 그 물은 어떻게 되었습니까?

12 모세는 하나님께 왜 자신은 이스라엘 사람들을 이집트에서 이끌고 나올 수 없다고 변명하였나요?

13 모세가 변명을 하자 하나님 기분은 어떠하였습니까?

14 하나님께서 모세를 도울 누구를 보낸다고 하셨습니까?

15 이 이야기에서 하나님에 대해 배운 모든 것을 이야기해 보세요.

16 이 이야기에서 놀라운 곳이 있었습니까? 가장 좋아하는 부분은 무엇입니까?

17 하나님께서 이스라엘 사람들을 보살피신 것처럼 여러분도 보살피고 계십니까? 그것을 기억하도록 무엇을 할 수 있을까요?

성경을 삶에 적용하기

이야기천에서 14번 그림 "모세와 불 붙은 떨기나무"를 가리키며 물어보세요 하나님께서는 이 그림에서 자기 능력을 어떻게 보여주고 계십니까? 불타고 있는 나무를 보고 하나님께서 말씀하시는 것을 들었을 때 모세는 무엇을 했습니까? 당신이 모세라면 어떻게 하였을 것이라 생각하세요?

말씀하세요 그것은 하나님께서 자기 힘과, 무엇을 할 수 있는지 보여주시는 것의 시작일 뿐이었습니다. 오늘 이야기에서는 어떤 방법으로 능력을 보여주셨습니까? 하나님께서 무엇이든 하실 수 있다고 믿으십니까? 왜 그렇습니까? 잠시 멈추고 기도합시다. 하나님의 힘과 능력에 감사합시다. 그러나 또한 하나님께서만 하실 수 있어서, 하나님께 구하고 싶은 것이 있는지 생각해 보세요. 조용히 기도하며 하나님께 원하는 것을 말씀드리기를 바랍니다.

기다렸다가 하나님의 능력에 감사하는 기도를 소리 내 하십시오. 조용히 기도하는 아이들을 기다려 주세요.

14 열 가지 재앙

출애굽기 7:6-11:10

여호와의 말씀은 정직하며 그가 행하시는 일은 다 진실하시도다 (시편 33:4)

성경 이야기를 위한 준비

말씀하세요 하나님께는 이스라엘 백성을 위한 계획이 있었습니다. 오래전 아브라함에게, 그들이 큰 나라를 이룰 것이라고 말씀하셨습니다. 하나님은 아브라함의 자손이 이집트에 노예로 있을 때에도 이 약속을 잊지 않으셨습니다. 하나님은 여전히 그들을 위한 계획을 가지고 계셨습니다. 그 계획이 무엇이었고, 그것을 이루기 위해 하나님께서 쓰신 사람들은 누구였는지 잘 들어 보세요.

성경 이야기

모세와 아론은 하나님께 순종하였고 명령하신 모든 일들을 수행했습니다. 그들이 왕에게 이야기했을 때, 모세는 팔십 세였고 아론은 팔십 삼 세였습니다.

하나님께서 모세와 아론에게 말씀하셨습니다. "왕은 너희가 기적을 행하기 원할 것이다. 그러면 네 지팡이를 그 앞에서 땅에 던져라. 그것이 뱀으로 변할 것이다."

모세와 아론이 왕에게 갔으며 하나님께서 그들에게 말씀하신 대로 했습니다. 아론은 지팡이를 던졌고, 그것은 뱀으로 변하였습니다. 왕은 지혜로운 사람들과 흑마술사들을 불러 모았습니다. 이집트 마술사들이 지팡이를 던지자 그것도 뱀으로 변하였습니다. 그러나 아론의 지팡이가 그 지팡이를 삼켰습니다. 왕은 고집스러웠고, 하나님께서 말씀하신 것처럼 그들의 말을 듣지 않았습니다.

하나님께서 모세에게 말씀하셨습니다. "왕은 고집스러운 사람이다. 그는 사람들을 보내지 않을 것이다." 왕이 가지 못하게 할 때마다, 하나님께서는 문젯거리나 질병으로 벌하셨습니다.

첫 번째로 왕이 이스라엘 사람들을 못 가게 막았을 때, 하나님께서는 모세와 아론에게 그 지팡이를 가져가서 이집트 물 위에 흔들라고 하셨습니다. 모든 물이 피로 변하였습니다. 아무도 물을 마실 수가 없었고, 강에 있는 물고기가 모두 죽었습니다.

그러나 이집트 왕의 마술사들도 똑같이 했습니다. 왕은 여전히 고집스럽고 말을 듣지 않아서, 이스라엘 사람들을 보내지 않았습니다.

두 번째로 왕이 이스라엘 사람들을 못 가게 하였습니다. 하나님께서는 아론에게, 땅 위에 지팡이를 흔들라고 하셨습니다. 그렇게 하자 개구리들이 땅을 뒤덮었습니다. 왕은 모세와 아론을 불렀습니다. 왕은 그들에게, 하나님께 기도하여 개구리를 없애 달라고 했습니다. 하나님께서 그들의 기도를 들으셨고, 개구리들은 죽었습니다. 여전히 왕은, 하나님께서 말씀하신 것처럼 사람들을 보내지 않았습니다.

세 번째로 왕이 이스라엘 사람들을 보내지 않자, 하나님께서 이를 보내어 땅을 덮도록 하셨고, 네 번째에는 파리떼를 보내 땅을 덮게 하셨습니다. 파리떼는 집에도 가득했습니다. 왕은 다시 한 번 모세와 아론에게, 하나님께 기도하여 이와 파리떼가 사라지도록 빌어 달라고 요청했습니다. 그러나 하나님께서 벌레들을 사라지게 하셨는데도, 왕은 여전히 사람들을 보내지 않았습니다.

다섯 번째로 모세가 왕에게 가서 말하였습니다. "우리 백성들을 보내 주십시오." 왕은 거절하였고, 이번에는 하나님께서 말, 당나귀, 약대, 소떼, 양, 그리고 염소들에게 질병을 보내셨습니다. 하나님께서 질병을 보내실 때마다 이스라엘 사람들은 괜찮았고, 이집트 사람들만 피해를 입었습니다.

매번 왕이 사람들을 보내지 않기로 할 때마다, 하나님께서는 벌을 내리셨습니다. 여섯 번째 벌은, 사람들과 짐승들에게 생긴 악성 종기였습니다. 일곱 번째 벌은, 비가 얼어 우박이 되어 이집트 땅을 덮은 것입니다. 모세는 미리, 하나님께서 짐승들과 밖에 있는 사람들을 안으로 들이라고 하셨다고 알려주었습니다. 그러나 사람들은 듣지 않았습니다. 우박이 들판에 자라고 있던 모든 작물을 망쳤고, 나무에 있는 모든 잎이 다 떨어지게 하였습니다.

매번 왕은, 모세가 하나님께 재앙을 거두시게 기도해 주면 사람들을 보내겠다고 했습니다. 그러나 그는 약속을 전혀 지키지 않았습니다. 하나님께서 처음에 말씀하셨던 것처럼, 그는 이스라엘 사람들을 보내지 않았습니다. 그래서 하나님께서 여덟 번째 벌인 메뚜기와 아홉 번째 벌인 흑암을 보내셨습니다. 이집트는 삼일 동안 완전히 어둠 속에 있었습니다. 그러나 이스라엘 사람들이 사는 곳에는 빛이 있었습니다.

이제 왕은 너무나 화가 났습니다. 그가 모세에게 말하였습니다. "내 앞에서 사라져라. 더이상 나를 만나러 오면, 너는 죽을 것이다." 모세가 말하였습니다. "당신이 말씀하신 대로 하겠습니다. 다시는 당신을 보러 오지 않을 것입니다."

하나님께서 모세에게 말씀하셨습니다. "내가 왕과 이집트 사람들에게 한 가지 벌을 더 내릴 것이다. 그런 후에야 그가 너와 이스라엘 사람들을 보낼 것이다. 그가 너에게 떠나 달라고 빌 것이다." 모세는 사람들에게 떠날 준비를 하라고 했습니다.

Q?A 질문

1 하나님께서는 모세와 아론에게 왕 앞에서 어떤 기적을 행하라고 하셨나요?

2 왕은 마술사들에게 무엇을 하라고 했습니까? 마술사들의 지팡이에 무슨 일이 일어났습니까?

3 왕은 어떻게 행동했습니까?

4 왕이 사람들을 보내지 않을 때마다 하나님께서 어떤 재앙을 보내셨는지 몇 가지만 말해 보세요.

5 여러분이 살면서 경험한 문제 중, 가장 어려웠던 것은 무엇이었나요?

6 왜 왕이 약속한 것을 지키지 않았다고 생각하십니까?

7 왕은 아주 심하게 화가 나자 어떻게 행동하였나요?

8 그러자 하나님은 모세에게 뭐라고 말씀하셨나요?

9 이 이야기에서 하나님께 순종한 사람은 누구입니까? 순종하지 않은 사람은 누구입니까?

10 생각해 봅시다:
여러분은 하나님께 순종한 사람으로 알려지기 원하시나요?
오늘 여러분은 어떤 방법으로 하나님께 순종할 수 있습니까?

11 이 이야기를 좋아하십니까? 왜 좋아하십니까? 왜 좋아하지 않습니까?

성경을 삶에 적용하기

이야기천에서 15번 그림, "열 가지 재앙"을 가리키고

물어보세요 그림에 무엇이 있나요? 무엇이 이야기를 기억하도록 도와주나요?

왕은 모세에게, 하나님께 기도하여 재앙이 멈추게 하라고 요구했습니다. 그는 하나님께서 재앙을 멈추시면 사람들을 보내겠다고 말했습니다. 그러나 왕은 매번 그 약속을 깼습니다. 여러분은 이를 보고 어떤 마음이 드십니까?

말씀하세요 하나님께서는 우리가 약속을 지키고 하나님께 순종하기를 원하실까요? 여러분이 한 약속에는 어떤 것들이 있나요? 친구들에게 숙제를 도와준다고 하지는 않았나요? 아니면, 동생을 돌볼 것이라고 엄마께 말씀드렸습니까? 약속한 것을 지켰나요? 여러분이 약속을 지켰을 때 이야기를 해 주시겠어요? 약속을 지키는 것은 왜 중요합니까?

말씀하세요 이번주에는 자기가 하는 말들에 대해 생각해 보시기 바랍니다. 말은 중요합니다. 무엇을 한다고 했으면, 그 말을 지켜야 합니다. 내가 한 말을 지킬 수 있도록 하나님께 도움을 구합시다.

15 유월절

출애굽기 12

여호와께 감사하라 그는 선하시며 그 인자하심이 영원함이로다 (시편 107:1)

성경 이야기를 위한 준비

물어보세요 지난 시간 이야기 끝 무렵에, 하나님께서는 그분의 백성을 보내지 않은 이집트 사람들에게 몇 번이나 벌을 내리셨나요? 여러분은 하나님께서 보내신 벌 중 몇 가지를 기억하시나요? 여러분이 왕이었다면 어떻게 했을까요? 하나님께서 보내신 모든 벌이 끝나고 그분의 말씀을 들었을까요? 오늘은하나님께서 내리신 마지막 벌에 집중해 주세요. 이번에는 왕이 어떻게 반응했는지 들어 보세요.

성경 이야기

하나님께서 모세에게 말씀하셨습니다. "내가 왕과 이집트 사람들에게 한 가지 벌을 더 내리겠다. 그런 다음에야 너와 너의 백성이 가게 할 것이다."

모세가 왕에게 말했습니다. "하나님께서 자정 무렵 이집트 전역에 두루 다니실 것입니다. 이집트의 모든 맏이들이 죽을 것입니다. 당신의 맏아들도 죽게 될 것입니다. 이집트 전역에 큰 울음소리가 있을 것입니다. 아주 힘든 시간을 보내게 될 것입니다." 그러나 왕은 백성들을 보내려 하지 않았습니다.

그 후 하나님께서는 모세와 아론에게, 이스라엘 사람들이 이집트에서 마지막으로 먹을 유월절 식사에 대해 알려주셨습니다. 사람들은 흠 없는 어린 양을 골라야 했습니다. 또한 어린 양을 요리할 준비를 한 후, 그 양의 피를 우슬초에 조금 발라서 출입문 위쪽과 양쪽에 발라야 했습니다.

하나님께서 모세에게, 사람들에게 전해야 할 말씀을 주셨습니다. "옷을 차려 입고, 신발을 신고, 손에 지팡이를 잡은 채로 고기를 먹어라. 빨리 먹어라, 이것은 하나님의 유월절이다." 부모는 매년 유월절 음식을 기념하고, 자녀에게 유월절에 대해 이야기해 주도록 하셨습니다.

시간이 되자 모세는 사람들에게 명령했습니다. "어서 가서 하나님께서 말씀하신 대로 하십시오. 아침이 될 때까지 집 문 밖으로 나가지 마십시오. 하나님께서 땅을 두루 다니시며 이집트 사람들을 치실 것입니다. 하나님은 너희 문틀 위와 양쪽에 있는 피를 보시고 여러분의 집을 넘어가실 것입니다. 하나님께서 여러분 가족에게는 아무 일도 하지 않으실 것입니다."

그날 밤 자정에 하나님께서 이집트를 지나실 때, 집 문에 피를 바르지 않은 이집트 사람들의 맏이들은 죽었습니다.

하나님께서 말씀하신 대로, 왕은 모세와 아론을 불러서 말하였습니다. "떠나가라. 너와 이스라엘 백성은 이곳을 떠나라." 이집트 사람들은 이스라엘 사람들에게 서둘러 이집트를 떠나 달라고 간청했습니다. 이집트 사람들은 친절했고, 이스라엘 사람들이 달라는 것은 무엇이든 주었습니다. 이스라엘 사람들은 모세를 따라 사막으로 들어갔습니다.

질문

1 하나님께서는 왕과 이집트 사람들에게 몇 가지 벌을 더 내리기로 하셨나요?

2 하나님께서 내리신 마지막 큰 벌은 무엇이었나요?

3 하나님께서 이스라엘 사람들에게 특별한 식사에 대한 지시 사항을 주셨습니다. 그 식사를 무엇이라 부릅니까?

4 이스라엘 사람들은 요리할 양에서 나온 피로 무엇을 해야 했습니까?

5 문 틀에 바른 피 때문에 이스라엘 사람들은 어떻게 되었나요?

6 이집트 맏이들에게는 어떤 일이 일어났나요?

7 이스라엘 사람들은 음식을 빨리 먹어야 했습니까, 아니면 시간을 들여 천천히 먹어야 했습니까?

8 이스라엘 사람들이 떠나기 시작했을 때, 이집트 사람들은 어떻게 반응하였나요?

9 이스라엘 사람들은 어디로 갔습니까?

10 하나님께서는 자신이 하겠다고 말씀하신 것을 실행하셨습니까? 그 사실은 하나님에 대해 어떤 마음이 들게 하나요?

11 이 이야기에서 놀라운 점이 있었습니까? 이 이야기를 누구에게 전해 줄 수 있겠습니까?

성경을 삶에 적용하기

이야기천에서 16번 그림, "유월절"을 가리키고

말씀하세요 하나님께는 이스라엘 사람들을 위한 계획이 있었습니다. 하나님께서는 아주 오래 전 아브라함에게, 그의 후손이 큰 민족을 이루게 될 것이라고 말씀하셨습니다. 하나님께서는 아브라함의 자손들이 이집트에서 노예로 있을 때에도 자기 약속을 잊지 않으셨습니다. 하나님은 항상 자기 약속을 지키시는 분입니다. 하나님께서는 저와 여러분을 향한 계획을 가지고 계십니다. 하나님은 우리가 그분을 신뢰하기 원하시고, 불순종했을 때 그분에게 용서를 구하기를 원하시며, 그분을 기쁘시게 하려고 노력하기를 원하십니다. 하나님은 이것이 우리를 행복하게 하리라는 것도 아십니다.

물어보세요 하나님께서 당신을 사랑하시며, 여러분 삶을 향한 계획을 가지고 계시다는 것을 알고 나니 어떤 마음이 드나요? 대답을 기다리세요. 하나님 사랑에 대해 감사 기도를 드릴까요? 우리 다 함께 이렇게 말합시다. "하나님, 저를 사랑해 주셔서 고맙습니다."

16 홍해를 건너다

출애굽기 13:17-14:31

여호와께서 너희를 위하여 싸우시리니 너희는 가만히 있을지니라 (출애굽기 14:14)

성경 이야기를 위한 준비

물어보세요 하나님께서 마지막 벌을 내리셨을 때, 왕은 왜 마음을 바꾸었을까요? 마지막 벌이 가장 심했다고 생각하시나요? 이스라엘 사람들은 맏이들이 죽지 않게 하려고 무엇을 해야 했습니까? 왕이 모세와 아론에게 마지막으로 한 말은 무엇이었습니까?

말씀하세요 아직 우리 이야기는 끝나지 않았습니다. 왕이 마음을 바꾸자 무슨 일이 일어났는지 들어 보세요. 잘 듣고 그대로 연기할 준비를 해 보세요.

성경 이야기

왕은 이스라엘 사람들을 보냈습니다. 하나님께서는 그들이 사막을 통하여 홍해 쪽으로 가게 하셨습니다. 이스라엘 사람들이 이집트를 떠날 때에는 전쟁을 치를 준비가 되어 있었습니다.

이스라엘 사람들은 사막 변두리에 장막을 쳤습니다. 하나님이 낮에는 구름기둥으로 그들을 인도하셨습니다. 구름기둥은 갈 길을 인도했습니다. 밤에는 불기둥이 빛을 내게 하셔서, 밤이나 낮이나 움직일 수 있게 하셨습니다. 나중에 하나님은 모세에게, 이스라엘 사람들을 홍해 쪽으로 데려가 장막을 치라 말씀하셨습니다.

누군가 왕에게, 이스라엘 사람들이 가버렸다고 전했습니다. 왕과 신하들 마음이 변하였습니다. "우리가 도대체 무슨 일을 한 것인가! 우리 일을 다 해 주던 노예를 잃었구나! 병거를 준비하라. 이스라엘 사람들을 쫓아가야겠다!"

왕이 따라오자 이스라엘 사람들이 뒤를 돌아보았습니다. 이집트 사람들이 바로 뒤에 있었습니다. 이스라엘 사람들은 너무 두려웠습니다. 그들이 울부짖었습니다. "우리를 죽이려고 광야로 데리고 왔습니까? 이집트에 살도록 그냥 두지 그랬습니까? 이집트에서 노예로 사는 것이 광야에서 죽는 것보다 낫겠습니다."

모세가 말하였습니다. "두려워하지 마십시오. 굳세십시오. 하나님께서 오늘 여러분을 구원하시는 것을 보십시오. 이집트 사람들을 잘 보아 두세요. 다시는 그들을 보지 못할 것입니다. 하나님께서 여러분을 위해 싸우실 것입니다. 그저 하나님이 하시기를 기다리십시오."

하나님께서 모세에게 이르셨습니다. "사람들에게 전진하라고 말하여라. 네 지팡이를 높이 들고, 물을 가르도록 바다 위로 손을 내밀어라. 사람들이 마른 땅 위로 갈 것이다. 이집트 사람들이 너희를 따라가겠지만, 내가 하나님인 것을 그들에게 보일 것이다."

구름기둥이 사람들 뒤로 움직여 이집트 군대와 이스라엘 사람들 사이로 왔습니다. 그 구름은 한쪽 군대는 어두움으로 덮고 다른 군대는 빛에 잠기게 하였습니다. 밤새도록 두 군대는 서로 가까이 갈 수 없었습니다.

그러자 모세는 손을 홍해 위로 내밀어 바람을 일게 하여 물이 밀려나게 하였습니다. 하나님께서 바다를 육지가 되게 하셨습니다. 물이 갈라졌습니다. 이스라엘 사람들은 마른 땅을 밟으며 바다를 통과하여 건너갔습니다. 좌우에 물벽이 생겼습니다.

이집트 사람들이 그들을 쫓아갔습니다. 왕의 말, 병거, 병사들이 모두 그들을 따라 바다 속으로 들어갔습니다. 하나님께서 이집트 군대를 보시고 그들을 공포에 빠지게 하셨습니다. 하나님께서 그들의 병거 바퀴를 움직일 수 없게 하셔서 달리기 어려웠습니다.

이집트 사람들이 말했습니다. "이스라엘 백성에게서 달아나자. 하나님이 저들 편에서 이집트에 맞서 싸우신다."

그러자 하나님께서 모세에게 명령하셨습니다. "네 손을 바다 위로 내밀면 물이 이집트 사람들, 그들의 병거와 말, 병사들에게 되돌아와 그들 위에 덮칠 것이다." 모세가 손을 홍해 위로 내밀었습니다. 해가 떠오르자 바닷물이 되돌아왔습니다. 이집트 사람들은 도망가려 하였으나, 물이 그들 위로 흘러 빠지게 되었습니다.

하나님께서 그날 이집트 사람들에게서 이스라엘을 구원하셨습니다. 이스라엘 사람들은 놀라운 하나님의 권능을 보았습니다. 그들은 하나님과 그의 종 모세에게 큰 믿음이 생겼습니다.

질문

1 이스라엘 사람들은 홍해로 갈 때 무엇을 지나야 했나요?

2 하나님께서 낮에는 이스라엘 사람들을 어떻게 인도하셨습니까? 밤에는 어떻게 인도하셨습니까?

3 왕이 이스라엘 사람들이 떠난 소식을 듣자 어떤 일이 생겼나요? 연기를 하면서 그 일을 보여주시겠어요?

4 왕의 군대가 쫓아오자 이스라엘 백성은 어떤 생각을 했나요?

5 모세는 이스라엘 사람들에게 어떤 말씀을 주었나요?

6 하나님께서 모세에게 무엇을 하라고 하셨나요?

7 이집트 군대가 바다로 쫓아 들어올 때, 하나님께서는 이스라엘 백성을 어떻게 구하셨습니까?

8 이스라엘 사람들을 쫓던 이집트 군대가 이집트를 떠났을 때 무슨 일이 있었나요?

9 이스라엘 백성은 하나님께서 이집트에서 구해 주시자, 하나님께서 자기들을 돌보시는 것을 알게 되었습니다. 그래서 하나님에 대해 어떤 마음이 들었습니까?

10 이 이야기에서 여러분이 좋아하는 것은 무엇이고, 그렇지 않은 것은 무엇입니까?

11 이 이야기를 통해 하나님에 대해 배운 두 가지를 말해 보세요.

12 이 이야기를 누구에게 해 주겠습니까?

성경을 삶에 적용하기

이야기천에서 17번 그림 "홍해를 건넘"을 가리키고

말씀하세요 이 이야기는 하나님께서 자기 백성인 이스라엘 사람들을 사랑하시고 돌보신다는 것을 알려줍니다. 그들을 이집트에서 구해 주신 하나님께서는 우리도 사랑하시고 돌보십니다. 매일 하나님께서 우리를 어떻게 돌보시는지 생각해 봅시다. 하나님께서는 먹을 것들이 자라도록 햇빛과 비를 주십니다; 음식물이 식료품점으로 올 수 있게 하십니다; 음식을 살 돈이 있게 하십니다.

계속 말씀하세요 집, 학교, 그리고 노는 곳에서도 하나님께서 여러분을 어떻게 돌보시는지 생각해 보세요. 아이들이 구체적으로 대답하도록 시간을 주세요. 이제 하나님의 사랑의 돌보심에 감사 기도를 드립시다. 소리 내 기도하고 싶은 아이가 있다면, 그렇게 하게 해 주세요. 기도는 친구에게 말하는 것처럼 하나님께 말씀드리는 것이라고 알려주세요.

17 십계명

출애굽기 19:1-20:21

너희는 말씀을 행하는 자가 되고 듣기만 하여 자신을 속이는 자가 되지 말라 (야고보서 1:22)

성경 이야기를 위한 준비

말씀하세요 지난 시간 우리는, 이스라엘 사람들이 마른 땅 위로 건너 이집트 사람들에게서 벗어나게 하시려고 하나님께서 홍해 물을 밀어내신 이야기를 들었습니다. 이집트 사람들이 이스라엘 사람들처럼 하다가 어떻게 되었습니까? 그날 모든 사람이 하나님의 위대한 힘을 보았습니다. 오늘 이야기는 하나님의 사람들이 탈출한지 3개월이 지난 후에 일어난 일에 관한 것입니다. 하나님께서 모세를 만나시려 그에게 산으로 올라오라고 하셨을 때에도, 이스라엘 사람들은 여전히 광야에 장막을 치고 있었습니다. 이야기천에서 18번 그림, "십계명"을 가리키세요. 오늘 이야기를 들으면서, 하나님께서 모세를 통해 사람들에게 전하신 열 가지 규칙에 대해 잘 들어 보세요.

성경 이야기

하나님의 사람들이 이집트를 떠나고 3개월이 지났습니다. 모세는 이집트를 떠나 자유와, 하나님께서 그들에게 주겠다고 약속하신 땅으로 그들을 이끌었습니다. 하나님이 모세를 불러 만나고 계실 때에도 사람들은 광야에 장막을 치고 있었습니다.

산에서 하나님께서 말씀하셨습니다. "야곱의 자손들인 나의 백성에게 이렇게 전하여라. '내가 너희를 이집트에서 데리고 나온 것을 알 것이다. 내가 너희를 돌보고 구해 주었다. 이제 나에게 항상 순종하라. 나의 계명을 지켜라. 그렇게 하면 너희는 나의 귀중한 보화가 될 것이다.'"

모세가 산에서 내려와 사람들에게 하나님 말씀을 전했습니다. 사람들이 대답하였습니다. "저희는 하나님께서 말씀하신 대로 모두 행하겠습니다." 모세는 다시 산으로 올라가 사람들이 말한 대로 하나님께 말씀드렸습니다.

하나님께서 모세에게 말씀하셨습니다. "사람들이 내가 너와 말하는 것을 듣고 너를 신뢰하도록, 내가 빽빽한 구름으로 너에게 올 것이다. 사람들은 내 말씀을 들을 준비가 되어 있어야 한다." 모세는 하나님께 순종하여, 무엇을 해야 하는지 사람들에게 알려주었습니다.

번개와 함께 천둥소리가 요란했습니다. 빽빽한 구름이 산을 덮었고 나팔소리가 매우 크게 들렸습니다. 사람들은 매우 두려웠습니다. 모세가 하나님을 뵙기 위해 사람들을 진 밖으로 이끌고 나왔습니다. 모세가 하나님을 뵈러 산으로 올라간 동안 사람들은 산 밑에 서 있었습니다.

하나님께서 말씀하기 시작하셨습니다. "나는 너희 하나님이다. 내가 너희를 노예살이 하던 이집트에서 데리고 나왔다."

"나 외에 다른 신을 두지 말아라. 하늘에 있는 것이나 땅에 있는 것이나 바다에 있는 것들 모양으로 신상을 만들지 말아라. 그것들에게 절하거나 섬기지 말아라. 내 이름을 함부로 사용하지 말아라. 엿새 동안 모든 일을 마치고, 일곱째 날에 쉬어라."

"너희 아버지와 어머니에게 순종하고 그들을 존중하라. 살인하지 말아라. 간음하지 말아라. 도둑질하지 말아라. 네 이웃에 대해 거짓말하지 말아라. 네 이웃이 가진 것을 탐내지 말아라."

사람들이 천둥과 번개를 보았습니다. 나팔 소리도 들었습니다. 연기가 덮인 산도 보았습니다. 그들은 하나님께서 말씀하셨다는 것을 알았습니다. 모세가 사람들에게 말하였습니다. "두려워하지 마십시오. 하나님께서는 여러분이 그분께 순종하고, 그분이 말씀하신 대로 살기를 원하십니다."

질문

1 하나님께서 주시기로 약속하신 땅으로 이스라엘 사람들을 인도한 사람은 누구인가요?

2 하나님께서는 산에서 모세에게 무슨 말씀을 하셨나요?

3 모세가 하나님 말씀을 사람들에게 전했을 때 그들은 어떻게 응답하였나요?

4 사람들은 하나님께서 모세에게 말씀하시는 것들을 들을 수 있었습니까?

5 하나님께서는 사람들에게, 십계명이라는 열 개의 규칙을 주셨습니다. 그 규칙이 무엇이었는지 기억하도록 함께 공부해 봅시다.

6 사람들이 두려워하자 모세는 그들에게 무슨 말을 했습니까?

7 이 이야기에서 우리는 하나님에 대해 무엇을 배울 수 있나요?

8 이 이야기에서 우리는 하나님께 순종하는 것에 대해 무엇을 배울 수 있습니까?

9 하나님께서 주신 규칙 중 순종하기 어려운 것이 있나요? 왜 순종하기 어렵나요?

10 이 이야기에서 여러분이 좋아하는 것은 무엇이고, 좋아하지 않는 것은 무엇입니까?

성경을 삶에 적용하기

물어보세요 부모님이 여러분들에게 따르라고 하신 규칙에는 어떤 것들이 있나요? 선생님들이 주신 규칙들은 무엇인가요? 왜 우리에게는 규칙이 있나요? 눈을 감고 이 세상에 규칙이 없다면 어떨지 상상해 보세요.

토론할 시간을 주세요. 말씀하세요 하나님이 주신 규칙 중 하나는, 부모님께 순종하고 그분들을 존중하는 것입니다. 부모님께 순종하며 그분들을 도울 수 있는 방법에는 어떤 것들이 있는지 생각해 보세요. 오늘 부모님을 도울 한 가지 방법이 무엇인지 찾아서 할 수 있도록 여러분을 위해 제가 기도하겠습니다. 제가 기도 할때 잘 들으세요.

18 금송아지

출애굽기 32

대답하여 이르되 네 마음을 다하며 목숨을 다하며 힘을 다하며 뜻을 다하여 주 너의 하나님을 사랑하고 또한 네 이웃을 네 자신 같이 사랑하라 하였나이다 (누가복음 10:27)

성경 이야기를 위한 준비

말씀하세요 지난 한 주 하나님이 주신 규칙에 대해 생각해 보셨기를 바랍니다. 그중 몇 가지만 말해 봅시다. 그것들을 지키려 노력하셨나요? 사람들은 하나님을 사랑했고, 규칙들을 지키려 했으나 그러지 못했습니다. 노력했지만 규칙을 항상 지킬 수는 없었습니다. 사람들이 얼마나 빨리 불순종하게 되고, 하나님의 규칙을 어겼는지 잘 들어 보세요.

성경 이야기

모세는 산에서 오랫동안 하나님과 있었습니다. 사람들은 아론 주위에 모여 말했습니다. "뭐든지 해 보십시오. 우리를 이끌 신을 만들어 주십시오. 모세는 우리를 이집트에서 데리고 나왔지만, 지금 그에게 무슨 일이 있는지 알 수 없습니다."

아론은 그들의 말을 들었습니다. 아론이 말했습니다. "여러분 금귀고리를 빼 가져오십시오." 모두가 귀고리를 빼서 아론에게 주었습니다. 아론은 도구를 사용하여 송아지 같은 신상을 만들었습니다.

사람들은 기분이 아주 좋아서 말하였습니다. "이스라엘 사람들이여, 이것이 우리를 이집트에서 데리고 나온 우리 신입니다."

아론은 그들을 보고 송아지 앞에 제단을 만들었습니다. 아론이 선언하였습니다. "내일은 하나님의 잔칫날입니다." 사람들은 이튿날 아침 일찍 일어나 제물을 바쳤습니다. 그들은 앉아서 먹고 마시며 잔치를 벌였습니다. 그들은 일어나서 자기들 신인 금송아지 앞에서 춤을 추었습니다.

하나님께서 산에서 모세에게 말씀하셨습니다. "사람들에게 내려가라. 네가 이집트에서 데려온 자들이 나에게 불순종하였다. 그들은 자기들이 섬길 금송아지를 만들었다. 그들은 이렇게 말하였다. '이스라엘 사람들이여, 이것이 우리를 이집트에서 데리고 나온 우리 신입니다.' 그들은 고집이 세다. 그들 때문에 나는 화가 나는구나!"

그러나 모세는 하나님께, 이스라엘 자손들에게 다시 한 번 기회를 달라고 빌었습니다. "아브라함과 이삭과 이스라엘과 하신 약속을 생각해 보세요. 하나님께서, '내가 너에게 하늘의 별처럼 많은 자손을 주겠다. 내가 약속한 모든 땅을 그들에게 줄 것이다. 그 땅은 영원히 그들 것'이라고 말씀하셨습니다."

하나님께서 모세가 한 말을 생각하셨습니다. 하나님은 이스라엘 사람들에게 다시 한 번 기회를 주기로 하셨습니다.

모세는 손에 하나님의 법이 쓰인 두 돌판을 가지고 서둘러 산에서 내려갔습니다. 돌판 양쪽에 말씀이 새겨져 있었습니다. 그 말씀은 하나님께서 쓰신 것이었습니다.

진에 이르러 모세는 금송아지와, 사람들이 춤추는 것을 보았습니다. 모세는 너무 화가 났습니다. 산기슭에서 모세는, 손에 있던 돌판을 던져 산산이 조각냈습니다. 또한 사람들이 만든 송아지를 가져다 불로 태워버렸습니다. 그리고 그것을 가루로 만들어 물에 타서 이스라엘 사람들이 마시게 했습니다.

모세가 아론에게 물었습니다. "도대체 이 사람들이 어떻게 하였기에, 당신은 이들이 섬길 송아지를 만드는 데 동조하였습니까?"

아론이 대답하였습니다. "화내지 마십시오. 이 사람들은 불순종하는 이들인 줄 알고 있지 않습니까. 이들이 저에게 이렇게 해 달라 요청했습니다. 그래서 제가 이들의 금 장신구를 가져다가 불 속에 던졌더니 이 송아지가 생겨났습니다."

모세는 사람들이 거칠게 날뛰는 것을 보았습니다. 모세가 말하였습니다. "여러분은 처참한 모습으로 하나님에게 불순종하였습니다. 금으로 신을 만들었습니다. 제가 하나님께 올라가 여러분을 대신해 용서를 빌고, 다시 기회를 주시라고 하겠습니다."

하나님께서 모세의 간청을 들으시고 사람들을 용서하셨으나, 그들은 불순종에 따른 결과에 책임을 져야 했습니다.

질문

1 이스라엘 사람들은 왜 아론에게 신의 모양을 만들어 달라고 하였나요? 아론은 사람들의 말을 들었나요?

2 아론은 신상을 어떻게 만들었습니까?

3 신상은 어떤 모양이었나요?

4 하나님은 사람들이 금송아지를 만들고 섬긴 것을 어떻게 생각하였습니까? 하나님은 모세에게 무엇이라 말씀하셨나요?

5 모세는 왜 사람들에게 다시 기회를 달라고 하나님께 빌었습니까? 하나님께서는 모세가 구한 대로 해 주셨나요?

6 모세가 산에서 내려올 때, 두 손에 무엇이 있었는지 말씀해 보세요.

7 모세는 금송아지와, 사람들이 춤추는 것을 보고 어떤 마음이 들었습니까?

8 모세는 무엇을 하였습니까? 그는 아론에게 뭐라고 하였습니까?

9 금송아지를 만든 것은 좋은 결정이었다고 생각하시나요?, 아니면 나쁜 결정이었다고 생각하시나요? 왜 그렇게 생각하십니까?

10 모세는 사람들을 위해 무엇을 해 주시길 하나님께 빌었습니까?

11 여러분이 한 나쁜 선택 때문에 생긴 결과나 벌을 받아 힘든 적이 있나요?

성경을 삶에 적용하기

물어보세요 여러분 삶에 가장 중요한 사람은 누구입니까? 우리나라에서 가장 중요한 사람들은 누구입니까? 무엇이 사람을 중요하게 만듭니까?

말씀하세요 함께 "나는 누구일까요?" 놀이를 하며, 제가 설명하는 중요한 인물들이 누구인지 맞추어 봅시다.

- "나는 사람들이 아파서 병원에 오거나 진료실에 올 때 도와주는 사람입니다. 나는 누구일까요?" (의사)
- "나는 학교에서 가장 중요한 결정을 내리는 사람입니다. 나는 누구일까요?" (교장선생님)
- "잘못된 일에서 사람들을 보호하는 것이 나의 일 중 가장 중요한 것입니다. 나는 누구일까요?" (경찰관)
- "나는 거의 매일 여러분 또래 친구들과 시간을 보냅니다. 나는 누구일까요?" (선생님)

- “나의 주된 일은, 특히 주일에 사람들에게 하나님 말씀을 전하는 것입니다. 나는 누구일까요?” (목사님)
- “나는 많은 일을 합니다. 그 중 하나는, 내 자녀를 항상 돌보는 것입니다. 나는 누구일까요?” (부모님)

물어보세요 “나는 누구일까요?” 놀이로 만들어 볼 수 있는 중요한 사람들에는 누가 있을까요?

물어보세요 이 세상에서 가장 중요한 분은 누구십니까? 왜 하나님이 그렇게 중요하다고 생각하세요? 하나님에 대해 여러분이 아는 것은 무엇입니까? 우리는 하나님께 어떻게 행동해야 한다고 생각하세요? 오늘의 성경 구절이 쓰인 종이를 들어 올려 크게 읽어 보세요. 그 다음 아이들에게 여러분을 따라 읽으라고 하세요.

말씀하세요 하나님은 너무 중요한 분이기 때문에, 하나님은 우리가 다른 사람이나 다른 어떤 것도 그분보다 더 사랑하지 않기를 바라십니다.

물어보세요 다른 사람이나 어떤 것보다도 우리가 하나님을 더 사랑한다는 것을 어떻게 보일 수 있을까요? (그분을 믿고 순종함으로) 이번 주, 여러분이 하나님을 사랑한다는 것을 보이기 위해 무엇을 할 수 있을까요?

매일 하나님을 더 사랑할 수 있도록 하나님께 도움을 구하는 기도를 하세요. 우리가 하나님께 순종할 수 있도록 도움을 구하세요. 우리를 사랑해 주심에 감사하세요.

19 성막

출애굽기 40; 레위기 16

여호와여 주는 나의 하나님이시라 내가 주를 높이고 주의 이름을 찬송하오리니 (이사야 25:1상)

성경 이야기를 위한 준비

물어보세요 지난 시간 성경 이야기는 어떻게 끝났습니까? 사람들은 하나님 대신 누구를 섬기기로 했나요? 이 일 때문에 모세에게 어떤 마음이 들었나요? 모세는 사람들을 대신해 하나님께 무엇을 구하였나요? 대답을 기다리세요.

물어보세요 장막(천막, 텐트)에서 자 본 경험 있는 사람 있나요? 장막으로 된 교회에 가 본 적이 있습니까? 오늘은 모세가 하나님을 위해 만든 특별한 장막에 대해 알아볼 것입니다. 이야기가 끝난 후, 여러분이 그 천막에 대해 설명할 수 있도록 잘 들어 보세요.

성경 이야기

하나님 백성은 가나안으로 가는 동안 장막에서 살았습니다. 하나님께서 모세에게, 하나님을 위한 특별한 장막(성막)을 만들라고 말씀하셨습니다. “십계명 돌판이 들어갈 언약궤를 성막 안에 두어라. 휘장으로 언약궤를 가려라. 거룩한 빵을 놓을 상을 가져오고, 빵을 그 위에 두어라. 등잔대를 두어 등잔을 세워라. 언약궤 앞에는 향기 나는 향을 피울 금 분향단을 두어라. 성막 입구에 휘장을 달아라. 번제단을 성막 문 앞에 놓아라. 씻기 위한 큰 물두멍(물그릇)을 마련해 놓아라. 사람들은 성막 안에 들어오기 전과 제단에 들어 가기 전에 손과 발을 씻어야 한다.”

성막은 진에서 진으로 옮길 때마다 분해하여 가져 갈 수 있도록 만들었습니다. 성막에서 가장 특별한 기구는, 하나님께서 모세에게 주신 십계명이 들어 있는 언약궤였습니다. 그것은 나무로 만들어졌고, 금으로 덮여 있었습니다. 언약궤는 그것을 가리기 위한 덮개로 덮여 있었습니다. 속죄소는 죄와 불순종의 값을 치르는 곳이었습니다. 이것은 하나님께서 사람들의 잘못을 덮어주신다는 것을 보여주는 것입니다. 덮개로 덮인 궤는 사람들이 양쪽에서 고리로 장대에 꿰어 메게 하였습니다.

하나님께서 구름으로 성막을 덮으셨습니다. 모세는 구름이 걷힐 때까지 성막에 들어갈 수 없었습니다. 이스라엘 사람들은 약속의 땅을 향해 계속 행진했습니다. 구름이 성막 위에 떠오르면 이동하였습니다. 그러나 구름이 움직이지 않으면 머물렀습니다. 하나님의 구름이 낮 동안 성막 위에 있었고, 저녁에는 불이 그 구름 가운데 있었습니다. 이스라엘 사람들 모두 행진할 때 구름을 볼 수 있었습니다.

질문

1 이스라엘 사람들은 광야에서 이동할 때 어디에 살았나요?

2 하나님께서는 모세에게 무엇을 만들라고 하셨습니까?

3 모세는 성막에 무엇을 두었습니까?

4 성막에 들어오는 사람들은 손과 발을 어떻게 해야 했나요?

5 성막 안에 있는 기구 중 가장 특별한 것은 무엇입니까?

6 하나님께서는 무엇으로 성막 위를 덮으셨습니까?

7 모세는 언제 성막에 들어갈 수 있었습니까?

8 이스라엘 사람들은 하나님께서 가라고 하시는 것을 언제 알 수 있었나요?

9 구름이 움직이지 않으면 사람들은 어떻게 하였습니까?

10 이 이야기에서 여러분은 하나님에 대해 무엇을 배울 수 있습니까?

11 하나님은 당신에게 얼마나 특별하신가요?

성경을 삶에 적용하기

물어보세요 모세가 하나님을 위해 만든 성막에 대해 누가 말해 보겠습니까? 오늘날 사람들이 하나님께 예배드리러 가는 곳을 무엇이라고 부르나요? 성막과 우리가 예배하는 장소가 다른 점은 무엇입니까? (성막은 움직일 수 있습니다. 대부분 교회는 그렇지 않습니다. 하나님의 구름이 성막을 덮었습니다.) 오늘 예배 장소에서 무슨 일이 있었는지 누가 말해 볼까요?

말씀하세요 우리는 다양한 방법으로 여러 곳에서 하나님께 예배드릴 수 있습니다. 우리는 하나님께 그분이 하신 모든 일에 "고맙습니다"라고 말하며 예배드릴 수 있습니다. 찬양하며 예배드릴 수 있습니다. 성경 이야기를 들으며 예배드릴 수 있습니다. 하나님께서 우리를 사랑하시고 용서해 주심에 감사드리며 기도하고 예배드립시다.

기도 후에 찬양을 합니다.

20 가나안의 열두 정탐꾼

민수기 13:1-14:12

여호와께서 내 음성과 내 간구를 들으시므로 내가 그를 사랑하는도다 (시편 116:1)

성경 이야기를 위한 준비

말씀하세요 제가 하나님의 성막에 있었을 수도, 아닐 수도 있는 물건 몇 가지를 말해 보겠습니다. 하나씩 말할 때, 성막에 있었던 물건이면 "예"로, 없었던 물건이면 "아니요"로 대답하세요. 나무로 된 문, 상, 우유, 떡, 초, 물두멍, 휘장, 금으로 된 동전. 하나님께서, 사람들이 언제 움직이고 언제 머물러야 할지를 알려주시기 위해 성막 위로 구름을 덮으셨습니다. 오늘 이야기에서 이스라엘 사람들은 약속된 땅에 가까워지고 있었습니다. 그러나 그들은 들어가기 전에 그 땅을 몰래 살펴보기로 하였습니다. 정탐한 자들, 곧 몰래 살펴본 사람들이 그 땅에 대해 어떻게 생각했는지 잘 들어 보세요. 여러분이 그때 정탐한 사람들의 보고를 들었다면 어떻게 반응하였을지 생각해 보세요.

성경 이야기

이스라엘 사람들은 이집트를 떠난 후 광야에서 살았습니다. 그들은 하나님이 주시기로 약속하신 가나안 땅에 가까워지고 있었습니다. 어느 날 하나님께서는 모세에게 가나안 땅을 살펴보고 올 정탐꾼 열두 명을 뽑으라고 말씀하셨습니다. 모세는 열두 명을 뽑은 후 일렀습니다. "가서 그 땅이 어떤 곳인지 보아라. 몇 명이나 살고 있는지, 그들이 얼마나 강한지 알아 보아라. 어떤 마을에 살고 있는지, 마을을 두른 벽이 높은지, 혹은 열려 있는지? 땅은 어떤지? 과일과 나무가 그곳에 자라고 있는지? 거기 자라고 있는 과일을 잊지 말고 가지고 와라."

정탐한 자들 중 여호수아와 갈렙 두 사람이 있었습니다. 그들과 다른 정탐꾼들은 북쪽으로 올라가 가나안 땅으로 갔습니다. 한 골짜기에서는 포도 송이가 달린 가지 하나를 꺾었습니다. 무거워서 두 사람이 장대에 메고 옮겨야만 했습니다. 그들은 다른 과일도 땄습니다. 그들은 사십 일 동안 온 땅을 둘러본 후 집으로 돌아왔습니다.

정탐한 자들이 돌아오자, 모세와 아론과 모든 사람들은 그들의 보고를 듣고 싶었습니다. 정탐한 자들이 보고하였습니다. "그 땅은 아름답고 농사 짓기에 매우 좋은 곳이었습니다. 거기서 가지고 온 이 포도 송이를 보십시오. 그러나 그곳 사람들은 힘이 세고 강합니다. 성읍은 단단하고 너무 큽니다."

정탐한 이들 중 하나인 갈렙이, 다른 정탐한 자들을 막고 사람들에게 일깨워 주었습니다. "우리가 당장 가서 그 땅을 가져야 합니다. 우리는 할 수 있습니다."

그러나 다른 정탐한 자들은 말하였습니다. "잠깐, 우리는 이 사람들과 못 싸웁니다. 저들은 우리보다 훨씬 강합니다. 덩치가 매우 크고 키도 큽니다. 우리는 그들에비하면 메뚜기 같습니다."

사람들은 두려웠고, 분위기는 소란스러워졌습니다. 그 사람들이 모세와 아론에게 불평하며 말하였습니다. "왜 우리를 이집트에서 죽게 두거나, 광야에 두지 않았습니까? 왜 하나님께서는 우리를 이 땅에서 죽이려고 이끌고 오셨습니까? 이집트로 돌아가야 하는 것 아닙니까?"

모세, 아론, 여호수아, 갈렙은 하나님께서 그들을 위해 싸우신다는 것을 사람들이 알게 하려고 노력했습니다. 정탐한 이들 중 여호수아와 갈렙이 말하였습니다. "우리가 본 땅은 매우 좋았습니다. 우리가 하나님을 믿는다면, 그분께서 우리를 도우실 것입니다. 하나님은 좋은 먹거리가 가득한 이 땅을 우리에게 주실 것입니다. 하나님께 불순종하지 말고, 이 사람들을 두려워하지 마십시오. 하나님은 우리 편이십니다. 두려워하지 마십시오!"

이쯤 되자, 사람들은 여호수아와 갈렙이 한 말에 화가 났습니다. 그러나 오히려 하나님은 다른 정탐꾼들 때문에 매우 불쾌하셨습니다. 하나님께서 말씀하셨습니다. "언제까지 내가 이들을 위해 한 일 때문에 이들이 나에게 불순종하겠느냐? 너희의 불순종 때문에 여호수아와 갈렙 말고는, 스무 살부터 그보다 나이 많은 이들은 가나안에 들어가지 못할 것이다."

그래서 하나님께서 자신들을 돌보신다는 것을 믿지 않은 모든 사람들이 죽을 때까지, 모세와 사람들은 광야에서 방황하며 사십 년을 더 살았습니다.

질문

1 이스라엘 사람들은 이집트를 떠난 후 어디에서 살았나요?

2 하나님께서 이스라엘 사람들에게 약속하신 땅의 이름은 무엇입니까?

3 모세는 가나안 땅에 정탐꾼들을 몇 명이나 보냈습니까?

4 가나안 땅에 간 정탐꾼들은 사람들에게 그곳이 농사 짓기 좋은 땅이라는 것을 알려주려고 무엇을 가지고 왔나요?

5 여호수아와 갈렙, 그리고 다른 정탐꾼들은 가나안 땅에 며칠이나 머물렀습니까?

6 정탐꾼들은 가나안 사람들에 대하여 어떻게 말했습니까?

7 여호수아와 갈렙을 제외한 정탐꾼들은 왜 이스라엘 사람들이 가나안 사람들과 싸울 수 없으며, 그 땅을 가질 수 없다고 생각하였습니까? 그에 대해 여호수아와 갈렙은 무엇이라고 말하였습니까?

8 하나님께서는 왜 이스라엘 백성을 벌하셨나요?

9 하나님께서는 누가 가나안 땅에 들어갈 것이라 하셨나요?

10 모세, 갈렙, 여호수아는 광야에서 몇 년을 살아야 했습니까?

11 이 이야기에서 여러분은 하나님에 대해 무엇을 배웠습니까?

12 이 이야기에서 여러분은 하나님께 순종하는 것에 대해 무엇을 배웠나요?

성경을 삶에 적용하기

물어보세요 여호수아와 갈렙을 어떻게 설명할 수 있을까요? (정직, 진실함, 강함, 지혜로움, 믿을 만한) 그들의 보고를 듣고 여러분은 어떤 생각이 들었습니까? 여호수아, 갈렙, 모세, 그리고 아론은 사람들이 하나님에 대해 무엇을 알고 믿기를 바랐나요? 여러분은 하나님께서 도와주실 것을 믿나요? 하나님께서 내 편이 되어 주신다는 것을 믿나요? 하나님께서 도와주실 것을 우리가 믿는다는 것을 어떻게 표현할 수 있나요? 이 사실이 여러분 삶을 어떻게 바꿀 수 있을까요? 두세 명 정도씩 생각을 나누는 시간을 가지세요.

이 이야기를 더 익히기 위해 아이들이 역할극을 하도록 해 보세요. 맡을 역할은 모세, 여호수아, 갈렙 그리고 두세 명의 다른 정탐꾼들입니다. 나머지 아이들은 이스라엘 사람들을 맡습니다. 아이들이 연극을 하는 동시에, 인도자는 그에 맞는 이야기를 전합니다. 여호수아와 갈렙 역할을 하는 아이들에게는, 두 사람이 했던 말을 대사로 일러주십시오.

21 하나님께서 사무엘을 부르시다

이스라엘 백성이 왕을 요구하다

사무엘상 1-8

여호와여 주의 도를 내게 가르치시고 (시편 27:11상)

성경 이야기를 위한 준비

물어보세요 "내가 보았는데" 놀이를 해 본 적이 있나요? 여러분이 모세가 보낸 정탐꾼 중 한 사람이라고 생각해 봅시다. 제가 "내가 보았는데"라고 말하면서 한 사람을 가리키면, 여러분이 이어서 가나안에서 본 어떤 것을 넣어 문장을 만들어 보세요. (인도자: "내가 보았는데-", 어린이: "키가 아주 큰 사람들이 있었어.") 놀이를 마친 후 물어보세요 정탐꾼 중 몇 명이 가나안 땅을 정복할 수 있다고 믿었습니까? 그 땅을 가질 수 있다는 것을 믿지 못한 사람들은 어떻게 되었나요?

대답할 시간을 주시고 물어보세요 여러분 중 조부모님과 가까이 사는 사람 있나요? 오늘 우리 성경 이야기는 연세가 지긋한 노인에게서 무언가를 배운 소년에 관한 것입니다. 이야기를 마칠 무렵 제가 여러분에게, 그 소년이 무엇을 배웠는지 물어보겠습니다.

성경 이야기

시간이 지나 이스라엘 사람들은 하나님이 약속하신 그 땅에 도착했습니다. 그들은 아브라함, 이삭, 그리고 야곱에게 주신 약속을 지키신 하나님께 감사하였습니다.

이스라엘 사람들이 가나안에 살 곳을 정했을 때 예배 장소 중 하나는 실로에 있었습니다. 사람들은 매년 헌물을 가져와 이 특별한 곳에서 하나님께 예배 드렸습니다. 엘가나는 매년 자기 가족을 실로에 데려왔습니다.

엘가나의 아내 한나는 아이가 없었습니다. 그래서 한나는 매우 슬펐습니다. 그는 울고 또 울었습니다. 그들이 실로에서 하나님께 예배 드리던 어느 해에, 한나는 하나님께 기도했습니다. "오, 하나님 저를 잊지 말아주세요. 저는 불행합니다. 주님께서 저를 생각하신다는 것을 보여주세요. 제발 제게 아들을 주세요. 그러면 아이가 살 동안 하나님을 섬기도록 되돌려드리겠습니다."

나이 많은 제사장 엘리는 한나가 기도하는 것을 보고 있었습니다. 한나는 입술을 움직이면서도 조용히 기도하고 있었습니다. 엘리는 그가 술을 너무 많이 먹었다고 생각했습니다. 엘리가 말하였습니다. "너는 취했구나. 언제까지 이렇게 살 것이냐?"

한나가 대답하였습니다. "아닙니다. 저는 포도주나 맥주를 마시지 않았습니다. 너무 슬퍼서 하나님께 저의 어려움을 말씀드리고 있었습니다. 하나님께 저를 도와주시라고 기도하고 있었습니다."

엘리가 대답하였습니다. "그래 이제 평안히 가라. 이스라엘의 하나님께서 네가 구한 것을 주실 것이다."

한나는 그 자리를 떠나 음식을 먹고 웃게 되었고, 엘가나와 함께 집으로 돌아갔습니다. 여러 달 후에 한나는 하나님께 구했던 아이를 낳았는데, 사내 아이였습니다.

그는 아이의 이름을 사무엘이라 하였습니다.

한나는 아들이 스스로 먹고 옷을 입을 나이가 될 때까지 돌보았습니다. 그리고 예배드리는 곳인 실로로 사무엘을 데려가서 하나님과 한 약속을 지켰습니다. 한나는 아이를 엘리 제사장에게 데려갔습니다. 엘리에게 말하였습니다. "저는 수년 전 이곳에서 아이를 달라고 하나님께 기도하던 여자입니다. 하나님께서 제가 구하던 것을 주셨습니다. 이제 그 아이를 하나님께 돌려드리려 합니다. 이 아이를 받아주시고 돌보아 주시기 바랍니다."

부모님이 집으로 떠나고 사무엘은 남아서 엘리 곁에서 예배드리는 것을 도왔습니다. 매년 남편과 함께 실로에 예배드리러 올 때마다 한나는 겉옷을 만들어 와서 사무엘에게 주었습니다. 하나님께서는 한나에게 아들 셋과 딸들을 더 주셨으나, 사무엘만은 이곳에서 하나님을 섬기며 자랐습니다. 어느 날 밤 사무엘은 자기 이름을 부르는 소리를 들었습니다. "사무엘아."

사무엘이 대답하였습니다. "네, 여기 있습니다." 그러고는 엘리에게 갔습니다. "저 왔습니다. 저를 부르셨지요."

그러나 엘리가 말하였습니다. "나는 너를 부르지 않았다. 다시 가서 자거라." 사무엘은 다시 자러 갔습니다.

두 번째로 사무엘을 부르는 소리가 났습니다. "사무엘아." 사무엘은 다시 일어나 엘리에게 갔습니다. 그러나 엘리는 사무엘을 부르지 않았습니다.

세 번째로 그 소리가 들렸습니다. "사무엘아." 사무엘은 일어나서 엘리에게 갔습니다. 이번에 엘리는, 그것이 소년을 부르는 하나님의 음성이라는 것을 알아챘습니다. 그래서 말하였습니다. "하나님께서 너를 부르시는 것이다. 다시 잠자리로 돌아가라. 너를 다시 부르시면 '하나님, 말씀하십시오. 듣고 있습니다.'라고 대답하여라."

사무엘은 순종했습니다. 아니나 다를까, 그 음성이 똑같이 들렸습니다. "사무엘아." 이번에는 사무엘이 대답하였습니다. "하나님, 제가 여기 있습니다. 듣고 있습니다."

하나님께서 사무엘에게 엘리에 대한 슬픈 말씀을 해 주셨습니다. 엘리의 아들들은 하나님께 불순종했지만 엘리는 그들을 말리지 않았고, 그들은 벌을 받아야 했습니다.

다음날 아침 엘리가 물었습니다. "하나님께서 너에게 무어라 말씀하셨느냐? 말씀하신 것을 모두 말해 보아라." 사무엘은 모든 것을 말했습니다. 아무것도 숨기지 않았습니다. 엘리가 말하였습니다. "그분은 하나님이시고, 그분이 최선이라 생각하시는 대로 실행하실 것이다."

사무엘은 자랐고, 하나님께서 함께 하셨습니다. 그는 하나님을 진정으로 따르는 사람이 되었습니다. 하나님께서는 사무엘이 선하고 지혜로운 사람이 되게 하셨습니다. 사무엘은 이스라엘의 지도자가 되었습니다.

사무엘은 무엇이 옳고 그른지 판단하면서 여러 지역을 다녔고, 사람들이 하나님께 예배드리는 것을 도왔습니다. 사무엘은, 하나님께서 모세를 통해 주시고, 구원자가 오시기 전까지 사람들이 어떻게 살아야 할지 알려주는 율법에 순종하라고 사람들에게 가르쳤습니다.

이스라엘 사람들은 사무엘을 자신들의 지도자로 여기며 사랑하였습니다. 그러나 사무엘은 점점 늙어갔습니다. 사람들은 사무엘이 죽어서 곁에 없으면 어떻게 될지 말하기 시작했습니다. 사람들이 사무엘에게 와서 말하였습니다. "당신은 연세가 많습니다. 당신 아들들은 당신과 같지 않습니다. 그래서 우리는, 당신이 우리를 다스릴 왕을 골라 주시기를 바랍니다. 우리 주변 나라들처럼 우리도 왕이 있으면 좋겠습니다."

이 일로 사무엘은 매우 슬펐습니다. 그래서 하나님께 기도했고, 하나님은 사무엘에게 대답하셨습니다. "사람들이 바라는 대로 해 주어라. 그들은 너에게서 등을 돌리는 것이 아니다. 나를 자기들의 왕으로 생각하지 않는 것이다. 항상 그래 왔듯이 나를 떠나 다른 신을 따르려는 것이다. 그러니 그들이 원하는 대로 두어라. 대신, 무슨 일이 일어날지 경고해 주어라. 왕들이 어떻게 사람들을 다스리는지, 왕에게서 무엇을 얻게 될지 알려 주어라."

사무엘은 사람들에게 왕의 통치 아래 사는 것이 어떤 것인지 경고해 주었습니다. "왕은 여러분을 종으로 삼으려 할 것입니다. 가장 좋은 소와 나귀를 가져갈 것이고,

자기가 원하는 대로 사용하려 들 것입니다. 또 여러분에게 세금을 내라고 할 것입니다. 왕이 없으면 좋겠다고 울부짖는 날이 올 것이나, 하나님께서 여러분에게 응답하실 것이라 기대하지 마십시오."

그러나 사람들은 그 말을 무시했습니다. 그들은 소리쳤습니다. "아닙니다. 우리는 우리를 다스릴 왕을 원합니다. 우리도 다른 사람들 같이 되고 싶습니다. 왕이 우리를 이끌어 주면 좋겠습니다."

사무엘은 사람들이 말하는 것을 들었습니다. 하나님께 이것을 말씀드렸습니다. 하나님께서 사무엘에게 말씀하셨습니다. "좋다. 그들이 말하는 대로 해 주어라. 그들에게 왕을 주어라."

질문

수수께끼로 질문과 대답 시간을 시작하세요. 말씀하세요

제가 오늘 이야기에 나오는 사람 중에서 골라, '나는 누구일까요?' 수수께끼를 내겠습니다. 누구를 말하는지 아는 사람은 손을 들어 주세요. 제가 가리키는 사람이 대답합니다.

1 나는 아이가 없어서 매우 슬펐습니다. 하나님께 아이를 달라고 구하였더니 주셨습니다. 아이가 나를 떠나도 될 만큼 컸을 때 나는, 아이를 하나님께 드렸습니다. 아이는 엘리와 함께 성전에서 살았습니다. 나는 누구일까요? (한나)

2 자고 있는데, 누가 나의 이름을 불렀습니다. 나는 엘리 제사장인 줄 알았습니다. 그래서 그에게 갔습니다. 그가 말했습니다. "아니다. 다시 자거라." 세 번이나 그랬습니다. 그래서 다음에는 내가 말했습니다. "제가 여기 있습니다. 하나님 제가 듣고 있습니다." 나는 누구일까요? (사무엘)

3 우리는 사무엘이 늙어가는 것을 알았는데, 그가 죽으면 어떻게 해야 할지 몰랐습니다. 우리는 그에게 가서 우리를 다스릴 왕을 골라 달라고 부탁했습니다. 우리는 누구일까요? (사람들 혹은 이스라엘 사람들)

4 사무엘의 어머니와 아버지가 예배를 드리러 갔던 마을 이름은 무엇이었습니까? (실로)

5 한나는, 하나님께서 자기에게 아들을 주신다면 어떻게 하겠다고 약속했습니까? 한나는 약속을 지켰습니까?

6 엘리와 함께 지내며 그의 도우미가 된 사람은 누구인가요?

7 어느 밤에 어떤 목소리가 사무엘을 계속 불러 깨웠습니다. 누가 그를 불렀나요?

8 누가 이스라엘 사람들의 지도자가 되었나요?

9 사람들은 사무엘에게 특별한 지도자를 골라 달라고 부탁했습니다. 이 직위는 무엇이었습니까? (왕)

10 사무엘은 왕이 그들을 어떻게 대할 것이라고 경고했습니까?

11 사람들은 어떤 결정을 했습니까? 왜 그렇게 했나요?

12 이 이야기를 듣고 여러분은 기도에 대해 무엇을 배웠습니까?

13 이 이야기를 누구에게 해 줄 수 있을까요?

성경을 삶에 적용하기

이야기천에서 22번 그림을 가리키고 물어보세요 소년 사무엘은 노인인 엘리에게서 무엇을 배웠습니까? 말씀하세요 특별한 것을 가르쳐 주신 어른들이 있었는지 생각해 보세요. 아이들이 그 어른들의 이름과, 그들에게서 배운 것을 말할 시간을 주세요.

하나님에 대해 알 수 있도록 도와주신 어른들이 있었는지 생각하게 해 주세요. 어른들에게서 배우는 것은 하나님과 우리를 향한 하나님의 계획에 대해 알게 하시는 하나님의 방법 중 하나라는 점을 알려주세요. 하나님을 알 수 있도록 돕는 이들을 주셔서 감사하는 기도를 하도록 도와주십시오.

이 이야기를 누구에게 해 주시겠습니까? 3 X 5(125 X 75mm) 크기 인덱스 카드를 아이들에게 나누어 주고, 이 이야기를 전해 주고 싶은 사람들 이름을 적게 해 주십시오. 아이들이 적어 놓은 사람들에게 이야기를 전할 수 있도록 해 주세요.

22 사무엘이 사울에게 기름을 붓다

하나님께서 사울의 죄악으로 인해 그를 거부하시다

사무엘상 9-10; 12; 13:13-14; 15:1-29; 사도행전 13:20-23

여호와와 그의 능력을 구할지어다 항상 그의 얼굴을 찾을지어다 (역대상 16:11)

성경 이야기를 위한 준비

물어보세요 이스라엘 사람들은 주변 나라들을 따라 어떻게 되기를 바랐습니까? 그것은 좋은 생각이었습니까? 사무엘은 그것이 좋다고 생각하였습니까? 여러분도 다른 사람들처럼 하고 싶은 적이 있었나요? 그것은 좋은 생각이었습니까, 아니면 나쁜 생각이었습니까?

말씀하세요 오늘 우리는 사울이 어떤 왕이 되었는지 알아볼 것입니다. 사울이 좋은 왕이 될 것이라고 생각한다면 엄지 손가락을 올려 주세요. 사울이 나쁜 왕이 될 것이라고 생각한다면 엄지 손가락을 내려 주세요. 잘 들어 봅시다.

성경 이야기

사울은 키가 크고 잘생긴 청년이었습니다. 사울의 아버지는 기스였습니다. 어느 날 기스의 나귀가 없어졌습니다. 기스는 아들인 사울에게 말하였습니다. "종들 중 한 명을 데리고 가서 나귀를 찾아오너라." 사울과 그 종은 나귀를 찾으러 갔으나 찾지 못했습니다.

사울은 함께 있던 종에게 말하였습니다. "집으로 돌아갑시다. 아버지께서 잃어버린 나귀보다 우리를 더 걱정하시겠습니다." 그러나 종이 대답하였습니다. "여기에 하나님을 사랑하는 사람이 살고 있습니다. 사람들은 그의 말에 귀 기울입니다. 그분을 만나러 가시죠."

사울은 종과 함께 가 보기로 했습니다. 그들은 마을로 들어가 사무엘을 보았습니다. 사무엘은 예배를 드린 후 그들에게 오기로 했습니다. 하나님께서 사울이 오기 전 날 사무엘에게 말씀하셨습니다. "내가 내일 이맘때 베냐민에서 한 사람을 너에게 보낼 것이다. 그가 내 백성 이스라엘의 새 왕이 될 것이다. 그가 그들을 도울 것이다."

사무엘이 사울이 오는 것을 보았을 때 하나님께서 다시 말씀하셨습니다. "이 사람이 내가 너에게 말한 자이다. 이름은 사울이다. 그가 내 백성을 다스릴 것이다."

사울은 사무엘이 말한 것을 믿을 수가 없었습니다. 나중에 사무엘이 사울에게 말하였습니다. "종을 먼저 집으로 보내고 당신은 여기에 잠깐 머물면서 저와 식사를 합시다. 제가 하나님 말씀을 당신에게 전해주겠습니다."

더불어 사무엘은 하나님께서 그를 왕으로 선택하셨음을 보여주려고, 사울의 머리 위에 기름을 부었습니다. 나중에 사울은 집으로 돌아갔고 나귀를 찾았습니다. 그러나 사울은 가족들에게, 자기가 언젠가 이스라엘 왕이 될 것이라고 말하지 않았습니다.

사무엘은 이스라엘 사람들을 모았습니다. 그리고 그들의 새 왕인 사울을 소개하였습니다. 그리고 사무엘은 사람들에게, 자기들을 다스릴 왕의 권리와 의무에 대해 설명해 주었습니다. 사무엘은 사람들에게, 하나님을 섬기며 그에게서 돌아서지 말라고 당부하였습니다. "여러분은 하나님께 순종해야 합니다. 그러지 않으면 여러분이나 왕에게 아주 큰 문제가 생길 것입니다."

사울은 선한 왕으로 시작했지만, 계속 그러지 못했습니다. 그는 하나님 말씀을 듣지 않고 불순종했습니다.

하나님께서 사무엘에게 말씀하셨습니다. "사울을 왕으로 삼아 너무 슬프다. 그는 순종하지 않았고 내가 명한 대로 하지 않았다." 사무엘은 사울에게 매우 실망스러워서, 어떻게 해야 할지 밤을 새워 기도하였습니다.

사무엘은 사울을 찾아가서 말하였습니다. "처음 왕이 될 때 당신은 자기를 중요하다 생각하지 않았습니다. 그러나 나중에 이스라엘 사람들의 왕이 되었습니다. 하나님을 대신해 일하라고 당신을 보내셨는데, 당신은 불순종하였습니다. 왜 하나님께 순종하지 않으셨습니까?"

사울은 되받아치며 말하였습니다. "저는 하나님께 순종했습니다." 그러나 사무엘은 사울이 하나님께 순종하지 않았다고 지적하였습니다. 결국 사울은 동의하고 고백했습니다. "저는 하나님께서 시키신 일을 하지 않았습니다. 저는 하나님을 기쁘게 하기보다, 사람들을 기쁘게 하고 싶었습니다. 제가 한 일을 후회합니다."

사무엘은 사울에게 말하였습니다. "하나님께서 이제 당신을 더 이상 왕으로 여기지 않으실 것입니다. 하나님께서는 그분께 순종할 다른 왕을 고르실 것입니다."

질문

1 사울은 누구였습니까?

2 오늘 이야기를 시작할 즈음 사울은 무엇을 하고 있었나요?

3 사울이 집에 돌아가려 할 때, 그의 종은 뭐라고 말했나요?

4 그들은 마을에서 누구를 보았습니까?

5 하나님은 사울이 오기 전, 사무엘에게 무어라 말씀하셨나요?

6 사무엘은 왜 사울의 머리에 기름을 부었나요?

7 누가 이스라엘의 첫 번째 왕이 되었습니까?

8 사무엘은 백성에게 왕을 두는 것에 대해 뭐라고 말했나요?

9 사울은 어떤 왕이 되었습니까?

10 하나님은 사무엘에게, 사울 왕에 대해 뭐라고 말씀하셨나요?

11 사무엘은 사울에게 어떤 말씀을 전했나요?

12 사울은 사무엘과 어떤 논쟁을 했습니까?

13 결국 이야기는 어떻게 끝났습니까?

성경을 삶에 적용하기

이야기천에서 23번 그림을 보여주며 물어보세요 사울은 처음에 어떤 왕이었나요? 나중에는 어떤 왕이 되었나요? 왜 그렇습니까? 여러분도 어떤 일을 잘 시작한 기억이 있나요? 그것은 학교 공부나 놀이를 했을 때일 수도 있습니다. 자기가 한 일을 말하고 싶은 사람 있나요? 그 일은 어떻게 되었나요? 그 일을 잘 끝내지 못했다면, 왜 그랬나요? 그래서 기분이 어땠나요?

말씀하세요 우리는 규칙을 잘 지키지 못해 일을 잘 마무리하지 못하기도 합니다. 우리는 하나님의 법을 어떻게 배울 수 있을까요? 더 잘 배우도록 도와주실 분들이 계시나요? 가끔 우리는 하나님께서 우리에게 원하시는 일을 하기보다 우리가 원하는 일을 합니다. 그럴 때 우리는 잘못을 말하고 용서를 구할 수 있습니다. 사울처럼 한결같지 못할 수 있지만, 하나님께서는 그래도 우리를 사랑하시고 용서하십니다. 물어보세요 친구가 하던 일을 잘 마무리 하도록 어떤 말을 해 줄 수 있을까요? 어떻게 도울 수 있을까요? 이번 주에는 다른 사람들이 일을 잘 마무리 하도록 어떻게 도울지 잘 생각해 보세요.

23 사무엘이 다윗에게 기름을 붓다

다윗의 후손들이 영원히 통치한다는 약속; 성전을 짓고 싶은 바람

사무엘상 16:1-13, 사무엘하 7:1-17; 사도행전 7:46; 13:20-23; 열왕기상 5

내가 주께 범죄하지 아니하려 하여 주의 말씀을 내 마음에 두었나이다 (시편 119:11)

성경 이야기를 위한 준비

말씀하세요 수수께끼를 듣고 내가 누구인지 알아맞혀 보세요. 나는 잃어버린 아버지의 나귀를 찾으러 갔습니다. 내 종과 나는 나귀를 찾을 수 없었습니다. 사무엘은 나귀를 찾았다고 말해 주었습니다. 그는 손님인 나를 식사에 초대했습니다. 그는 내가 나중에 왕이 될 것이라고 말해 주었습니다. 나는 누구일까요? (사울)

아이들에게 생각하는 시간을 준 후 계속해서 물어보세요 사울은 왕이 된 후에도 계속 하나님께 순종했습니까? 하나님께서는 사울을 이렇게 하기로 결정하셨습니까? 오늘은 하나님께서 사울 다음에 누구를 왕으로 고르셨는지 알아볼 것입니다. 이야기가 끝날 때, 그 사람 이름과 그 사람에 대한 것 두 가지를 말해 보도록 준비하세요.

성경 이야기

사무엘은 사울이 좋은 왕이 되지 못하여 슬펐습니다. 하나님께서 사무엘에게 물으셨습니다. "너는 언제까지 사울 때문에 실망하겠느냐? 새 왕을 찾아 머리에 기름을 부으러 가 보아라. 이새가 살고 있는 베들레헴으로 가라. 그의 아들 중 하나가 내가 고른 다음 왕이 될 것이다."

사무엘이 말했습니다. "그럴 수 없습니다. 사울이 알면 매우 화가 나서 저를 없애려고 할 것입니다."

하나님이 말씀하셨습니다. "베들레헴에 가서 사람들과 함께 예배를 드려라. 이새를 초청하여야 한다. 그때 네가 무엇을 할지 알려주겠다. 누구에게 기름을 부을지 가르쳐 주마." 사무엘은 시키신 대로 하였습니다. 그는 이새와 아들들이 예배 자리에 꼭 참석하도록 하였습니다.

이새가 사무엘에게 여덟 아들 중 일곱 아들을 소개했습니다. 사무엘은 맏아들을 보고 생각했습니다. '이 아들이 하나님께서 택하신 자구나.' 그러나 하나님이 말씀하셨습니다. "아니다, 나는 이 아들을 고르지 않았다. 너는 겉에 보이는 것만 보는구나. 나는 사람 속의 생각과 마음을 살핀다. 나는 사람의 마음에 무엇이 있는지를 본다."

첫째부터 일곱 째까지 하나씩 사무엘 앞으로 지나갔습니다. 각 사람이 지나갈 때마다 사무엘이 말하였습니다. "이는 하나님께서 고르신 아들이 아니다." 그런 후 사무엘은 이새에게 물었습니다. "아들이 또 있습니까?"

이새가 대답하였습니다. "막내 아들이 풀밭에서 양떼를 돌보고 있습니다."

사무엘이 말하였습니다. "가서 그를 데리고 오십시오."

막내 다윗이 도착했습니다. 그는 강하고, 건강하며, 잘생겼습니다. 하나님께서 사무엘에게 말씀하셨습니다. "바로 이 사람이다. 일어나서 그에게 기름을 부어라." 사무엘은 형제들이 보는 앞에서 다윗의 머리 위에 기름을 부었습니다. 그가 다음 왕이 될 것이었습니다. 하나님께서 이후 아주 특별한 방식으로 다윗과 함께 계셨습니다.

다윗은 바로 왕이 되지 않고 사울 왕을 돕는 사람이 되었습니다. 사울이 피곤하고 힘들면, 다윗은 하프를 연주하고 노래를 불러서 사울의 기분을 좋게 했습니다. 결국 다윗은 이스라엘의 다음 왕이 되었습니다. 다윗은 하나님을 사랑했고 그분께 순종하였습니다.

왕으로서 다윗은 왕궁을 둘러보며 자기가 얼마나 좋은 곳에 살고 있는지 알았습니다. 다윗은 하나님의 선지자 중 하나인 나단을 향해 말하였습니다. "제가 하나님을 위해 특별한 집을 짓고 싶습니다. 지금 하나님의 집은 그저 천막에 불과합니다."

나단은 이 계획이 좋다고 했습니다. 그러나 하나님께서 말씀하셨습니다. "나는 다윗이 나를 위해 집 짓기를 바라지 않는다. 나는 장막에 머물면서 내 백성들과 함께 옮겨 다녔다. 나는 집을 지어 달라고 한 적이 없다. 다윗에게, 나를 위하여 집을 짓지 말라고 전해라. 그래도 내가 그를 위해 무언가를 해 줄 것이다. 다윗의 아들들과 후손들이 영원히 이스라엘 왕이 되게 할 것이다. 그리고 무엇보다, 다윗의 가문에서 구원자가 나올 것이다."

하나님께서는 다윗에게 하나님을 위한 집을 짓지 말라고 하셨지만, 다윗의 아들 솔로몬은 하나님을 위해 특별한 집을 짓게 됩니다.

질문

1 사무엘은 왜 베들레헴에 갔나요?

2 하나님께서 왜 사무엘에게 다른 왕을 고르라고 하셨습니까?

3 사무엘이 베들레헴에 도착했을 때, 여덟 아들이 있는 어떤 사람을 방문했습니다. 그는 누구입니까?

4 이새의 막내 아들 이름은 무엇입니까?

5 다윗은 자기 아버지를 위해 무엇을 하고 있었나요?

6 하나님께서는 사무엘에게, 다음 왕을 누구로 정하라고 하셨습니까? 그 사람에 대하여 두 가지만 말씀해 보세요.

7 사울 왕은 어떤 문제가 있었나요?

8 사울 왕을 도우려고 다윗은 무슨 일을 했습니까?

9 다윗은 하나님을 위해 무엇을 지으려 하였습니까?

10 하나님께서는 왜 다윗이 하나님을 위해 집을 짓지 말라고 하셨나요?

11 하나님을 사랑하고 섬긴 다윗에게, 하나님은 어떤 약속을 하셨나요?

12 다윗 다음 왕은 누구였습니까? 그는 하나님을 위해 무엇을 하게 됩니까?

성경을 삶에 적용하기

이야기천에서 24번 그림 "사무엘이 다윗에게 기름 부음"을 가리키고 물어보세요 사무엘이 자기 머리에 기름을 부을 때 다윗은 어떤 생각을 하였을까요? 다윗이 사무엘을 만났을 때 무슨 말을 하였을까요? 사울 왕이 자기를 위해 음악을 연주하라고 했을 때 다윗의 기분은 어떠했을까요? 여러분은 기분이 좋지 않을 때 음악을 들어본 적이 있나요? 그래서 고민거리를 잘 생각할 수 있게 되었거나, 기분이 좋아졌나요? 우리는 음악으로 우리가 얼마나 하나님을 사랑하는지 하나님께 말씀드릴 수 있습니다. 이럴 때 우리는 하나님께 예배 드리는 것입니다.

여러분을 슬프게 하는 것은 무엇입니까? (친구가 기분을 상하게 할 때; 팀에 뽑히지 않을 때; 아무도 놀아주지 않을 때 등) 문제가 있거나 마음이 슬플 때 우리가 할 수 있는 것은 무엇입니까?

우리가 아는 사람들 기분이 좋아지도록 우리가 어떻게 할 수 있을지 이야기 나누게 해 주십시오. 우리를 돌보시고 음악을 즐기도록 해 주신 하나님께 감사의 기도를 드리는 시간을 가집니다.

24 갈멜산의 엘리야

열왕기상 18:16-46

모든 백성이 보고 엎드려 말하되 여호와 그는 하나님이시로다 여호와 그는 하나님이시로다 하니 (열왕기상 18:39)

성경 이야기를 위한 준비

시작하면서 ? 물어보세요 여러분은 지난 시간 하나님께서 이새의 막내 아들을 왕으로 택하셔서 놀랐습니까? 다윗도 놀랐을까요? 다윗은 왕이 되기 전, 사울 왕을 위해 무슨 일을 했습니까? 사울 왕이 다윗에게, 자기를 위해 음악을 연주하라고 했을 때 다윗의 기분은 어땠을까요? 여러분의 기분이 좋지 않을 때 음악을 들어본 적이 있나요? 그것은 도움이 되었습니까?

말씀하세요 지난 이야기는 좋은 왕이었던 다윗에 관한 것이었습니다. 오늘 우리는 하나님의 법을 따르지 않았던 왕과, 그에게 도전했던 사람에 대한 이야기를 들을 것입니다. 어떻게 하나님께서 자신만이 진정한 왕이라는 것을 보여주셨는지 들어 보십시오.

성경 이야기

다윗이 왕이 되고 여러 해가 지났습니다. 이스라엘에는 많은 왕들이 있었습니다. 어떤 왕들은 좋았고, 어떤 왕들은 나빴습니다. 아합이 왕이 되었고, 이세벨은 왕비가 되었습니다. 그들은 하나님을 사랑하지도 않았고, 백성을 돌보지도 않았습니다.

엘리야는 하나님을 사랑했습니다. 그는 사람들에게 하나님 말씀을 전했습니다. 그는 선지자라고 불렸습니다. 오바댜는 궁정에서 일했습니다. 엘리야처럼 오바댜도 하나님을 사랑하며 따랐습니다.

삼 년이란 긴 시간 동안이나 비가 오지 않았고, 아합 왕은 절박했습니다. 그는 오바댜를 다른 곳으로 보내어 짐승들을 먹일 풀이 있는지 찾아보라고 했습니다. 놀랍게도 오바댜는 엘리야를 우연히 마주쳤습니다. 엘리야가 말하였습니다. "가서 왕에게 내가 여기 있다고 전하시오. 그를 여기로 모시고 오십시오."

그래서 아합 왕은 엘리야를 만나기 위해 갔습니다. 아합은, 엘리야가 이스라엘에 항상 문제를 일으키는 사람이라고 비난했습니다. 엘리야가 대답하였습니다. "저는 이스라엘에 어떤 골칫거리도 아닙니다. 당신과 당신 가족이 문제를 일으켰습니다. 당신이 하나님의 법을 무시하고 바알이라는 신을 따랐습니다. 모든 이스라엘 사람들을 갈멜산으로 불러 모으십시오. 바알 선지자들도 모두 데려오십시오."

아합 왕은 이 소식을 사람들에게 알렸습니다. 그는 갈멜 산에 바알 선지자들을 모두 모았습니다. 엘리야가 가서 사람들 앞에 섰습니나. 그는 사람들에게 도전하였습니다. "얼마나 걸려야 여러분이 누구를 섬길지 결정하겠습니까? 하나님께서 유일한 신이시라면 그분을 섬기십시오. 바알이 유일한 신이면 그를 섬기십시오."

누구도 아무 말 하지 않았습니다.

엘리야가 말하였습니다. "하나님을 섬기는 선지자는 저 뿐입니다. 바알을 섬기는 자들은 450명입니다. 우리에게 송아지 두 마리를 가져오십시오. 바알 선지자가 소를 골라 조각을 내어 나무 위에 올려놓게 하십시오. 그러나 불은 붙이지 마십시오. 그런 다음 여러분은 바알에게 기도하십시오. 저는 하나님께 기도할 것입니다. 불을 내려 응답하는 이가 하나뿐인 신입니다."

바알 선지자들은 자기들 소를 준비하였습니다. 그들은 아침부터 정오까지 바알에게 기도하였습니다. "오 바알이시여, 우리에게 응답하소서!" 그들은 소리를 질렀습니다. 그러나 아무 일도 일어나지 않았습니다. 그들은 자기들이 만든 제단 주위에서 춤을 추었습니다.

정오에 엘리야는 그들을 비웃으며 말하였습니다. "조금 크게 소리질러 보시오. 아마 바알이 다른 생각을 하고 있나 봅니다. 어쩌면 바쁘시거나 여행을 간 모양입니다. 낮잠을 주무시고 계셔서 여러분이 깨워 드려야 하는 것 아닙니까?" 그래서 사람들은 바알이 듣도록 더욱 크게 기도했습니다.

이렇게 몇 시간이나 흘렀습니다. 그들은 바알이 자기들의 말을 들어 주도록 온갖 수단과 방법을 동원했으나 아무 일도 일어나지 않았습니다.

엘리야가 사람들에게 말하였습니다. "이것으로 충분합니다. 이제 제 차례입니다. 여기에 모이십시오." 사람들이 그의 주변에 모였습니다. 그는 아합 왕이 허물었던 하나님 제단을 다시 쌓았습니다. 엘리야는 제단 주위에 아주 큰 도랑을 팠습니다. 그는 나무를 놓고 제단 위에 각을 뜬 소를 놓았습니다. 그리고 말하였습니다. "큰 항아리 네 개에 물을 채워 주십시오. 제물과 나무 위에 물을 부으십시오." 사람들이 이렇게 해 놓자, 그가 말하였습니다. "다시 하고, 세 번 하십시오." 그들이 세번 째 물을 붓자, 물이 희생 제물 위로 흐르고 도랑을 가득 채웠습니다.

엘리야는 아주 조용히 기도하기 시작했습니다. "오 아브라함과 이삭과 이스라엘의 하나님, 모든 사람들이 당신이 하나뿐인 참 하나님이신 것을 오늘 알게 하여 주십시오. 사람들이 마음을 하나님께로 되돌릴 수 있도록 다시 한 번 기회를 주십시오."

그러자 바로 하나님의 불이 내려와 제물, 나무, 돌, 흙, 그리고 도랑에 있던 모든 물까지도 다 태워버렸습니다. 사람들이 이 광경을 보고 땅에 엎드려 경배하며 소리질렀습니다. "하나님만이 진짜 신이십니다!"

엘리야가 명령하였습니다. "바알 선지자들을 붙잡으십시오. 그들 중 한 사람도 도망하지 못하도록 하십시오. 사람들이 거짓 신을 섬기도록 한 이 사람들을 죽이십시오."

엘라야가 아합 왕에게 말하였습니다. "이제 가서 식사를 하십시오. 곧 비가 올 것입니다." 몇 시간 후에 그렇게 오랫동안 기다리던 비가 내렸습니다.

질문

1 이스라엘 사람들이 첫 번째 왕을 둔 후 수년이 지났습니다. 우리 이야기에서 누가 왕과 왕비였습니까?

2 하나님을 사랑했고, 하나님이 주시는 말씀을 사람들에게 전해 준 사람은 누구인가요?

3 아합 왕에게 엘리야는 뭐라고 말해야 했나요?

4 사람들이 따랐던 신은 누구입니까?

5 엘리야와 바알 선지자들은 어떤 산에서 만났습니까?

6 엘리야와 선지자들이 나무 위에 놓은 것은 무엇입니까?

7 선지자들은 누구에게 기도했습니까? 엘리야는 누구에게 기도했습니까?

8 바알에게서 기도 응답을 기다리던 사람들은 무엇을 하였습니까? 바알이 응답을 했나요?

9 엘리야는 자기 제물이 타는 것을 더 어렵게 하려고 무엇을 하였습니까?

10 하나님께서는 엘리야의 기도에 어떻게 응답하셨나요?

11 바알 선자자들에게 무슨 일이 일어났습니까?

12 이야기가 끝날 무렵 어떤 일이 일어났습니까?

성경을 삶에 적용하기

이야기천에서 25번 그림, "갈멜산의 엘리야"를 가리키며 ? 물어보세요 이 그림을 보면, 무슨 일이 일어나고 있는 것으로 보이나요? 이 사람은 누구입니까? 누가 나무에 불을 내렸습니까? 하나님의 불이 제물, 나무, 돌, 흙, 그리고 도랑에 있던 모든 물을 태운 것을 보고 사람들은 하나님에 대해 무엇을 배울 수 있었나요? 이 이야기의 다른 점들도 계속해서 복습해 보세요.

한 분 뿐인 참된 하나님을 알지 못하는 사람들을 생각해 보도록 아이들을 지도하세요. 그 사람들은 아이들의 친구나 이웃, 또는 가족일 수 있습니다. 참되신 한 분 하나님에 대한 이 이야기를 짧게 정리하여 들려주세요. 아이들 중 하나를 듣는 사람으로 정해서, 그 사람에게 이 이야기를 전달하는 시범을 보여주세요. 나머지 아이들도 여러분이 한 것처럼 연습해 보도록 지도하세요.

말씀하세요 이번 주에 이 이야기를 누구에게 해 줄지 생각해 보세요. 잠깐 멈추고 한 분 뿐인 하나님을 알아야 할 그 사람들을 위해 기도하세요.

하나님을 어떻게 생각하는지, 그분에 대해 어떤 마음을 가지고 있는지 아이들이 생각해 볼 시간을 주십시오. 언제든 아이들이 하나님에 대한 생각을 자유롭게 나눌 수 있게 해 주세요.

25 예수님이 태어나심

마태복음 1:18-2:12; 3:1-12; 마가복음 1:1-8; 누가복음 1:26-38; 2:1-20; 요한복음 1:1-36

하나님이 세상을 이처럼 사랑하사 독생자를 주셨으니 이는 그를 믿는 자마다 멸망하지 않고 영생을 얻게 하려 하심이라

(요한복음 3:16)

성경 이야기를 위한 준비

말씀하세요 하나님께서 모세에게 주신 규칙 중 몇 가지나 기억하세요? 몇 가지를 말해 볼까요? 여러분은 그대로 지키려고 해 보았나요? 사람들은 하나님을 사랑했고, 그분의 법을 지키려 했지만 그러지 못했습니다. 노력했지만, 항상 지킬 수는 없었습니다. 하나님께서는 이것을 아셨고, 그 모든 법을 지킬 수 있는 딱 한 사람을 보내기로 하셨습니다. 이 사람이 구원자가 될 것입니다. 이 사람의 이름, 부모님의 이름, 그가 태어난 곳, 그리고 누가 그를 방문했는지 잘 들어 보세요.

성경 이야기

하나님께서 구원자이신 자기 아들 예수님을 보내실 때가 되었습니다. 가브리엘 천사가 마리아라 불리는 어린 여인에게 나타나서 말하였습니다. "하나님께서 당신을 선택하여 자기 아들을 낳게 하셨습니다. 아기 이름을 예수라 하십시오." 마리아의 남편은 요셉이었고, 예수님이 이 땅에 머무실 때 그분의 아버지였습니다.

예수님이 태어나시기 전 이스라엘을 다스리던 지도자는, 모든 사람이 로마 제국의 호적에 이름을 올리라는 법을 만들었습니다. 이것은, 사람들이 각자 태어난 곳에 가서 인구 조사를 받아야 했다는 것을 말합니다.

요셉과 마리아는 베들레헴이라는 마을로 갔습니다. 여행은 길었고, 마리아는 아이를 낳을 때가 되었습니다. 마리아와 요셉이 베들레헴에 도착했으나 잠잘 곳이 없었습니다. 다른 사람들도 호적에 이름을 올리러 베들레헴에 왔기 때문에, 남은 방이 하나도 없었습니다. 여관 주인은 마구간에서 자게 해 줄 수는 있다고 하였습니다.

바로 그 밤에 예수님이 태어나셨습니다. 마리아는 아기를 강보에 싼 후, 소의 먹이를 담는 구유에 뉘었습니다.

목자들이 그 밤에 양떼를 돌보려고 들판에 있었습니다. 천사가 나타나서 목자들 주위에 빛을 밝게 비추었습니다. 목자들은 두려워 떨었습니다. 그러나 천사가 말하였습니다. "두려워하지 마십시오. 제게 모든 사람들을 위한 좋은 소식이 있습니다. 오늘 구원자이신 하나님의 아들이 태어나셨습니다. 여러분은 가서 강보에 싸여 구유에 누우신 아기를 보게 될 것이고, 제 말씀이 맞다는 것을 알게 될 것입니다."

그러자 수많은 천사가 하늘에서 하나님을 찬송하였습니다. 천사들이 떠나고, 목자들은 서둘러 베들레헴에 있는 마구간에 가서 구유에 누워 계신 아기 예수님을 보았습니다. 목자들은 돌아가서 그 밤에 하나님 아들이 나셨다고 사람들에게 전하였습니다.

예수님이 나신 후 얼마 지나, 동방에서 온 박사들이 하나님의 아들을 찾아왔습니다. 별이 예수님 계신 곳으로 인도하였습니다.

동방박사들이 아기 예수님과 어머니를 보고 집으로 들어갔습니다. 박사들은 무릎을 꿇고 예수께 경배하였습니다. 그들은 세 가지 보배, 황금, 유향, 몰약(아주 좋은 향이 나는 기름)을 가져와서 그분께 드렸습니다.

마리아와 요셉은 예수님을 사랑으로 잘 돌보았습니다. 그들은 예수님의 부모가 되게 하신 하나님께 감사드렸습니다.

질문

1 하나님께서는 누구를 구원자로 이 땅에 보내신다고 하셨나요?

2 예수님 어머니의 이름은 무엇입니까?

3 예수님이 태어나신 마을의 이름은 무엇입니까?

4 마리아와 요셉은 왜 베들레헴으로 가야 했나요?

5 마리아는 병원이 없어서 아이를 낳으러 어디로 갔나요?

6 마리아는 아이를 낳은 후 어디에 누였습니까?

7 그 밤에 누가 목자들에게 와서 이야기를 하였습니까? 이 소식을 듣고 목자들에게 어떤 마음이 들었습니까?

8 천사는 목자들에게 무슨 말을 했나요?

9 천사들이 떠나고 목자들은 어디로 갔습니까? 목자들은 어떤 소식을 전하였습니까?

10 예수님이 나신 지 얼마 후, 누가 그분을 뵈러 왔나요? 그들은 예수님께 무엇을 가져왔습니까?

11 이 이야기에서 우리는 하나님에 대해 무엇을 배울 수 있습니까?

12 하나님께서는 왜 자기 아들 예수님을 보내셨나요?

13 이 이야기에서 여러분이 가장 좋아하는 부분은 어디입니까?

성경을 삶에 적용하기

이야기에 대해 아이들이 질문 하거나 말할 시간을 가지세요. 이야기천에서 27번 그림, "예수님이 태어나심"을 가리키고

말씀하세요 방금 들은 이야기는 첫 크리스마스에 대한 것입니다. 이 이야기를 들어 본 적 있나요? 여러분 가족은 크리스마스 때 이 이야기를 읽나요? 이 이야기를 누구에게 해 줄 수 있습니까?

아이들 몇 명이 구유의 장면을 재현해 보도록 지도하십시오. 마리아, 요셉, 목자 두세 명, 천사 두세 명을 맡도록 해 주세요. 분장 소품을 사용하여도 됩니다. 구유에 있는 아기 예수를 대신 할 상자와 인형을 놓아 주세요. 나머지 아이들은 구유 장면에 들어갈 물건들을 배치하게 해 주세요. 아이들이 연기를 하는 동안, 한 아이는 그 장면에 맞는 이야기를 구연하도록 지도하십시오.

하나님께서 우리를 사랑하셔서 오래 전에 자기 아들 예수님을 보내주신 것에 감사하며 기도로 모임을 마치십시오.

26 침례(세례) 요한

예수님의 침례(세례); 예수님의 시험

이사야 40:3; 마태복음 3:1-17; 4:1-11; 마가복음 1:1-11; 누가복음 3:1-22; 4:1-13; 요한복음 1:29-34

내가 보고 그가 하나님의 아들이심을 증언하였노라 하니라

(요한복음 1:34)

성경 이야기를 위한 준비

이야기천에서 27번 그림을 가리키시고 ? 물어보세요 약속으로 태어난 아기 이름은 무엇입니까? 하나님께서는 왜 이 특별한 아기를 보내셨습니까? 아기는 자라서 사람들을 위해 무엇을 하게 됩니까? 한때는 예수님도 여러분과 같이 어린 소년이었습니다. 성경은 예수님이 자랄 때 어떠셨는지 자세히 이야기하고 있지 않지만, 어른이 되어서 무엇을 하셨는지는 알려줍니다. 그것이 무엇인지 나중에 저에게 말씀해 줄 수 있도록 잘 들어 보세요.

성경 이야기

예수님이 태어나시기 몇 달 전 먼저 태어난 다른 아기가 있습니다. 그 아기 이름은 요한이었습니다. 하나님께서는 요한에게 특별한 일을 맡기셨습니다. 요한이 태어나자 요한의 아버지는 아브라함에게 하셨던 약속, 곧 자기 백성을 위해 구원자를 보내시겠다는 하나님의 약속이 곧 이루어질 것을 알게 되었습니다.

요한은 집을 떠나 광야에서 살았습니다. 그는 낙타 털로 만들고 가죽 띠를 허리에 매는 옷을 입었습니다. 그리고 메뚜기와 야생 꿀을 먹었습니다. 사람들은 그의 말을 들으려고 사방에서 몰려왔습니다. 요한이 말하였습니다. "여러분의 삶을 바꾸십시오. 하나님께 순종하세요. 악한 일을 뉘우치고 잘못을 인정하십시오. 하나님의 나라는 여기에 있습니다." 요한은 하나님께 불순종한 것을 뉘우치러 온 사람들에게 침례(세례)를 주었습니다. 요한은 요단강에서 사람들을 물에 잠기게 하여 침례(세례)를 주었습니다.

요한이 말하였습니다. "나는 곧 오실 매우 중요한 분의 길을 준비하는 사람입니다. 그분은 저보다 훨씬 중요한 분입니다. 저는 물로 침례(세례)를 주지만, 그분은 하나님의 축복과 능력을 가져다 주실 것입니다. 여러분은 구원 받아야 합니다. 오실 그분은 하나님께서 약속하신 그 구원자이십니다."

어느 날 예수님이 요단강에 있는 요한을 만나러 오셨습니다. 예수님은 요한에게 침례(세례) 받으시기를 바랐습니다. 요한은 놀라 소리치며 말했습니다. "저는 할 수 없습니다. 당신이 아니라, 제가 침례(세례)를 받을 사람입니다!" 그러나 예수께서 간곡히 말씀하셨습니다. "이것이 하나님의 계획입니다."

요한은 예수님께 침례(세례)를 베풀었습니다. 예수님이 물에서 올라오시는 순간 신기한 일이 일어났습니다. 요한은 하늘이 열리고 비둘기 같이 생긴 것이 예수님 위에 앉는 것을 보았습니다. 그리고 하나님께서 예수님께 말씀하시는 것을 들었습니다. "너는 내가 사랑하는 아들이다. 너로 인해 내가 기쁘다."

예수님이 침례(세례)를 받으신 후 혼자 계시려고 요단강을 떠나 광야로 가셨습니다. 그곳에서 하나님의 대적인 마귀가 40일 동안이나 예수님을 시험하였습니다. 그때 예수님은 아무것도 드시지 않아서 매우 배가 고프셨습니다. 그래서 마귀는 예수님을 시험하며 말하였습니다. "네가 하나님의 아들이니까, 이 돌을 떡으로 바꾸어 보아라."

예수님이 대답하셨습니다. "성경이 말씀하고 있다. 사람은 떡으로만 사는 것이 아니라, 하나님의 모든 말씀으로 사는 것이다."

두 번째로 시험하기 위해, 마귀는 예수님을 높은 곳으로 데리고 갔습니다. 그곳은 땅에 있는 모든 왕국을 내려다볼 수 있는 곳이었습니다. 마귀가 말하였습니다. "이 세상은 내 것이다. 나의 능력을 인정하고 나를 섬기면, 이 모든 것을 너에게 주겠다."

예수님은 한 번 더 거절하셨습니다. "성경은 오직 하나님만 섬기고 그분에게 순종하라고 말씀하고 있다."

마귀는 세 번째로 시험하였습니다. 그는 예수님을 예루살렘에 있는 예배 처소인 성전 꼭대기로 데려갔습니다. 그는 말하였습니다. "그래, 네가 정말 하나님의 아들이거든 뛰어내려라. 성경에 하나님이 천사들을 보내 너를 보호한다고 말씀하고 있으니, 너는 걱정할 필요가 없지 않냐. 그들이 너를 붙잡아 줄 테니, 너는 다치지 않을 것이다."

다시 한 번 예수님은 하나님의 말씀으로 대답하셨습니다. "그렇다. 성경은 주 너의 하나님을 시험하지 말라고도 말씀하고 있다."

시험이 끝났습니다. 마귀는 예수님을 떠났고 다시 더 좋은 기회가 올 때까지 그를 내버려 두었습니다.

질문

1 사람들에게 사는 방식을 바꾸라고 말하고 다니던 사람은 누구인가요?

2 이 사람은 어떤 면에서 다른 사람들과 달랐습니까?

3 이야기천에서 28번 그림을 가리키시고 말씀하세요 요한은 하나님께 불순종한 잘못을 시인한 사람들에게 침례(세례)를 베풀었습니다. 침례라는 말의 뜻을 아십니까? (침례는, 하나님을 사랑하고 그분께 순종하는 사람으로 살기를 원한다는 것을 보여주려고 어떤 사람을 물 속으로 잠기게 하는 의식입니다.)

4 요한은 누구를 위해 길을 준비하고 있었나요?

5 예수님은 요한에게 무엇을 하라고 하셨습니까?

6 참인가/거짓인가: 요한은 예수님께 침례(세례)를 베풀지 않았습니다.

7 참인가/거짓인가: 요한이 예수님께 침례(세례)를 베푼 후 하늘에서 소리가 들렸고, 새 한 마리가 예수님께 날아와 앉았습니다.

8 예수님은 침례(세례)를 받으신 후, 왜 혼자 계시려고 했습니까? 예수님은 홀로 계시기 위해 어디로 가셨습니까?

9 예수님은 광야에서 며칠이나 계셨나요?

10 예수님은 광야에 계실 동안 무엇을 드셨습니까?

11 마귀는 예수님께 돌을 무엇으로 바꾸라고 하였습니까?

12 예수님이 자기 능력을 본인만 위해 사용하셨다면, 누가 기뻐하지 않았을까요?

13 예수님은, 우리가 경배할 유일한 분은 누구라고 하셨나요?

14 예수님은 왜 마귀가 시킨 대로 성전 높은 곳에서 뛰어내리지 않으셨을까요?

15 마귀는 예수님께 잘못된 일을 몇 번이나 시키려고 하였습니까?

16 예수님이 잘못된 일을 하셨다면 누가 기뻐하였을까요?

17 우리가 나쁜 일을 하면 마귀가 기뻐할 것이라 생각하시나요?

18 예수님을 기쁘시게 하기 위해 오늘 우리는 무엇을 할 수 있을까요?

성경을 삶에 적용하기

물어보세요 오늘날 마귀는 사람들이 무엇을 하게 하려

고 노력합니까? 말씀하세요 도둑질, 속임수, 거짓말, 그리고 죽이는 것은 나쁜 것입니다. 그것들은 하나님께서 우리가 하지 않길 바라시는 것들입니다. 예수님이 잘못된 일을 하시도록 마귀가 유혹할 때 예수님은 무엇을 하셨습니까? (예수님은 성경 구절을 말씀하시며 그릇된 일을 거절하셨습니다.)

대답을 기다리시고 계속 물어보세요 우리가 나쁜 일을 했을 때를 생각해 보세요. 그때 기분이 어떠했나요? 대답을 기다려 주세요. 예수님은 한 번도 나쁜 일을 하신 적이 없습니다. 단 한 번도 없습니다. 그러나 그것이 항상 쉬운 것은 아니었습니다. 예수님은 우리가 나쁜 일을 하려고 할 때 어떤 기분인지 아셨습니다. 그래서 예수님은 우리가 "아니요"라고 말할 수 있도록 도우실 수 있습니다. 왜냐하면, 그분은 한 번도 나쁜 일을 해 보신 적이 없기 때문입니다. 어떤 때이든지 나쁜 일을 하려는 생각이 들 때 우리는 예수님께 기도할 수 있고, 그분은 도와주실 것입니다. 지금 기도합시다.

이야기를 멈추고, 예수님이 광야에서 하신 것처럼, 학생들이 나쁜 일에 '아니'라고 말할 수 있도록 해 달라고 예수님께 기도합니다.

27 제자들을 부르심

마태복음 4:18-22; 마가복음 1:16-20; 누가복음 5:1-11, 27-32; 6:12-16; 요한복음 1:35-51; 마가복음 3:13-19

말씀하시되 나를 따라오라 내가 너희를 사람을 낚는 어부가 되게 하리라 하시니 (마태복음 4:19)

성경 이야기를 위한 준비

여러분 곁에 3 X 5 사이즈(125 X 75mm) 인덱스 카드를 여러 장 놓아 두십시오. 시작하면서 이렇게 말씀하세요 지난 시간에는, 요한이 물에서 예수님께 침례(세례)를 베풀었다고 배웠습니다. 예수님이 침례(세례)를 받으신 후, 하나님께서 뭐라고 말씀하셨나요? 그날은 특별한 날이었습니다. 모든 것이 빠르게 변하였습니다. 광야에서 예수님을 시험한 이는 누구입니까? 예수님은 그의 꾀에 넘어가셨습니까? 예수님은 우리가 마귀의 덫에 넘어가기를 원하지 않으십니다.

이제 카드를 들고 말씀하세요 제가 하는 것을 보세요. 그리고 준비한 카드를 바닥에 떨어뜨리세요. 한 사람에게 그 카드를 모두 주우라고 하십시오. 아이가 카드를 다 주우면, 다시 카드를 떨어뜨리세요. 이번에는 아이가 친구의 도움을 청하여 카드를 줍도록 하십시오. 나머지 아이들에게 물어보세요 언제 카드 줍는 것이 더 빨랐습니까? 여러분이 어려운 일을 해야 할 때가 있었나요? 그때 친구가 도와주기를 바랐습니까? 우리 모두는 도와줄 친구가 필요합니다. 오늘 예수님이 자기를 도울 특별한 친구들을 부르셨는데, 그 사람들의 이름을 들어 보세요.

성경 이야기

예수님이 하나님의 백성을 구원하실 때가 되었습니다. 어느 날 예수님은 갈릴리 바닷가를 지나가고 계셨습니다. 예수님은 두 형제, 시몬 베드로와 안드레를 보셨습니다. 그들은 어부였고, 물에 그물을 던지고 있었습니다. 예수님이 말씀하셨습니다. "와서 나를 따라라. 내가 너희를 사람 낚는 어부가 되게 하겠다." 그들은 아무것도 묻지 않았습니다. 그저 그물을 내려놓고 예수님을 따랐습니다.

바닷가를 따라 더 내려가서 예수님은 다른 형제, 야고보와 요한을 보셨습니다. 그들은 앉아서 아버지 세배대와 함께 그물을 고치고 있었습니다. 예수님이 이름을 부르시니 듣고 일어나 배에서 나왔습니다. 그들은 아버지를 떠나 예수님을 따라 갔습니다.

다른 날, 예수님은 마태라고 하는 세리가 세금을 걷고 있는 것을 보셨습니다. 예수님이 말씀하셨습니다. "나를 따라 오너라." 마태는 일어나 모든 것을 버리고 예수님을 따라 갔습니다.

또 다른 날, 예수님은 빌립을 보고 부르셨습니다. "나를 따라 오거라." 빌립은 나다나엘을 찾아갔습니다. 빌립이 나다나엘에게 말하였습니다. "우리가, 모세와 다른 이들이 말하던 구원자이신 예수님을 만났다." 두 사람도 예수님을 따랐습니다.

예수님은 자기를 도울 열두 명의 특별한 도우미를 부르시려고 하나님께 도움을 구하는 기도를 하셨습니다. 그들은 항상 예수님과 함께 했습니다. 예수님은 제자들을 보내, 사람들을 구원하시려는 하나님의 계획을 전하게 하셨습니다. 특별한 열두 도우미들의 이름은 다음과 같습니다: 베드로, 세베대의 아들 야고보, 요한, 안드레, 빌립, 바돌로매, 마태, 도마, 알패오의 아들 야고보, 다대오, 열심당원 시몬, 그리고 가룟 유다.

질문

1 오늘 이야기가 시작될 때, 예수님은 어디를 걷고 계셨나요?

2 예수님이 처음 만나신 형제의 이름은 무엇이었나요?

3 그 형제는 무엇을 하고 있었습니까?

4 예수님은 그들에게 무슨 말씀을 하셨습니까?

5 예수님은 또 다른 형제를 보았는데, 그들 아버지는 세베대였습니다. 형제의 이름은 무엇입니까?

6 그들은 어디에 있었습니까? 예수님께서 부르실 때 그들은 무엇을 하고 있었습니까?

7 예수님을 따랐던 이들 중 세금을 걷었던 사람의 이름은 무엇입니까?

8 예수님을 돕고 따르도록 부르신 특별한 도우미는 몇 명인가요? 특별한 도우미는, '제자'라고도 부릅니다.

9 여러분은 예수님께서 아직도 날마다 자기를 따르고, 자기를 위해 특별한 일을 하라고 사람들을 부르신다고 생각하십니까?

10 예수님께도 여러분처럼 친구들이 있었다는 것을 알게 되니 어떤 생각이 드나요?

11 여러분이 아는 사람 중 친구가 필요한 사람이 있나요? 그 사람과 친구가 될 수 있습니까?

성경을 삶에 적용하기

이야기천에서 29번 그림을 가리키며 말씀하세요 예수님은 아주 열심히 일하셨습니다. 그러나 모든 일을 혼자 하실 수는 없었습니다. 예수님께는 돕는 사람이 필요했습니다. 예수님은 자기 도우미들에게 좋은 친구가 되셨고, 그 사람들을 매우 사랑하셨습니다. 예수님은 자기 친구의 겉모습이나 옷차림, 또는 자기와 다르게 말하는 것에 신경 쓰지 않으셨습니다. 예수님은 그들을 사랑하셨습니다. 그 사람들에게 항상 좋은 친구이셨습니다. 다음 이야기들을 듣고 예수님이라면 어떻게 하셨을지 생각해 보세요.

1. 은지는 이 지역으로 막 이사를 왔습니다. 이곳 사람들과 다른 말투를 사용하는 동네에서 왔습니다. 은지는 근처에 사는 아이들과 다르게 말했습니다.

어느 날 은지는 민석이와 수현이가 말하는 것을 들었습니다. 민석이가 말하였습니다. "은지는 말을 정말 웃기게 해!"

수현이가 대답했습니다. "맞아. 우리랑 너무 달라. 같이 컴퓨터 게임 하지 말아야겠어."

물어보세요 아이들이 자기들과 다르다며 은지와 안 놀고, 말도 안하는 것이 옳다고 생각하십니까? 은지가 말투 때문에 친구들이 자기랑 놀고 싶지 않다는 것을 알게 된다면, 기분이 어떠할 까요? 여러분이 은지라면 어떻게 하겠습니까? 이 상황을 보고, 예수님은 뭐라고 말씀하실까요? 민석이와 수현이가 은지랑 친해지려면 어떻게 해야 할까요?

2. 현정이와 유미는 친한 친구들입니다. 둘이 학교에 같이 가고, 가까이 삽니다. 어느 날 성민이가 현정이에게 물었습니다. "왜 유미 같은 애랑 놀아?"

현정이가 대답하였습니다. "유미는 내 친구야. 우리는 같이 재밌게 놀거든."

성민이가 말했습니다. "그래도 그 애는 너처럼 좋은 옷이 없잖아. 저런 애가 뭐가 좋다는 말이야?"

물어보세요 여러분이 현정이라면 뭐라고 하겠습니까? 예수님은 무슨 말씀을 하실까요? 현정이가 어떻게 하면 성민이와 유미가 좋은 친구가 될 수 있을까요?"

아이들이 '서로 더 좋은 친구가 될 수 있는 세 가지 방법'을 알아내어 수긍할 수 있도록 도와주십시오. '서로 더 좋은 친구가 될 수 있는 세 가지 방법'을 기억하는 포스터를 만들도록 각각의 어린이를 도와주십시오. 모든 이를 사랑하시는 하나님께 짧은 감사기도를 드리도록 아이들을 지도해 주십시오. 아무도 좋아하지 않는 사람들까지 친구 삼아 주신 자기 아들 예수님을 주신 하나님께 감사를 드리세요.

28 예수님이 중풍병자를 고치시다

마가복음 2:1-12; 누가복음 5:17-26

하나님은 나를 돕는 이시며 주께서는 내 생명을 붙들어 주시는 이시니이다 (시편 54:4)

성경 이야기를 위한 준비

아이들을 둥글게 모으고 물어보세요 '서로 더 좋은 친구가 될 수 있는 세 가지 방법' 포스터를 만들었던 것을 기억하시나요? 지난 시간 이후로 좋은 친구가 되려고 노력해 본 사람 있나요? 좋은 친구가 되려고 무엇을 했는지 말해 볼 사람 있습니까? 예수님은 특별한 도우미로 몇 사람을 부르셨습니까?

말씀하세요 오늘은 예수님이 사람으로 오셔서 하신 일들 몇 가지를 살펴볼 것입니다. 예수님은 우리가 이해할 수 없는 능력을 가지고 계셨습니다. 하나님만이 하실 수 있는 일들을 하셨습니다. 오늘 이야기에서는 예수님이 어떻게 걷지 못하는 사람을 도우셨는지 잘 들어 보세요.

성경 이야기

예수님은 가버나움이라는 도시로 가셨고, 예수님이 집으로 돌아오셨다는 소문이 돌았습니다. 예수님은 하나님에 대해 사람들에게 가르치셨습니다. 사람들은 예수님께 병든 자를 고칠 수 있는 능력이 있다는 소식을 들었습니다. 많은 사람이 빠르게 모였고, 방에는 움직일 수 없을 정도로 사람들이 꽉 찼습니다.

네 친구가 사람을 들것에 실어 왔습니다. 그 사람은 걷지 못했습니다. 친구들은 그 사람을 예수님 앞에 두려고 집 안으로 들어가려 했으나, 사람이 너무 많아 그러지 못했습니다. 그래서 지붕 위로 올라가 구멍을 뚫었습니다. 그리고 예수님 앞으로 그 사람을 달아 내렸습니다.

그 사람을 고쳐주실 것이라고 친구들이 진정으로 믿는 것을 보시고 예수님이 말씀하셨습니다. "친구여, 내가 네 죄를 용서한다. 일어나라. 네 자리를 정리해서 집으로 돌아가라." 그 사람은 예수님이 말씀하신 대로 하였습니다. 그는 일어나서 자리를 정리하여, 하나님께 감사하면서 집으로 돌아갔습니다. 그들은 놀랐으며, 자기들이 본 것을 믿을 수 없었습니다. 그들은 하나님께서 능력 있고 강하시다는 것을 알고 있었습니다. 친구들이 말하였습니다. "이런 일은 본 적이 없어!"

질문

1 예수님은 어디에 계셨으며, 무엇을 하고 계셨나요?

2 사람들은 왜 그 집에 드나들 수가 없었습니까?

3 누가 집에 들어가 예수님을 보려 하였습니까? 그들은 누구를 데리고 왔습니까?

4 그 사람의 문제는 무엇이었습니까?

5 네 친구의 문제는 무엇이었나요?

6 그들은 문제를 어떻게 풀었습니까?

7 이 이야기에는 어떤 선택이 있었습니까?

8 이 이야기에서 사람들은 좋은 선택을 한 것 같나요?

9 중풍병자의 친구들의 선택 때문에 어떤 일이 일어났습니까?

10 이 이야기에서 예수님은 어떤 선택을 하셨습니까?

11 이 이야기에서 우리는 예수님에 대해 무엇을 배울 수 있습니까?

12 이 이야기에서 어떤 내용이 우리에게 도움이 될까요?

성경을 삶에 적용하기

이야기천에서 30번 그림, "예수님이 중풍병자를 고치시다"를 보여주시면서 말씀하세요 오늘 우리는 이야기에 나온 사람들이 있던 장소를 살펴볼 것입니다. 제가 이야기를 할 때, 그 사람들이 어떤 표정이었을지 그대로 해 보세요. 준비 되셨지요?

- 사람이 너무 많이 방에 들어갈 수 없었을 때 네 친구의 표정
- 지붕을 뚫고 남자를 예수님 앞에 내려놓기로 했을 때 네 친구의 표정
- 예수님 앞에 내려갔을 때 아픈 그 남자의 표정
- 예수님이 처음 아픈 남자를 보셨을 때
- 아픈 남자가 낫고 난 직후
- 아픈 사람이 나은 후 군중의 모습

물어보세요 여러분의 친구에게는 무엇이 필요할까요? 대답할 시간을 주세요. 계속해서 물어보세요 다음에 문제가 생기면 어떻게 하시겠습니까? 예수님께서 여러분의 어려움을 해결하도록 도와 주실까요? 우리 문제를 해결하도록 하나님께서 도와주시기를 바라는 기도를 합시다. 아이들의 어려움을 위해 여러분이 함께 기도한다는 것을 느끼도록 해 주세요.

29 예수님이 사마리아 여인과 말씀하시다

요한복음 4:4-42

여호와여 주의 인자하심이 하늘에 있고 주의 진실하심이 공중에 사무쳤으며(시편 36:5)

성경 이야기를 위한 준비

말씀하세요 많은 사람들이 하나님에 대해 가르치시는 예수님의 말씀을 들으러 왔습니다. 지난 시간에는 네 명의 친구들이 중풍병자를 예수님께 데리고 왔습니다. 네 명의 친구들은 어려움을 맞이했습니다. 그 어려움은 무엇이었습니까? 그 사람들은 문제를 어떻게 해결하였습니까? 예수님은 아픈 사람에게 무엇을 해 주셨습니까? 오늘 어려운 일이 있었던 사람은 손을 들어 보세요. 그 문제에 대해 하나님께 말씀드렸나요? 하나님께서 도와주셨습니까?

답변을 기다린 후 계속 말씀하세요 이제 여러분들이 가진 문제에 대해서 이야기해 봅시다. 아주 많이 목말라 본 적이 있었나요? 목마름을 해결하려고 무엇을 마셨나요? 오늘은 예수님이 매우 목이 마르셨던 때에 있었던 일에 대해 배울 것입니다. 예수님이 물을 마시려고 우물가에 멈추셨을 때에 무슨 일이 있었는지, 주의를 기울여 들어 보세요.

성경 이야기

예수님은 사마리아 지방을 지나가고 계셨습니다. 가던 길에 예수님은 목이 몹시 마르셨습니다. 예수님은 마을 바로 앞에 있는 야곱의 우물에 멈추셨습니다. 그곳은 야곱의 아들 요셉의 땅이었고, 야곱의 이름을 따라 우물 이름도 지었습니다. 예수님은 여행으로 지쳐서, 우물 곁에 앉으셨습니다. 그때는 한낮이었습니다.

사마리아 여인 하나가 물을 길으러 왔습니다. 예수님이 말씀하셨습니다. "내가 마실 물을 좀 주시오." 제자들은 음식을 사러 마을로 들어가고 없었습니다.

사마리아 여인이 말하였습니다. "당신은 다른 나라에서 왔습니다. 당신은 유대인입니다. 왜 사마리아 여자인 저에게 물을 달라고 하십니까?" 그때 유대인은 감히 사마리아인과 이야기를 하면 안 되었기에, 여인이 이렇게 물은 것입니다.

예수님이 대답하셨습니다. "하나님의 선물이 무엇인지 네가 알지 못하는구나. 너에게 물을 달라고 하는 사람이 누구인지조차 알지 못하고 있다. 알았으면 오히려 나에게 마실 것을 달라고 했을 것이며, 내가 너에게 생수를 주었을 것이다."

여인이 말했습니다. "선생님, 당신은 물 길을 도구도 없고, 이 우물은 깊습니다. 그런데 어떻게 이 생수를 길으시겠다는 것입니까? 우리 친척 야곱이 이 우물을 주셨습니다. 야곱과 그분의 후손과 그분의 짐승들이 여기에서 물을 마셨습니다. 당신이 그 사람보다 더 중요합니까?"

예수님이 대답하셨습니다. "이 물을 마시는 자마다 다시 목마를 것이다. 그러나 내가 주는 물을 마시는 사람은, 결코 다시는 목 마르지 않을 것이다. 내가 주는 물은 솟아나는 물과 같을 것이고, 영원한 생명을 줄 것이다."

그 여인은 바로 대답하였습니다. "그 물을 저에게 주셔서 제가 목마르지도, 여기에 물을 길으러 오지도 않게 해 주십시오."

질문

1 예수님은 어디로 가시던 중이었나요?

2 예수님은 왜 우물 곁에 앉으셨습니까?

3 누가 우물에 왔나요?

4 예수님은 여인에게 무엇을 부탁하셨나요?

5 여인은 예수님께 뭐라고 말했습니까?

6 왜 여인은 예수님 말씀 때문에 놀랐나요?

7 예수님은 그 여인에게 무엇을 줄 수 있다고 하셨나요?

8 여인은 예수님이 주실 수 있다는 물을 바랐습니까?

9 이 이야기에서 우리는 예수님에 대해 무엇을 배울 수 있습니까?

10 친구가 없다고 느낄 때 우리는, 예수님에 대해 무엇을 떠올릴 수 있을까요?

11 친구가 없는 사람을 어떻게 도와줄 수 있나요?

성경을 삶에 적용하기

이야기천에서 31번 그림, "우물가에 있는 여인"을 가리키고 말씀하세요 어떤 사람들은 특정한 사람들과만 친구가 될 수 있다고 하지만, 예수님은 사마리아 여인에게도 친구가 되어 주셨습니다. 다른 사람들이 무어라 하든 상관 없이 친구들을 어떻게 대하면 좋을까요? 좋은 친구가 되려면 무엇을 하면 되겠습니까? 예수님은 우리도 그분처럼, 다른 사람들이 어떻게 생각하여도 누구에게나 좋은 친구가 되어 주기를 바라십니다. 이번 주간에 좋은 친구가 될 수 있는 몇 가지 방법이 있습니다:

– 점심 시간에 새로운 친구와 같이 앉아 주세요.

– 간식을 나누어 먹습니다.

– 쉬는 시간에 함께 즐거울 수 있도록 해 보세요.

– 하기 싫어도, 친구와 놀아보세요.

좋은 친구가 될 수 있는 다른 방법에는 무엇이 있는지 말해 보세요. 대답할 시간을 주세요.

이번 주간에 아이들이 예수님처럼 누군가에게 좋은 친구가 될 수 있도록 함께 기도하며 마칩니다.

30 예수님이 오천 명을 먹이시다

마태복음 14:13-21; 마가복음 6:30-44; 누가복음 9:10-17; 요한복음 6:1-15; 6:24-71

여호와께 감사하라 그는 선하시며 그 인자하심이 영원함이로다 (시편 107:1)

성경 이야기를 위한 준비

말씀하세요 지난 이야기에서는 예수님이 목마르셨고, 우물가에 앉아 계셨습니다. 누가 예수님께 마실 물을 드렸습니까? 예수님은 그 여인에게 다른 물에 대해 말씀하기 시작하셨고, 여인은 말씀을 잘 들었습니다.

아이들과 대화를 시작하면서 물어보세요 여러분이 배고플 때 누가 먹을 것을 줍니까? 왜 그 사람은 여러분을 먹입니까? 그 사람은 어떻게 음식을 구합니까? 오늘 이야기는, '예수'라는 특별한 사람이 아주 놀라운 방법으로 사람들을 먹이는 내용입니다. 예수님이 어떻게 사람들을 먹이셨는지 오늘 이야기가 끝날 무렵에 물어볼 테니, 잘 들어보세요. 성경을 펴서 이야기를 시작하세요.

성경 이야기

예수님은 하나님 말씀을 가르치시는 것과, 아픈 이들을 고쳐주시는 것 때문에 사람들에게 알려지셨습니다. 어느 날 많은 사람이 예수님의 말씀을 들으려 모였습니다. 아픈 사람들은 낫고 싶어 왔습니다. 그런데 모인 사람들에게 먹을 것이 없었습니다. 음식이라고는 아무 것도 살 수 없는 외진 곳에 있었습니다.

예수님이 친구 빌립에게 물으셨습니다. "어디 가면 사람들에게 줄 떡을 좀 살 수 있을까?" 그러나 빌립이 대답하였습니다. "우리는 이 사람들을 다 먹일 수 없습니다. 각 사람에게 조그만 떡 조각을 준다고 해도, 한 사람이 이백 일이나 일한 만큼의 돈이 들 것입니다."

예수님 친구 중 하나인 안드레가 크게 말하였습니다. "여기 작은 아이에게 떡 다섯과 물고기 두 마리가 있습니다. 그러나 이 많은 사람들을 다 먹일 수는 없습니다!"

예수님이 말씀하셨습니다. "모두 앉으라고 하여라. 그리고 아이를 데리고 와라." 거기에는 오천 명 정도 되는 남자들이 있었습니다. 예수님이 떡을 들고 하나님께 감사 기도를 드리셨습니다. 그리고 그 사람들에게 떡을 나누어 주셨습니다. 그리고 물고기도 나누어 주셨습니다.

모든 이들이 먹고 싶은 만큼 먹었습니다. 모두 배가 차자, 예수님이 친구들을 돌아보며 말씀하셨습니다. "남아 있는 것을 거두고, 아무 것도 버리지 말아라." 제자들은 일어나서 나머지 음식을 열두 바구니에 가득 채웠습니다.

사람들은 너무 놀랐습니다. 그들은 이것이 기적인 줄 알았고, 하나님만이 하실 수 있는 일이라는 것을 알았습니다. 예수님은 사람이셨습니다. 그러나 예수님은 또한 하나님의 아들이며, 하나님이 하시는 일을 하셨습니다. 예수님이 하신 모든 일을 보고 사람들은 놀랐습니다. 그래서 사람들은 예수님이 자기들 왕이 되어 주시기를 바랐습니다. 그러나 예수님은 왕이 되려 하지 않으셨기 때문에 떠나셨습니다. 예수님은 사람들이 없는 곳에 혼자 계시려고 산으로 올라가셨습니다.

질문

1 사람들은 왜 예수님의 말씀을 들으려고 왔나요?

2 빌립은 왜 예수님이 사람들을 다 먹이실 수 없다고 생각하였습니까?

3 예수님의 제자 중 어린 아이에 대해 말씀드린 사람은 누구인가요?

4 어린 아이는 점심으로 무엇을 가지고 왔나요?

5 무리들 중 남자는 몇이나 되었습니까?

6 예수님은 사람들에게 음식을 나누어 주시기 전에 어떤 일을 하셨습니까?

7 남은 음식은 얼마나 되었습니까?

8 사람들은 왜 그때 일어난 일에 놀랐나요? 당신도 놀라본 적이 있나요? 왜 놀랐나요? 아니면 왜 놀란 적이 없을까요?

9 어떤 사람이 기적이 무엇인지 물어본다면 무엇이라고 하겠습니까?

10 사람들은 예수님이 무엇이 되시기를 바랐습니까? 예수님은 사람들 생각에 동의하셨나요?

11 이 이야기에서 우리는 예수님에 대해 무엇을 배울 수 있습니까?

12 이 이야기에서 여러분이 좋아하는 것은 무엇입니까?

13 우리가 어떻게 하면 자기 점심 식사를 나눈 아이처럼 될 수 있을까요?

성경을 삶에 적용하기

아이들을 전부 모아주세요. 32번 그림, "예수님이 오천 명을 먹이심"을 가리키시고 말씀하세요 우리는 예수님을 볼 수 없지만, 그분이 우리를 사랑하시고, 이 이야기에서 사람들을 돌보신 것처럼 우리를 돌보아 주시는 것을 알 수 있습니다. 예수님이 돌보아 주시는 것을 우리는 어떻게 알 수 있습니까?

대답을 기다려 주세요. 그리고 필요하다면 답안을 제시해 주세요. (예수님은 우리가 잘못된 일을 하려 할 때, 그러지 않을 수 있도록 도우실 수 있습니다. 우리가 두려울 때, 외로울 때, 친구가 없다고 생각할 때 도와 주실 수 있습니다.)

어린 아이처럼 우리도 다른 사람을 도울 방법이 있을지 말해 보세요. 대답을 들은 후 말씀하세요 그것들은 사람들을 도울 좋은 방법들입니다. 그중 이번 주에 할 수 있는 하나를 골라 보세요. 우리를 돌보아 주신 예수님께 감사하고, 또 우리는 어떻게 다른 사람들을 도울 수 있을지 하나님께 여쭈어 보는 기도를 하세요.

31 예수님이 아이를 고치시다

그리스도께서 자기 죽음과 부활을 미리 말씀하시다

마태복음 17:14-23; 마가복음 9:14-32; 누가복음 9:37-44

너희 중에 고난 당하는 자가 있느냐 그는 기도할 것이요 즐거워하는 자가 있느냐 그는 찬송할지니라 (야고보서 5:13)

성경 이야기를 위한 준비

물고기, 롤 빵, 그리고 사과 그림을 준비해 주세요. 말씀하세요 오늘 이야기에 들어가기 전에 지난번에 우리가 배운 것을 복습해 보겠습니다. 세 명의 아이를 불러서 앞에 세우고 그림을 들게 하세요. 그리고 물어보세요 아이의 점심 식사에 없던 것은 무엇인가요? (사과) 이야기천에서 32번 그림을 가리키고 물어보세요 소년에게 물고기가 몇 마리 있었지요? 빵은 몇 개 있었습니까? 사람들이 음식을 다 먹고 남은 음식은 몇 바구니나 되었습니까? 그날 있던 일을 'ㄱ'으로 시작하는 한 단어로 설명하면 무엇입니까? 아이들이 대답할 시간을 주세요. 기적!

말씀하세요 오늘 이야기는 예수님이 행하신 다른 '기적' 이야기입니다. 탐정이 되어서, 그 기적이 무엇이었는지 단서를 찾도록 잘 들어 보기를 바랍니다.

성경 이야기

예수님과 제자 셋은 산에 있다가 내려와서 다른 아홉 제자를 만났습니다. 많은 이들이 예수님 제자들에게 모여들었습니다. 유대인 교사들이 그들과 논쟁을 하였습니다. 그러던 중 예수님이 나타나시자 모인 사람들이 흥분하였습니다. 사람들은 예수님께 인사하려고 달려갔습니다.

예수님이 물으셨습니다. "무슨 일이냐? 무슨 일로 논쟁을 하느냐?"

한 사람이 앞으로 나와 대답하였습니다. "예수님, 제 하나 밖에 없는 아들 때문에 그렇습니다. 제발 제 아들을 살펴 주십시오. 애가 땅에 고꾸라지고, 소리 지르고, 이도 갈며, 몸이 완전히 굳기도 합니다. 예수님 제자들에게 살려달라고 해 보았지만, 그들은 그렇게 하지 못하였습니다."

예수님이 명하셨습니다. "아이를 내게 데리고 오너라." 예수님께 가까이 가자, 소년은 땅에 쓰러져 구르기 시작했습니다.

예수님이 대답하셨습니다. "아이가 이런지 얼마나 되었느냐?"

"애가 아주 어릴 때부터입니다. 우리를 불쌍히 여기시고, 할 수 있다면 도와주십시오."

예수님이 말씀하셨습니다. "'할 수 있다면?' 나를 믿는 사람들에게는 '할 수 있다면'이라는 말이 없다."

그 아버지가 소리질러 말하였습니다. "저는 믿습니다. 제가 믿지 못할 때, 믿을 수 있도록 도와 주십시오. 당신을 더 의지할 수 있도록 도와주십시오."

이 무렵, 어떻게 되고 있는지 보려고 사람들이 몰려왔습니다. 예수님은 소년이 나았다고 말씀하셨습니다. 몸이 떨리던 것이 멈추었고, 소년은 아주 평온히 누워 있었습니다. 사람들은 아이가 죽었다고 생각했습니다. 그러나 예수님이 붙잡아 올리시니, 아이가 일어섰습니다. 예수님이 말씀하셨습니다. "기도만이 낫게 할 수 있다."

예수님과 제자들은 그곳을 떠나 갈릴리로 갔습니다. 예수님은 자기와 제자들이 어디 있는지 사람들이 아는 것을 바라지 않으셨습니다. 예수님은 제자들에게 가르쳐 주고 싶으신 것이 많았습니다. 예수님이 말씀하셨습니다. "누군가 나를 배신하여 나를 사람들에게 넘길 것이다. 그 사람들이 나를 죽이겠지만, 나는 삼일 만에 다시 살아날 것이다." 그러나 제자들은 예수님이 무슨 말씀을 하시는지 알지 못했고, 물어보기도 어려웠습니다.

질문

1 예수님과 함께 산에 있던 사람들은 누구인가요?

2 산 아래에서 예수님의 제자들 주위에 있던 사람은 누구입니까? 예수님 제자들과 논쟁한 사람들은 누구입니까?

3 소년의 아버지는 왜 예수님께 도움을 청했나요?

4 소년의 아버지는 예수님께 어떻게 도움을 청했나요?

5 탐정 여러분, 단서를 다 모았습니까? 오늘 이야기에서 예수님이 일으키신 기적은 무엇입니까?

6 소년이 나았을 때 어떤 모습이었을지 이야기해 보세요.

7 예수님은 소년이 어떻게 낫게 된 것이라고 말씀하셨습니까?

8 예수님은 왜 많은 사람들을 피해 제자들과 따로 있고 싶어하셨습니까?

9 예수님은 제자들이 이해할 수 없는 무언가를 말씀하셨습니다. 그것은 무엇입니까?

10 예수님은 제자들에게 무엇을 말씀하신 것일까요?

11 아픈 사람들을 위해 기도할 수 있나요? 하나님께서 그런 기도들을 들으셨다고 생각하세요?

12 이 이야기에서 우리는 예수님에 대해 무엇을 배울 수 있습니까?

성경을 삶에 적용하기

물어보세요 무엇이 ('기' 발음을 하려는 듯 입 모양을 만들면서) 기적입니까? 대답을 기다려 주세요. 이야기천에서 33번 그림을 가리키시고 물어보세요 예수님이 일으키신 기적은 무엇입니까? 병원에 계신 할머니가 매우 아프셨는데, 어느 날 하나님께서 할머니를 낫게 하시면, 그것이 ('기' 발음을 하려는 듯 입 모양을 만들면서) 기적입니다. 어떤 사람의 차가 충돌했는데 하나님께서 안전하게 보호하셨다면, 그것은 ('기' 발음을 하려는 듯 입 모양을 만들면서) 기적입니다. 아기가 태어나는 것은, ('기' 발음을 하려는 듯 입 모양을 만들면서) 기적입니다. 기적을 경험한 적 있나요? 아이들이 경험한 것을 나눌 시간을 주십시오.

'성경 이야기 시간을 위한 준비'에서 사용한 사과 그림을 보여주고 말씀하세요 우리는 사과 나무가 어떻게 씨에서 자라나는지 모릅니다. 다만 하나님께서 그렇게 계획하셨다는 것을 압니다. 하나님의 힘으로만 되는 것입니다. 그것처럼 우리는 예수님이 소년을 어떻게 낫게 하셨는지 알지 못합니다. 그것은 ('기' 발음을 하려는 듯 입 모양을 만들면서) 기적입니다. 우리는 예수님이 하나님 아들이시며, 사람들을 고치시고 다시 살게 하는 하나님의 능력을 가지고 계시다는 것을 확실히 압니다.

아이들이 두 손으로 망원경을 만들어 살펴보는 흉내를 내도록 해 주시고 물어보세요 하나님의 능력으로 일어난 기적이 보입니까? 아이들이 대답할 시간을 주시고, 도움을 요청하면 바로 답하도록 준비하세요.

말씀하세요 오늘 끝나고 돌아갈 때, 하나님 능력으로 일어난 기적이 있는지 계속 살펴보기를 바랍니다.

하나님께서 우리를 도우시려고 놀라운 기적을 사용하심에 감사 기도를 드리세요. 우리를 사랑하시고 필요한 것을 채워 주심에 감사하세요.

32 예수님이 나사로를 죽음에서 일으키시다

요한복음 11:1-46

예수께서 이르시되 나는 부활이요 생명이니 나를 믿는 자는 죽어도 살겠고 (요한복음 11:25)

성경 이야기를 위한 준비

말씀하세요 우리가 들은 이야기 중에 어떤 이야기가 아프거나, 문제가 있거나, 도움이 필요한 사람들에 대한 것이었습니까? 이런 사람들을 누가 도왔습니까? 아픈 사람들이 낫도록 도운 적 있나요? 그때 기분이 어떠했습니까? 아픈 사람의 마음은 어떠했을까요? 오늘 이야기는 예수님 친구 중 매우 아팠던 사람 이야기입니다. 예수님께서 그 사람을 어떻게 도우셨는지 잘 들어보세요.

성경 이야기

예수님 친구인 나사로가 아팠습니다. 나사로는 유대와 아주 가까운 마을인 베다니에서 누이인 마리아, 마르다와 함께 살았습니다. 그들 모두 예수님을 아주 사랑했습니다. 이 일이 있은 후 어느 날, 마리아는 아주 비싼 향유를 예수님 발에 붓고 자기 머리카락으로 닦았습니다. 나사로가 병이 들었을 때 누이가 예수께 소식을 전했습니다. "예수님, 당신이 사랑하시는 사람이 병들었습니다."

예수님이 이 소식을 들으시고 말씀하셨습니다. "나사로는 죽을 병에 걸린 것이 아니다. 하나님께서 자기 아들 예수를 통해 능력을 보이실 것이다."

예수님은 마르다, 마리아, 나사로를 사랑하셨습니다. 그러나 예수님은 나사로가 병들었다는 소식을 듣고도 이틀이나 더 계시던 곳에 머무셨습니다. 이틀 후 친구들에게 말씀하셨습니다. "유대로 돌아가자."

그들이 대답하였습니다. "선생님, 안 됩니다. 얼마 전에 유대인들이 선생님을 돌로 죽이려고 했습니다. 그런데 거기 가시려고요?"

예수님이 말씀하셨습니다. "우리 친구 나사로가 자고 있다. 내가 가서 깨워야겠다."

그의 친구들이 말하였습니다. "예수님, 나사로가 자고 있는 것이면, 쉬고 나을 것입니다." 예수님은 나사로의 죽음에 대해 말씀하신 것이었습니다. 그러나 나사로의 친구들은 예수님이, 나사로가 낮잠을 자고 있다고 말씀하시는 것으로 생각하였습니다.

그래서 예수님이 말씀하셨습니다. "나사로는 죽었다. 그때 내가 거기 있지 않은 것이 너희에게 다행이다. 이제 너희가 믿게 될 것이다. 나사로가 있는 곳으로 가자."

그들은 유대 지방으로 갔습니다. 예수님이 도착하셨고, 나사로가 죽은 지 나흘이나 된 것을 보셨습니다. 마리아와 마르다의 형제가 죽으니, 많은 이들이 그들을 위해 와 주었습니다. 마리아가 집 안에 있을 때 마르다는, 예수님이 오셨다는 소식을 듣고 달려가 맞이했습니다.

마르다가 예수님께 의지하며 말씀드렸습니다. "예수님이 계셨더라면 우리 오라비는 죽지 않았을 것입니다. 그렇지만 당신이 하나님께 구하면 무엇이든 이루어 주실 것이라 믿습니다."

예수님이 말씀하셨습니다. "나사로는 다시 살 것이다."

마르다가 대답하였습니다. "그가 살 것을 저도 믿습니다. 마지막 날 사람들이 부활할 때 그러겠지요."

예수님이 말씀하셨습니다. "마지막 날까지 기다릴 필요 없다. 바로 지금 내가 부활이며 생명이다. 누구든지 나를 믿는 사람은 죽지 않고 살 것이다. 그리고 누구든지 나를 믿고 사는 사람은, 영원히 죽지 않을 것이다. 내가 지금 너에게 하는 말을 믿느냐?"

마르다가 대답하였습니다. "예. 지금까지 예수님은 구원자이고, 하나님께서 보내신다고 한 아들이심을 믿었습니다."

마르다가 집으로 돌아가 마리아에게 속삭였습니다. "예수님이 오셔서 너를 찾고 계셔." 마리아는 급히 일어나 빠르게 달려 예수님께로 갔습니다. 예수님은 아직 마르다 집에 도착하지 않으셨습니다. 마리아를 위로하고 있던 친구들은 마리아가 얼마나 빨리 달려 나가는지 보고 따라갔습니다. 그들은 마리아가 울려고 무덤에 간다고 생각하였습니다.

마리아는 예수님이 계신 곳에 도착했습니다. 마리아는 예수님을 보고 발 앞에 엎드렸습니다. 마리아는 울부짖으며 예수님께 말했습니다. "예수님이 계셨으면 제 오라비가 죽지 않았을 것입니다."

예수님은 마리아가 우는 것을 보셨습니다. 같이 있던 다른 이들도 우는 것을 보셨습니다. 예수님은 마음이 너무 슬프고 힘드셨습니다. 예수님이 물으셨습니다. "나사로를 어디에 두었느냐?"

사람들이 대답하였습니다. "이리 와서 보십시오."

예수님도 우셨습니다. 사람들이 말하였습니다. "예수님이 나사로를 얼마나 사랑하셨는지 보아라." 그러나 어떤 사람들은 말하였습니다. "나사로를 그렇게 사랑하시면, 죽지 않게 뭐라도 하셨어야 하지 않아? 눈이 안 보이는 사람도 볼 수 있게 하신 분이잖아."

다시 예수님은 매우 슬퍼지셨습니다. 예수님이 무덤으로 오셨습니다. 무덤은 돌로 입구를 막은 굴이었습니다. 예수님이 말씀하셨습니다. "돌을 옮겨라."

마르다가 말씀드렸습니다. "예수님, 지금쯤이면 안 좋은 냄새가 날 것입니다. 나사로가 무덤에 있은 지 나흘이나 되었습니다."

예수님이 마르다의 눈을 보시고 말씀하셨습니다. "믿으면 네가 하나님의 영광을 볼 것이라고 내가 말하지 않았느냐?"

사람들이 돌을 옮겼습니다. 예수님은 하늘을 올려 보시고 기도하셨습니다. "아버지, 저의 기도를 들어 주셔서 고맙습니다. 아버지께서 항상 저의 기도를 들으시는 것을 알고 있습니다. 제가 이 말씀을 드리는 것은, 여기 있는 이 사람들 때문입니다. 아버지께서 저를 보내신 것을 믿게 하려는 것입니다."

그리고 예수님이 큰 소리로 외치셨습니다. "나사로야 나오너라!" 죽었던 사람이 나왔습니다. 나사로는 머리부터 발끝까지 싸이고, 얼굴도 천으로 덮여 있었지만 살아 있었습니다.

예수님이 사람들에게 말씀하셨습니다. "나사로를 풀어 주고, 다니게 하라."

Q/A 질문

1 베다니에 살던 예수님의 세 친구 이름은 무엇인가요?

2 그 친구들 중 병이 난 사람은 누구였습니까?

3 그 사람의 누이들은 무엇을 하고 있었습니까? 예수님은 곧바로 오셨나요?

4 예수님은 나사로의 집에 가시기 전에 나사로에게 무슨 일이 일어났습니까?

5 예수님이 그곳에 도착하셨을 때 마르다는 예수님께 어떤 말씀을 드렸습니까? 예수님은 마르다에게 무슨 말씀을 하셨나요?

6 마르다는 예수님이 어떤 분이라고 믿었나요?

7 마리아는 예수님을 처음 뵈었을 때 무슨 말을 했습니까?

8 예수님은 자기 친구가 죽어서 어떤 기분이 드셨습니까?

9 알고 있는 사람들 중 죽은 사람이 있나요? 그 일 때문에 어떤 기분이 들었나요?

10 예수님은 나사로의 무덤에서 무슨 일을 하셨나요?

11 예수님은 왜 나사로를 고치셨나요?

12 예수님은 나사로가 무덤에서 나왔을 때 무엇을 하라고 말씀하셨나요?

13 예수님이 자기 친구들을 사랑하고 도와주신 것에 대해 어떤 생각이 드세요?

14 예수님은 여러분을 도와주실까요?

15 누가 이 이야기를 들어야 할까요? 그 사람에게 이 이야기를 해 주시겠습니까?

성경을 삶에 적용하기

이야기천에서 34번 그림, "예수님이 죽은 나사로를 살리심"을 가리키고 말씀하세요 조금 전에 들은 이야기를 생각해 보세요. 마르다는 예수님을 믿었으나, 예수님이 말씀하신 대로 하실지 믿기 어려웠습니다. 누군가를 믿는다, 혹은 신뢰한다는 것은 무슨 뜻입니까? 대답을 기다리세요. 그리고 계속해서 말씀하세요 이제 제가 이야기하는 것을 들으시고, 이 사람들을 믿을 수 있을지 아닐지 말해 보세요.

- 교장 선생님이 전화를 해서 내일 학교에 오지 말라고 하신다면 믿겠습니까?
- 선생님께서 다음주에 특별 견학을 간다고 말씀하시면 믿겠습니까?
- 친구가 숙제를 도와준다고 하다면, 정말 그렇게 할 것이라고 믿겠습니까?
- 낯선 사람이 차에 타라고 하면, 그 사람을 믿고 차에 타겠습니까?
- 내가 모르는 낯선 사람이 집안에 들어오려 하면 그 사람을 믿고 집에 들이겠습니까?
- 예수님이 죽은 사람을 살리실 능력이 있다고 말씀하신다면 믿으시겠습니까?

말씀하세요 사람들은 잘못을 저지를지라도, 예수님은 '언제나' 믿을 만한 분이십니다. 우리 모두가 예수님을 믿고, 그분은 약속하신 것을 지키신다는 사실을 믿게 해 달라고 하나님께 기도를 드리겠습니다.

마치면서 말씀하세요 다 함께 이렇게 말합시다. "나는 '언제나' 예수님을 신뢰합니다." 집에 가서 가족들에게 이 이야기를 전하고, 우리들이 언제나 예수님을 신뢰할 수 있다는 사실을 알게 해 주세요.

33 부자 청년

마태복음 19:16-30; 마가복음 10:17-34; 누가복음 18:18-34

그러나 먼저 된 자로서 나중 되고 나중 된 자로서 먼저 될 자가 많으니라 (마태복음 19:30)

성경 이야기를 위한 준비

물어보세요 지난 시간 끝날 무렵 함께 말해 본 문장을 기억하는 사람 있나요? ("나는 '언제나' 예수님을 신뢰합니다!") 맞습니다! 우리는 기적에 대해서도 이야기했습니다. 지난 시간에 예수님은 나사로에게 어떤 기적을 베푸셨습니까? 예수님이 나사로를 어떻게 살리셨는지 우리는 설명할 수 없습니다. 우리는 어떻게 씨앗에서 식물이 자라나는지 이해할 수 없지만, 그런 일이 일어나는 것은 압니다. 우리가 보아도 이해하지는 못합니다. 이것은 하나님에게서 오는 기적입니다.

말씀하세요 예수님은 선생님이셨습니다. 여러분은 선생님에게서 무엇을 배웠나요? 대답을 기다리세요. 계속해서

말씀하세요 예수님은 사람들에게 덧셈, 뺄셈, 곱셈을 어떻게 하는지 가르치지 않으셨습니다. 예수님은 하나님께서 원하시는 대로 사는 법을 사람들에게 가르쳐 주셨습니다. 오늘 이야기는 자기가 배운 내용이 마음에 들지 않았던 남자에 관한 이야기입니다. 그 남자는 왜 예수님의 대답을 좋아하지 않았는지 잘 듣고 알아보세요.

성경 이야기

어느 날 한 청년이 예수님께 와서 물었습니다. "선생님, 천국에 가려면 무엇을 해야 합니까?"

예수님이 대답하셨습니다. "하나님이 주신 율법에 무엇이라 써 있는지 알지 않느냐. 다른 사람의 아내를 사랑하지 말아라. 사람을 죽이지 말아라. 도둑질하지 말아라. 아무도 속이지 말아라. 부모님께 순종하라."

"네, 하나님이 주신 율법을 저는 잘 알고 있습니다. 어릴 때부터 잘 지켜 왔습니다."

예수님이 말씀하셨습니다. "너는 한 가지만 하면 된다. 가서 네가 가진 것을 다 팔아서 가난한 사람들에게 나누어 주어라. 네가 땅에서는 부자가 아닐 테지만, 천국에 살 곳이 생기므로 너는 부자가 되는 것이다. 그런 다음 다시 와서 나를 따르라."

이 말씀을 들었을 때 남자는 매우 슬퍼보였습니다. 그는 아주 부자였기 때문에 조용히 나가버렸습니다.

예수님은 둘러보시고 제자들에게 말씀하셨습니다. "부자가 천국에 가는 것은 아주 아주 어렵다." 제자들은 그 말을 듣고 믿을 수가 없었습니다. 예수님은 계속 말씀하셨습니다. "모든 것을 가진 사람이 천국에 가기가 얼마나 어려운지 너희는 상상할 수 없을 것이다. 부자가 천국에 가는 것보다 낙타가 바늘 구멍에 들어가는 것이 더 쉽다."

제자들이 말했습니다. "무슨 말씀이세요? 그럼 누가 천국에 갈 수 있을까요?"

예수님은 그들을 보시고 말씀하셨습니다. "사람은 스스로 천국에 갈 수 없다. 그러나 하나님이 하시면, 누구든 천국에 갈 수 있다. 하나님이 하시면, 모든 것이 가능하다."

질문

1 청년은 예수님을 무엇이라고 불렀습니까, 의사 아니면 선생님?

2 청년은 율법을 모두 지켰나요?

3 예수님은 그 청년에게 무엇을 해야 한다고 하셨습니까?

4 청년은 예수님이 말씀하신 대로 했습니까? 왜 그랬습니까?

5 청년은 예수님이 하신 대답을 듣고 기뻤습니까, 아니면 슬펐습니까?

6 예수님은 부자가 천국에 가는 것보다 '어떤 큰 동물'이 바늘구멍에 들어가는 것이 더 쉽다고 하셨습니다. 어떤 동물이었나요?

7 모든 것을 가능하게 할 수 있는 분은 누구십니까?

8 누가 도와주어야 천국에 갈 수 있습니까?

9 청년은 어떤 결정을 했어야 한다고 생각하세요? 그의 인생은 어떻게 달라졌을까요?

10 이 세상에서 가장 중요한 것은 무엇이라고 생각하십니까, 혹은 누구라고 생각하십니까?

11 누가 이 이야기를 들으면 좋을까요? 그 사람들에게 이 이야기를 전하겠습니까?

성경을 삶에 적용하기

말씀하세요 예수님은 우리 모두에게 가지고 있는 전부를 팔라고 하시지 않습니다. 그러나 우리 모두가 살면서 하나님을 가장 중요하게 생각하기를 바라십니다. 하나님은 사람의 겉모습을 보지 않고 속을 보십니다. 하나님은 우리가 이 땅에서 부유하든 가난하든 상관하지 않으십니다. 우리가 무엇을 중요하게 생각하는지에 관심 있으십니다.

이야기천에서 35번 그림, "부자 청년"을 가리키시며

말씀하세요 부자 청년에게는 돈이 중요했습니다. 그는 천국에 가기 위해 돈을 포기할 마음이 없었습니다. 그러나 하라는 대로 하지 않았어도, 예수님은 여전히 청년을 사랑하셨습니다. 우리도 늘 하나님께서 하라고 하신 대로 하지는 못합니다. 그래도 하나님께서는 우리를 계속 사랑하십니다. 우리가 하나님을 따르고 순종할 수 있게 해 달라고 기도합시다. 또 우리를 사랑하셔서 감사하다는 기도를 드립시다.

34 예수님이 베다니에서 기름 부음을 받으시다

예수님을 배반하는 음모

마태복음 26:1-16; 마가복음 14:3-11; 누가복음 7:36-50; 요한복음 11:2; 12:1-11

자녀들아 우리가 말과 혀로만 사랑하지 말고 행함과 진실함으로 하자 (요한일서 3:18)

성경 이야기를 위한 준비

지름 13cm 동그라미 두 개를 두꺼운 종이에 그려 잘라 주세요. 하나에는 행복한 얼굴, 다른 하나에는 슬픈 얼굴을 각각 그리세요. 아니면, 슬픈 얼굴이나 행복한 얼굴 그림을 출력해서 사용하세요. 자원자 두 명을 불러서 인도자 옆에 세우세요. 한 사람에게는 행복한 얼굴을, 다른 사람에게는 슬픈 얼굴 그림을 줍니다. 여러분이 다음 문장을 읽으면, 아이들이 지난 시간 들은 이야기에 맞는 얼굴 표정 그림을 들도록 지도하세요. (1) 청년이 처음 예수님께 질문했을 때; (2) 예수님이 청년의 질문에 대답하셨을 때; (3) 청년이 예수님의 대답을 들었을 때; (4) 제자들이 예수님의 대답을 들었을 때. 말씀하세요 예수님은 우리가 가진 모든 것을 다 팔라고 하지 않으십니다. 하나님을 가장 중요하게 여기기를 원하십니다.

말씀하세요 이제 우리는 어떤 사람이 예수님을 위해 한 아주 좋은 일과, 또 다른 사람이 예수님께 한 아주 나쁜 일에 대해 들을 것입니다. 잘 들어보세요.

성경 이야기

유월절이 얼마 남지 않은 때였습니다. 예수님과 제자들은 예수님 친구들인 마리아, 마르다, 나사로가 사는 베다니로 갔습니다. 모두 시몬의 집에 모였습니다. 시몬은 나병에서 나은 사람이었습니다.

식사를 하는 동안 마리아는 예수님 뒤에 서서 울고 있었는데, 눈물이 예수님 발에 떨어졌습니다. 마리아는 바닥에 내려앉아 긴 머리카락으로 예수님의 발을 닦았습니다. 그런 후 아주 비싼 향유를 들고 열어서, 예수님에게 전부 부었습니다.

식사하는 이들 중 몇 사람은 몹시 화가 났습니다. 예수님의 열두 제자 중 하나인 유다는 예수님을 배신할 준비가 되어 있었습니다. 그는 예수님께 언성을 높여 말하였습니다. "왜 이렇게 비싼 향유를 낭비합니까? 이걸 팔면 남자 한 명이 일년 동안 벌 수 있는 것보다 많은 돈을 받을 수 있었을 텐데요. 그 돈을 가난한 사람들에게 줄 수 있었단 말입니다." 유다는 정말로 가난한 사람들을 생각해서 이렇게 말한 것이 아니었습니다. 유다는 도둑이었기에 이렇게 말한 것입니다. 유다는 예수님과 제자들의 돈주머니를 맡고 있었습니다.

예수님이 대답하셨습니다. "마리아를 그냥 두어라. 이 여자를 힘들게 하지 말아라. 나를 위해 아름다운 일을 한 것이다. 가난한 사람들은 항상 함께 있어 너희가 도울 수 있겠지만, 너희는 언제까지나 나와 함께하지 못할 것이다. 나는 곧 죽는다. 마리아는 나의 장례를 미리 준비한 것이다. 앞으로 올 수많은 세대가 내 이야기를 할 때, 이 여인이 나에게 한 일도 말할 것이다."

유다는 예수님을 배신하려고 지도자들에게 가서 거래하였습니다. 그들은 자기 귀를 의심했습니다. 그들은 예수님을 잡으면 유다에게 은 삼십 냥을 주기로 했습니다. 유다는 예수님을 그들에게 넘길 적당한 기회를 엿보기 시작하였습니다.

질문

1 예수님이 친구들과 저녁 식사를 하러 가신 마을은 어디입니까?

2 사람들은 누구 집에 있었습니까? 시몬은 어느 병에서 나았습니까?

3 누가 예수님께 아주 값비싼 향유를 깨뜨려 부었나요?

4 예수님 제자 중 마리아가 한 일 때문에 몹시 화가 난 사람은 누구입니까? 그는 왜 화가 났습니까?

5 유다가 향유를 팔 수 있다고 하였습니다. 판 돈을 누구에게 줄 수 있다고 했습니까?

6 유다는 정말로 가난한 사람들에게 관심이 있었나요? 유다가 정말 관심을 가졌던 것은 무엇인가요?

7 마리아는 향유를 드림으로 예수님께 무엇을 보여 드리려 했습니까?

8 제자들에게 마리아를 더 이상 비난하지 말라고 한 사람은 누구입니까?

9 예수님은 마리아의 이야기가 앞으로 얼마 동안이나 전해질 것이라 하셨습니까?

10 예수님은 곧 자기에게 무슨 일이 일어날 것이라 하셨나요?

11 예수님 제자 중 예수님을 배신하려고 종교 지도자들에게 가서 거래한 사람은 누구입니까? 지도자들은 그 대가로 유다에게 무엇을 주었습니까?

12 이 이야기에서 당신이 되고 싶은 인물은 누구입니까? 마리아입니까, 유다입니까? 왜 그렇습니까?

성경을 삶에 적용하기

이야기천에서 36번 그림, "예수님이 베다니에서 기름 부음을 받으심"을 가리키시고 말씀하세요 여러분은 얼마나 예수님을 사랑하는지, 또 얼마나 감사한지 보여드리려 비싼 물건을 살 필요가 없습니다. 예수님께 감사한 것들을 생각해 봅시다. 아이들이 무엇에 감사한지 이유를 생각해 볼 시간을 주십시오. 다음 목록을 참고하십시오.

– 옷
– 음식
– 잠잘 곳
– 사랑하는 사람들
– 우리를 돌보시고 사랑하시는 하나님
– 친구들
– 자연

이 항목에 대해 감사 기도를 할 사람이 있는지 물어보세요. 아무도 원하지 않으면 여러분이 소리 내어 짧은 기도를 하십시오.

35 주의 만찬

마태복음 26:17-35; 마가복음 14:12-31; 누가복음 22:7-34; 요한복음 13:1-14, 18; 14:23-29; 15:26-27; 16:7-14

내가 너희에게 행한 것 같이 너희도 행하게 하려 하여 본을 보였노라 (요한복음 13:15)

성경 이야기를 위한 준비

동전이 든 끈으로 묶는 천 주머니와 향수병 같은 병을 준비하세요. 동전이 든 주머니를 흔들고 물어보세요 무슨 소리가 들리나요? 종교 지도자들은 예수님을 배신하는 대가로 유다에게 얼마를 주었습니까? 유다가 예수님을 배신한 것을 보면 어떤 마음이 드세요? 향수병을 들고 물어보세요 누가 예수님께 이런 것으로 아주 좋은 일을 하였나요? 그는 향유로 무엇을 하였습니까? 예수님께 드린 그의 선물을 보면 어떤 생각이 드나요? 지난 시간에는 아주 다른 두 사람에 대해 배웠습니다.

물어보세요 우리는 다른 사람을 어떻게 돕거나 섬길 수 있습니까? 오늘은 예수님이 어떻게 자기 친구들을 돕고 섬기셨는지 보여 주는 내용입니다. 예수님이 섬기신 방법은 오늘날 우리가 친구를 섬기는 것과 다릅니다. 이야기가 끝나고 예수님이 친구들을 어떻게 섬기셨고, 우리는 어떻게 친구를 섬겨야 할지 이야기해 보겠습니다. 성경을 펴고 이야기를 시작하세요.

성경 이야기

하나님께서 이스라엘 사람들을 이집트에서 데리고 나오신 것을 기념하는 유월절이 왔습니다. 이스라엘 사람들은 집 문에 피를 발라 죽음의 천사가 자기들을 넘어가게 하여서 안전했습니다. 이집트 왕은 사람들을 보냈지만 마음을 바꾸었습니다. 이스라엘 사람들이 이집트 왕의 군대를 피하도록 하나님께서 홍해를 가르신 일을 기억하는 것은 쉽지 않았습니다.

저녁 식사 시간에, 예수님은 친구들과 그 유월절을 기념하려 모이셨습니다. 이때 예수님은 유다가 이제 자기 친구가 아닌 것과, 자기를 적에게 넘길 것을 알고 계셨습니다. 또한 곧 이 세상을 떠나서 아버지이신 하나님께 갈 것을 알고 계셨습니다. 그러나 예수님은 자기 제자들을 아주 사랑하셨습니다.

그래서 예수님은 자리에서 일어나, 큰 대야에 물을 부으셨습니다. 예수님은 무릎을 꿇고 제자들의 발을 씻으셨고, 수건으로 닦으셨습니다.

베드로 차례가 되자 베드로가 말하였습니다. "제 발을 씻기시면 안 됩니다." 베드로는 예수님이 '섬기는 왕'이시라는 것을 알지 못했습니다. 예수님은 제자들 한 사람씩 씻기셨습니다.

예수님이 제자들 발을 다 씻기신 후에 물으셨습니다. "내가 한 일을 이해할 수 있겠느냐? 너희는 나를 구원자이며 하나님의 아들이라고 불렀는데, 내가 그 사람이 맞다. 오늘 내가 너희에게 본을 보였다. 내가 오늘 너희를 섬긴 것처럼 서로 사랑하고 섬겨라."

이제 저녁 먹을 시간이 되었습니다. 예수님이 말씀하셨습니다. "내가 너희와 이 유월절 식사하기를 얼마나 기대했는지 너희는 모른다. 이 특별한 식사는 우리가 함께하는 마지막이다. 식사가 끝나면 내 고통의 시간이 시작될 것이다."

예수님이 잔을 드시고 감사 기도를 하셨습니다. 예수님이 제자들에게 말씀하셨습니다. "이 잔을 가져다 너희가 함께 나누어라." 그리고 나서 떡을 가지시고 하나님께 감사하셨습니다. 예수님은 떡을 떼어서 제자들에게 주시며 말씀하셨습니다. "나의 몸을 이 떼어낸 떡과 같이 생각하여라. 내 몸이 찢길 것이다. 그러나 이것이 하나님께서 세상을 구원하실 방법이다. 내가 너희 대신 죽을 것이다. 먹고 마실 때마다 나를 기억하여라. 내가 너희를 구원하였다."

예수님이 말씀하셨습니다. "이 상에 앉아 있는 누군가 나를 적들에게 넘길 것이다." 예수님의 친구들은 서로 쳐다보며 자기를 말씀하시는 것인지 궁금해 하였습니다. 그들이 여쭈었습니다. "누가 그 사람입니까?"

그들은 식사를 마치고, 찬양하며 감람산으로 올라갔습니다.

질문

1 사람들은 유월절에 무엇을 기념합니까?

2 예수님은 제자들과 아침 식사를 하셨습니까, 저녁 식사를 하셨습니까?

3 예수님은 제자들이 모르는 무엇을 알고 계셨나요?

4 예수님이 제자들에게 하신 놀라운 일은 무엇입니까?

5 제자들의 발이 씻길 이유가 무엇이라고 생각하세요? (그들은 샌들만 신었고, 비포장 도로에서 걸어야 했다는 것을 알려주세요.) 오늘 여러분 집에 오는 손님을 어떻게 섬기시겠습니까?

6 예수께서 베드로의 발을 씻기려 하시자, 베드로는 무슨 말을 했나요?

7 예수님은 다른 종류의 지도자이셨습니다. 어떤 지도자이셨습니까?

8 예수님이 말씀하셨습니다. "내가 너희를 섬겼다. 너희도 서로 사랑하고 섬겨라." 다른 사람을 섬길 수 있는 방법에는 무엇이 있을까요?

9 예수님이 제자들과 잔을 들어 마시고, 떡을 떼어 잡수셨습니다. 예수께서는 뗀 떡을 먹을 때마다 무엇을 생각하라고 하셨습니까?

10 예수님은 누가 자기를 적에게 넘긴다고 하셨습니까?

11 예수님과 제자들에게는 이 시간이 행복한 시간이었을까요, 아니면 슬픈 시간이었을까요? 왜 그렇게 생각하십니까?

12 예수님이 섬기고 도우셨던 것처럼, 여러분도 그렇게 섬길 사람이 있나요?

성경을 삶에 적용하기

요한복음 13:15을 읽어주세요. "내가 너희에게 행한 것 같이 너희도 행하게 하려 하여 본을 보였노라." 이 말씀이 무슨 뜻일지 물어보세요. 자유롭게 의견을 표현할 수 있게 해 주세요. 이야기천에서 37번 그림, "주의 만찬"을 가리키시고 아이들에게, 예수님이 제자들을 섬기는 본을 보여주신 것처럼 우리도 다른 사람들을 도와야 한다는 것을 가르치고 계신다는 것을 기억하게 해 주세요.

요새 여러분이 자주 만나는 사람들을 생각해 보세요. 가족일 수도 있고, 친구, 이웃, 또는 선생님일 수 있습니다. 그 사람들을 어떻게 도울 수 있을지 말씀해 보세요. (예: 쪽지를 쓰거나, 짐을 들어주거나, 기분이 상한 사람의 말을 들어주는 등, 어느 것이나 가능합니다.)

아이들이 도와줄 사람과 도울 방법을 이야기할 수 있도록 해 주세요. 각 사람이 예수님처럼 돕는 사람이 되도록 하나님께 도와 달라는 기도를 하세요. 말씀하세요

자기에게 계속 말해 보세요. "예수님은 나의 본이십니다. 예수님처럼 나도 다른 사람들을 도울 수 있습니다."

36 겟세마네: 재판을 받으시는 예수님

마태복음 26:36-75; 27:1-30; 마가복음 14:32-72; 15:1-19; 누가복음 22:39-23:25; 요한복음 18:1-19

하나님은 우리의 피난처시요 힘이시니 환난 중에 만날 큰 도움이시라 (시편 46:1)

성경 이야기를 위한 준비

말씀하세요 지난 시간에는, 예수님과 제자들이 마지막 식사를 하였습니다. 이 시간이 예수님께는 행복한 시간이었을까요, 아니면 슬픈 시간이었을까요? 제자들에게는 어땠을까요? 그것은 예수님께 일어날 나쁜 일들의 시작에 불과했습니다.

이야기천에서 38번 그림을 가리키시고 계속 말씀하세요 대부분 사람들이 예수님을 좋아했지만, 종교 지도자들은 예수님께서 가르치시는 것을 듣고 화가 났고, 예수님을 질투했습니다. 그들이 어떻게 예수님을 잡았는지, 그리고 예수님이 어디에 계시는지 그들에게 알려준 제자의 이름을 말해 보세요.

성경 이야기

모든 사람이 예수님을 좋아한 것은 아니었습니다. 종교지도자들은 예수님이 하나님의 아들이라는 것을 믿지 않았습니다. 그들은 예수님을 죽일 방법을 찾고 있었습니다. 그러면서도 예수님을 사랑하는 사람들을 두려워했습니다.

예수님은 자기에게 어떤 일이 일어날지 생각하고 계셨습니다. 자신이 죽을 것을 알고 계셨습니다. 예수님과 제자들은, 예수님이 기도하기 좋아하시는 감람산으로 올라갔습니다. 예수님이 기도하러 더 깊은 곳으로 들어가신 동안 제자들은 거기 머물러 있으라고 하셨습니다. 예수님은 제자 세 명을 데리고 가셨습니다. 그리고 기도하기 시작하셨습니다.

예수님은 죽고 싶지 않으셨습니다. 고통받고 싶지 않으셨습니다. 제자들이 슬퍼하거나 외로이 남는 것을 원하지 않으셨습니다. 예수님은 하나님께 자기 마음이 어떤지 말씀드렸습니다. 그렇지만 순종하여서 하나님께서 시키신 일을 하고 싶으셨습니다. 그래서 그것에 대해 기도하셨습니다.

얼마 후 예수님은 제자들이 있는 곳으로 돌아오셨습니다. 그들은 피곤하여 잠들어 있었습니다. 예수님은 제자들에게, 잠에서 깨어 기도하라고 하셨습니다. 그러나 그들은 다시 잠들었습니다. 눈을 뜰 수가 없었습니다. 이번에는 예수님이 그들에게 자라고 하셨습니다. 그리고 다시 한 번 기도하러 가셨습니다. 세 번째로 같은 기도를 드렸습니다.

이제 너무 늦었습니다. 예수님은 제자들에게 일어나라고 하셨습니다. 예수님이 말씀하시는 동안 유다가 왔습니다. 유다는 예수님의 제자 중 하나입니다. 군인들을 비롯한 여러 사람이 주변에 있었습니다. 유다는 그들에게 어떤 신호를 보낼지 미리 정했습니다. "제가 입을 맞추는 분이 여러분이 체포할 사람입니다." 그래서 유다는 예수님께 가서 입을 맞추었습니다. 예수님이 말씀하셨습니다. "이것이 네가 나를 배신하는 신호이냐?"

한 남자가 나와 예수님을 체포했습니다. 베드로는 칼로 그 남자들 중 한 사람 귀를 베었습니다. 그러나 예수님은 그 싸움을 말리셨습니다. "그만 하여라." 그리고 예수님은 마치 아무 일도 없었던 것처럼, 손을 뻗어 그 남자의 귀를 제자리에 붙여 주셨습니다. 예수님은 하나님께서 자기 죽음을 필요로 하신다는 것을 아셨습니다.

그러나 예수님은 자기를 잡으러 온 사람에게 말씀하셨습니다. "매일 회당에서 가르칠 때는 나를 잡으려 하지 않았다. 이렇게 해야만 했느냐?" 그때 예수님의 친구들은 모두 도망가 버렸고, 종교지도자들이 예수님을 잡았습니다.

군인들은 예수님을 종교지도자들의 우두머리인 대제사장의 집으로 데려갔습니다. 예수님은 그곳에서 힘든 시간을 보내셨습니다. 병사들은 예수님을 때렸고 조롱하였습니다. 아침이 되자 그들은 예수님을 공회에 넘겼습니다. 그들이 예수님에게 물었습니다. "네가 하나님께서 우리를 도우라고 보내신 구원자냐?"

예수님이 대답하셨습니다. "내가 말해도, 너희는 믿지 않을 것이다."

그들이 물었습니다. "네가 하나님의 아들이냐?"

예수님이 대답하셨습니다. "그렇다."

지도자들이 말했습니다. "자기 죄를 인정하였구나. 이제 반대 증인이 필요 없겠다."

그렇다 해도 이들은 예수님을 죽일 수 없었습니다. 그들은 예수님을 총독 빌라도에게 데리고 가야 했습니다. 그들이 빌라도에게 말하였습니다. "우리 백성을 그릇된 길로 인도하는 이 사람을 잡아 왔습니다. 이 사람은 이곳 지도자들에게 세금을 바치지 말라고 하며, 자기가 하나님이 보내시기로 약속하신 구원자라고 말하고 있습니다."

빌라도는 예수님께 몇 가지 질문을 하였습니다. 그러나 예수님이 죄를 지었다고 생각하지는 않았습니다. 종교 지도자들이 논쟁을 멈추려하지 않자 그는, 예수님을 다른 로마 총독에게 보내어 이 일에서 벗어나려고 하였습니다. 그러나 총독은 예수님을 빌라도에게 보내었습니다. 빌라도는 그 지도자들이 예수님을 죽이는 일에서 손 떼게 하려 하였습니다. 그러나 그들은 계속 논쟁하였습니다.

결국 빌라도는 포기하고 그들이 원하는 대로 해 주기로 하였습니다. 그는 예수님에게 사형을 선고하였습니다.

Q?A 질문

1 어떤 사람들이 예수님을 잡으려고 하였습니까? 왜 그들은 예수님을 죽이려고 하였습니까?

2 예수님은 기도하러 어디로 가셨습니까? 같이 간 사람들은 누구입니까?

3 예수님이 감람산에서 기도하시는 동안 제자들은 무엇을 하였나요?

4 예수님은 제자들의 그 모습을 보시고 어떤 생각이 드셨을까요?

5 예수님 제자 중 적들이 예수님을 잡도록 도운 사람은 누구입니까?

6 유다는 좋은 선택을 한 것 같습니까? 왜 그렇게 생각하나요? 왜 그렇지 않다고 생각하시나요?

7 유다가 한 선택 때문에 무슨 일이 일어났습니까?

8 이 이야기에서 베드로는 어떤 선택을 하였습니까? 그것은 좋은 선택이었습니까? 베드로가 다치게 한 사람을 예수님은 어떻게 도와주셨나요?

9 이 이야기에서 예수님은 어떤 선택을 하셨나요?

10 예수님은 자신이 누구라고 하셨습니까?

11 이 이야기에서 예수님에 대해 무엇을 배울 수 있습니까?

12 이 이야기에서 우리가 배운 것 중, 우리나 다른 이들에게 도움

이 될 만한 것은 무엇입니까?

13 이 이야기에서 놀라운 것이 있었습니까?

14 이 이야기에서 여러분이 좋아하는 것은 무엇이고, 그렇지 않은 것은 무엇입니까?

성경을 삶에 적용하기

아이들을 둥그렇게 모아주세요. 38번 그림, "재판을 받으시는 예수님"을 보게 해 주십시오. 말씀하세요 유다는 예수님에 대해 어떤 선택을 했습니다. 유다는 좋은 선택을 하고 계속 예수님 제자였습니까? 아니면 나쁜 선택을 하여 예수님을 종교 지도자들에게 넘겼습니까? 다음 주어지는 두 가지 이야기 "당신이라면 어떻게 하시겠습니까?"를 들려주시고, 각각에 대한 아이들의 답을 기다리십시오.

1. 은영이가 다니는 학교에 성진이가 전학을 왔습니다. 성진이는 반에 아는 친구가 하나도 없었습니다. 선생님께서는 반 아이들에게, 성진이가 학교 첫 날을 잘 보내도록 도와주라고 하셨습니다. 점심 시간이 되어 은영이는 성진이랑 앉으려고 하였습니다. 그러나 친구들이 자기들과 같이 먹자고 크게 불렀습니다. 은영이는 어떻게 해야 할까요?
2. 영주는 초콜렛 사탕을 좋아하였습니다. 어느 날 영주는 엄마를 따라 슈퍼마켓에 갔습니다. 계산하려고 줄 섰을 때 영주는, 제일 좋아하는 초코 민트 사탕을 보았습니다. 영주는 장을 보기 전에 엄마에게 그 사탕을 먹고 싶다고 말씀드렸습니다. 엄마가 말씀하셨습니다. "오늘은 안 된단다." 영주는 사탕을 바라보았습니다. 주머니에 들어갈 크기였습니다. 가져가도 아무도 모를 것입니다. 영주는 손을 내밀었습니다. …

   영주는 무엇을 하고 있는 것일까요? 여러분이라면 어떻게 하시겠어요? 영주는 어떻게 해야 하나요?

말씀하세요 우리는 선택을 할 때, 예수님이 동산에서 기도하셨던 것처럼 할 수 있습니다. 옳은 결정을 할 수 있도록 하나님께 도와주시라고 기도할 수 있습니다. 하나님께서는 우리를 사랑하시고 우리가 잘 되기를 원하시기 때문에, 우리는 하나님을 의지하여 옳은 일을 할 수 있도록 그분께 도움을 구할 수 있습니다. 옆에 있는 친구를 보고, 하나님께 어떤 도움을 구할 수 있을지 말해 보세요.

37 십자가에 못 박히심

마태복음 27:31-66; 마가복음 15:20-47; 누가복음 23:26-56; 요한복음 19:17-42; 갈라디아서 3:10-14

서로 친절하게 하며 불쌍히 여기며 서로 용서하기를 하나님이 그리스도 안에서 너희를 용서하심과 같이 하라

(에베소서 4:32)

성경 이야기를 위한 준비

오늘 성경 본문 중 하나를 펴세요. 물어보세요 지난 이야기 중 모든 사람들이 예수님을 사랑하는 것은 아니라는 점 때문에 놀라셨나요? 그것에 대해 어떻게 생각하세요? 유다는 누구를 체포해야 하는지를 군인들에게 어떻게 알려주었습니까?

예수님은 잡혀서 돌아가시지 않으셔도 되었습니다. 그러나 우리를 너무나 사랑하셔서 그 일이 일어나게 두셨습니다. 오늘은 이해할 수 없는 말이나 일들에 대하여 들어 볼 것입니다. 이야기가 끝난 후, 제가 그것들에 대하여 설명하겠습니다.

성경 이야기

빌라도가 사형을 선고하자 군사들은 예수님을 끌고 갔습니다. 그들은 예수님을 예루살렘 밖으로 데려갔습니다. 그들은 십자가형을 받은 두 범죄자 사이에 예수님을 두고 못 박았습니다.

예수님은 십자가에 달리셔서, 자기를 싫어했던 사람들을 생각하셨습니다. 그리고 기도하셨습니다. "하나님, 저들을 용서하여 주십시오. 저들은 자기들이 무엇을 하는지 모릅니다."

그 사람들 중 몇이 말하였습니다. "저 사람이 하나님이 약속하신 그 사람인지 보자. 십자가에서 내려올 수 있을지 보자." 그들은 하나님이 원하셔서 예수님께 이 일이 일어났다는 것을 알지 못했습니다.

옆에 매달린 죄수 중 하나가 예수님을 조롱하였습니다. "너 자신을 구원하고 우리도 구원해 보아라."

다른 죄수는 예수님을 모욕하는 그 죄수에게 말하였습니다. "너는 하나님에 대한 조그마한 존경심도 없느냐? 너도 이분과 같은 벌을 받았다. 우리는 우리가 저지른 일 때문에 벌을 받는 것이다. 우리는 도둑이다. 그러나 예수님은 잘못하신 것이 전혀 없다." 그리고는 예수님께 말씀드렸습니다. "왕으로 오실 때 저를 기억해 주십시오."

예수님이 말씀하셨습니다. "오늘 네가 나와 함께 낙원에 있을 것이라 약속하겠다."

예수님이 십자가에 계시던 정오부터 오후 세 시까지 모든 곳이 어두웠습니다. 예수님이 외치셨습니다. "하나님, 저의 생명을 아버지 손에 맡깁니다." 그리고 예수님은 돌아가셨습니다.

책임을 맡은 로마 병사들은 하나님을 높이며 말하였

습니다. "그분은 좋은 사람이셨다." 무슨 일이 일어났는지 본 사람들은 매우 슬펐습니다. 여자들을 포함하여 예수님의 친구들이던 사람들은 무슨 일이 일어날지 보려 주위에 머물렀습니다.

아리마대라는 마을의 종교 지도자였던 요셉이라는 사람도 무슨 일이 일어났는지 보았습니다. 그는 다른 종교 지도자들처럼 예수님을 죽이고 싶지 않았습니다. 요셉은 빌라도에게 가서 예수님의 시체를 달라고 하였습니다.

요셉이 십자가에서 시체를 내려서 세마포로 쌌습니다. 그는 돌무덤에 시체를 넣었습니다. 그 무덤은 자기를 위해 마련한 것이었습니다. 그때는 금요일 늦은 오후였습니다. 엄격한 종교인들은 안식일인 토요일에 일하는 것은 옳지 않다고 생각했습니다. 그들은 무덤에 가서 시체를 묻으려 향품과 향유를 사용하려면 일요일까지 기다려야 한다고 생각하였습니다.

질문

1 예수님께 사형을 선고한 사람은 누구였나요?

2 군인들은 예수님을 어디로 데리고 갔습니까?

3 그들은 예수님을 어디에 못 박았습니까?

4 예수님은 자기를 싫어하는 사람들을 위해 어떻게 기도하셨습니까? 어떻게 예수님은 이런 기도를 하실 수 있었다고 생각합니까? 여러분에게 못되게 군 사람들을 용서할 수 있습니까?

5 예수님 양쪽에 매달린 죄인들에 대해 말해 보세요. 각 사람은 예수님을 어떻게 대하였습니까?

6 예수님께서 정오부터 오후 세 시까지 십자가에 달리셨을 때 밖은 밝았나요, 어두웠나요? 왜 그렇게 이상했을까요?

7 예수님은 누구의 아들이신가요?

8 예수님이 십자가에서 돌아가신 것은 무엇을 나타내는 것입니까?

9 예수님의 시체를 내려서 무덤에 넣은 사람은 누구입니까?

10 이 이야기에서 여러분은 예수님에 대하여 무엇을 배웠습니까?

11 여러분은 이 이야기를 어떻게 생각하십니까? 왜 그렇게 생각하십니까?

12 누가 이 이야기를 들으면 좋을까요?

성경을 삶에 적용하기

이야기천에서 39번 그림, "십자가에 못 박히심"을 가리키시고 물어보세요 이야기 중 이해하지 못한 내용이나 단어들이 있나요? 단어들을 알려주며 설명하세요. 아무도 "용서"라는 말을 꺼내지 않으면 물어보세요 이 말을 이해하기 어려웠나요? 누구든 이것이 무슨 뜻인지 말할 수 있게 해 주세요.

계속해서 용서에 대해 나누어 보세요. 용서는 어려운 것인지 물어보세요 누군가를 용서하기 어려운 때가 있었는지 말하고 싶은 사람 있나요?

자기를 잡아서 사형을 받게 한 병사들과 종교 지도자들을 위해 예수님께서 기도하신 것에 대해 말씀하세요 예수님은 하나님께 그들을 용서하셔서, 그들이 한 나쁜 일들을 더 이상 기억하지 마시고, 벌을 내리지 마시길 기도하셨습니다. 예수님은 우리에게도 똑같이 하실 것입니다.

말씀하세요 지금 여러분이 다른 사람에게 잘못한 것이 있는지 생각해 보세요. 당장 하나님께 용서를 구하고, 더 이상 그러지 않게 도와 달라고 말씀드려도 됩니다. 하나님께 용서를 구하는 기도를 하세요. 각 아이들이 나쁜 일을 하지 않게 해 달라고 하나님께 도움을 구하세요. 예수님이 그들을 용서하신 것처럼 서로 용서해야 한다는 것을 기억하도록 도와주세요.

38 부활하심

마태복음 28:1-15; 마가복음 16:1-8; 누가복음 24:1-12; 요한복음 20:1-18

그가 여기 계시지 않고 그가 말씀 하시던 대로 살아나셨느니라 와서 그가 누우셨던 곳을 보라 (마태복음 28:6)

성경 이야기를 위한 준비

아이들을 둥그렇게 앉히고 ? 물어보세요 지난 시간에 예수님께 무슨 일이 있었는지 말해 줄 사람 있나요? 그 이야기를 어떻게 생각하세요? 그 일을 지켜본 사람들의 마음은 어떠했을까요? 대답할 시간을 주세요.

… 말씀하세요 지난 이야기는 슬프게 끝났습니다. 오늘 또 새로운 소식이 있습니다. 나쁜 소식인지 좋은 소식인지 잘 듣고 알아보세요.

성경 이야기

주일 아침이 되었습니다. 예수님을 따랐던 여인들이 돌무덤으로 갔습니다. 큰 지진으로 땅이 흔들렸습니다. 무덤 앞에 있던 큰 돌이 옮겨져 있었습니다. 무덤 안으로 들어갔는데 시체를 찾을 수가 없어서 당황하였습니다.

갑자기 밝은 빛이 나는 옷을 입은 두 사람이 거기에서 있었습니다. 여자들은 무서웠습니다. 그들은 절을 하며 엎드려 그 사람들에게 경의를 표했습니다. 여인들은 그 사람들이 하는 말에 놀랐습니다.

"왜 살아 있는 사람을 죽은 이들 중에 찾고 있느냐? 그분은 여기에 안 계시다. 살아나셨다. '내가 나쁜 사람들에게 넘겨지고 십자가에 달려야 한다. 그리고 삼일 후에 다시 살아날 것이다.'라고 예수님이 하신 말씀을 기억하느냐?"

여인들은 무덤에서 달려나갔습니다. 그들은 무서웠으나 기쁨으로 가득 차 있었습니다. 여인들은 제자들에게 이 소식을 전하려고 달려갔습니다. 갑자기 예수님이 나타나셔서 말씀하셨습니다. "평안하냐!" 제자들은 예수님께 와서 발을 붙잡고 경배했습니다. 예수님이 말씀하셨습니다. "두려워 말라. 가서 나의 친구들에게 갈릴리로 가라고 하라. 내가 거기서 그들을 만날 것이다."

처음에 제자들은 여인들 말을 믿지 않았습니다. 그들이 지어낸 이야기라고 생각했습니다. 그러나 베드로는 여인들이 한 말을 듣자마자 무덤으로 달려가 보았습니다. 그는 예수님 몸을 쌌던 천을 보았습니다. 그러나 시체는 보지 못했습니다. 베드로는 어쩔 줄 몰랐습니다. 그는 예수님이 생전에 제자들에게 자기가 죽고 다시 살아나야 한다고 하신 말씀을 잊고 있었습니다.

질문

1 이야기천에서 38번 그림, "재판을 받으시는 예수님"을 가리키고 말씀하세요 이 이야기에 대해 짧게 말씀해 보세요. 이 사람들은 누구입니까? 이들은 예수님과 무엇을 하고 있습니까?

2 이야기천에서 39번 그림, "십자가에 못 박히심"을 가리키고 말씀하세요 이 그림에 있는 사람들은 누구입니까? 십자가에 달린 사람들은 누구입니까? 십자가에 달린 사람들에게 무슨 일이 일어났습니까?

3 이야기천에서 40번 그림, "부활하심"을 가리키며 말씀하세요 이 사람은 누구일까요? 무슨 일이 있었을까요?

4 이야기천에서 41번 그림, "예수님이 제자들에게 나타나심"을 가리키고 말씀하세요 누가 서서 사람들에게 말하고 있습니까? 이 사람의 놀라운 점은 무엇입니까?

5 예수님의 시체를 돌보려고 돌무덤으로 간 사람은 누구인가요?

6 그들은 거기에서 무엇을 보았습니까?

7 돌무덤 안에 누가 있었습니까?

8 그 남자들은 여자들에게 뭐라고 하였습니까? 그들의 반응은 어땠습니까?

9 여자들은 누구에게 달려가 그 소식을 전했습니까? 예수님 제자들은 그 말을 믿었나요? 제자들은 왜 처음에 여자들 말을 믿지 못했을까요?

10 이것은 좋은 소식입니까, 아니면 나쁜 소식입니까? 왜 그렇게 생각하십니까?

11 이 이야기는 예수님에 대해 어떤 마음이 들게 하나요?

12 이 이야기에서 예수님에 대해 무엇을 배웠습니까?

13 이 이야기에서 놀라운 점은 무엇입니까? 왜 그렇습니까?

14 이 이야기에서 여러분이 좋아하는 것은 무엇이고, 그렇지 않은 것은 무엇입니까?

성경을 삶에 적용하기

말씀하세요 "내 얼굴을 보세요" 놀이를 해 보겠습니다. 제가 어떤 문장을 들려드릴 때, 그것이 행복한 소식이라고 생각하면 행복한 표정을, 나쁜 소식이라고 생각하면 슬픈 표정을 지어보세요. 놀라운 소식이라고 생각하면 어리둥절한 표정을 지어 보세요.

1. 무덤에서 예수님 시체를 본 대신 여자들은, 빛나는 옷을 입은 두 남자를 보았습니다.
2. 예수님 시체는 무덤에 없었습니다.
3. 여자들은 예수님이 살아 계시다는 소식을 들었습니다. 그래서 돌무덤에서 달려 나갔습니다.
4. 제자들은 예수님이 살아계시다는 소식을 들었습니다.
5. 베드로는 예수님을 둘렀던 천을 보았습니다. 그러나 예수님 시체는 무덤에 없었습니다.
6. 예수님이 구원자이시기 때문에 모든 사람들을 위해 십자가에서 돌아가셨다는 소식을 들었을 때 여러분 표정.
7. 예수님이 무덤에 계시지 않은 것을 알았을 때 여러분 표정.
8. 예수님이 살아나셨다는 소식을 들었을 때 여러분 표정.

계속해서 말씀하세요 예수님은 정말 하나님께서 보내겠다고 약속하신 구원자이셨습니다. 하나님은 저와 여러분을 너무 사랑하셔서 자기 외아들 예수님을 보내셨습니다. 정말로 예수님을 구원자라고 믿는 모든 사람은 영원히 하나님과 함께 살 것입니다.

예수님에 대해 알도록 도와준 사람을 생각해 보세요. (만약 이 모임에 그 사람이 있다면 그 사람을 바라보라고 말씀하세요.) 우리는 예수님의 선물로 그분을 우리 구원자로 모실 수 있다는 것을 배웠습니다. 오늘 예수님을 구원자로 받아들이기 원한다면 예수님에 대해 알도록 도와주신 분을 찾아가서 예수님을 따르겠다는 그 큰 결심을 그 사람에게 이야기해 주세요.

39 제자들에게 나타나신 예수님

마태복음 28:1-15; 마가복음 16:1-8; 누가복음 24:1-12; 요한복음 20:1-18

그러므로 너희는 가서 모든 민족을 제자로 삼아 … 내가 너희에게 분부한 모든 것을 가르쳐 지키게 하라 볼지어다 내가 세상 끝날까지 너희와 항상 함께 있으리라 하시니라 (마태복음 28:19상, 20)

성경 이야기를 위한 준비

물어보세요 오늘 좋은 소식 들은 분 있나요? 어떤 소식입니까? 지난 이야기는 '가장 좋은 소식'에 관한 것이었습니다. 그 좋은 소식은 무엇이었지요? 지난 시간 이후로 그 좋은 소식을 다른 사람에게 나눈 적 있나요?

말씀하세요 오늘은 예수님을 따르던 두 사람이 어떤 마을로 가면서 나눈 이야기에 관해 들을 것입니다. 두 사람은 아직 그 좋은 소식을 모르는 것 같습니다. 누가 이들에게 와서 함께 걸었는지를 들으면 여러분은 깜짝 놀랄 것입니다.

성경 이야기

여인들이 무덤에서 달려나가 예수님 제자들에게 그분이 살아나셨다는 소식을 전한 그 날에, 예수님을 따르던 두 사람은 어떤 마을로 걸어가고 있었습니다. 그들은 그때 일어났던 모든 일들에 대해 이야기하고 있었습니다.

예수님이 그들에게 다가와 함께하셨으나 그들은 그분을 알아보지 못하였습니다.

예수님이 물으셨습니다. "너희는 무슨 이야기를 하고 있었느냐?"

그들은 멈추어서 슬픈 표정을 지었습니다. "지난 몇 일동안 일어난 일을 못 들었단 말입니까?

예수님이 물으셨습니다. "무슨 일이 일어났느냐?"

"우리의 구원자이신 예수님께 일어난 일입니다. 그분이 처형되셨습니다. 그런데 오늘 아침 일찍 여인들이 돌무덤에 갔을 때, 예수님 시체를 찾을 수 없었답니다. 우리 친구 몇이 그분을 찾을까 하고 가 보았으나 여자들이 한 말은 사실이었습니다. 예수님 시체는 거기에 없었습니다."

예수님이 말씀하셨습니다. "사람들이 오래전에 이런 일이 일어날 것이라고 말했는데 왜 듣지 않았느냐?"예수님은 이어서 아주 오래전 모세가 살아 있던 시절에, 앞으로 오실 예수님에 대해 사람들이 이야기했던 것을 들려주셨습니다.

마을에 도착했는데도 예수님은 계속 걸으셨습니다. 그들이 말하였습니다. "저희와 함께 머무시지요. 식사 시간이 다 되었습니다." 그래서 예수님은 들어가 식사하는 사람들과 함께 하셨습니다.

예수님이 떡을 가지고 하나님께 감사 기도를 하시

고, 그들과 나누셨습니다. 드디어 그들은 그분이 누구신지 알아보게 되었습니다. 그런 후 예수님은 사라지셨습니다.

그들이 말하였습니다. "그분이 우리에게 말씀하실 때 우리 마음이 뜨거워진 이유가 있었어."

제자들은 지체하지 않았습니다. 그들은 일어나서 예루살렘으로 향하였습니다. 다른 제자들을 찾아서 말하였습니다. "진짜였습니다. 예수님이 정말 살아나셨어요. 베드로가 예수님을 만났습니다."

그들이 말하고 있을 때, 예수님이 갑자기 나타나셨습니다. 그들은 죽을 것처럼 무서웠습니다. 예수님은 그들에게 진정하고 당황하지 말라고 하셨습니다. 예수님은 이들이 보는 것이 정말 예수님인지 확인하게 하시려고 손과 발을 내보이기까지 하셨습니다. 예수님은 수년 전에 말씀하신 것을 기억나게 하셨습니다. 선지자들에 의하면, 구원자가 오셔서 고난을 받으시고, 죽으시며, 삼일째 되는 날 다시 사실 것이었습니다. 그리고 예수님이 말씀하셨습니다. "너희가 내게서 듣고 본 모든 것을 다른 사람들에게 전하도록 너희를 보낸다. 다른 이들에게, 내 말을 듣고 나에게 순종하라고 전하여라. 나에게 용서를 구하라고 전하여라. 하나님께서 나를 보내셨다. 나도 이제 너희를 보낸다!"

질문

1 예수님이 오셔서 함께 걸으셨을 때 제자들은 무슨 이야기를 하고 있었습니까?

2 그들은 왜 슬픈 표정이었습니까?

3 그들은 예수님께 무슨 이야기를 했나요?

4 그들은 자기들과 동행하며 대화하던 분이 예수님이셨다는 것을 언제 알았습니까?

5 그들이 예수님을 알아보자 예수님은 무엇을 하셨나요?

6 제자들은 예수님이 사라지신 후에 무엇을 하였습니까? 그들은 누구에게 말하러 갔습니까?

7 예수님은 제자들에게 갑자기 나타나셨습니다. 그들은 어떻게 반응하였습니까?

8 예수님 제자들은 그분을 어떻게 알아볼 수 있었습니까?

9 예수님은 제자들에게, 구원자가 무엇을 해야 한다고 알려주셨습니까?

10 예수님은 그분에 대해 전하도록 제자들을 보내셨습니다. 무엇을 전하기를 바라셨습니까?

11 예수님은 오늘날 우리에게도 사람들에게 같은 것을 전하라고 하시나요?

12 이 이야기를 누구에게 전하시겠습니까? 누구를 위해 기도하시겠어요?

성경을 삶에 적용하기

이야기천에서 41번 그림, "예수님이 제자들에게 나타나심"을가리키며 물어보세요 예수님은 누구이셨습니까? 왜 이 땅에 오셨습니까? 그는 어떤 분이셨습니까? 그분은 왜 중요합니까? 이 질문에 아이들이 대답하게 도와주시고 예수님 이야기를 해 주세요: 그분의 태어나심, 사역, 죽음, 그리고 부활.

말씀하세요 예수님에 대해 말해 볼 사람 있나요? 누가 예수님에 대해 알면 좋겠는지 생각해 보세요. 이번 주에 그 사람들에게 예수님 이야기를 해 주세요. 옆자리 친구를 보고, 예수님에 대해 어떻게 말할지 한 번 더 연습해 보세요.

40 하늘로 올라가신 예수님

사도행전 1:4-11; 누가복음 24:44-53

우리는 보고 들은 것을 말하지 아니할 수 없다 하니

(사도행전 4:20)

성경 이야기를 위한 준비

이 마지막 과에서 전에 배운 이야기 전부 혹은 대부분을 간단히 복습할 것입니다. 각 아이들이 납작한 작은 돌을 이야기천에 던져서, 그 돌이 떨어진 자리에 있는 그림 이야기를 간단하게 하도록 해 주세요. 다른 사람이 이미 이야기를 한 그림이라면, 다시 한 번 돌을 던지게 해 주세요.

말씀하세요 오늘 이야기는 짧습니다. 예수님이 이 땅을 떠나 어디로 가셨는지 잘 듣고 알아봅시다.

성경 이야기

다시 살아나셨을 때, 예수님은 자기를 믿었던 많은 사람들에게 나타나 보이셨습니다. 그 시간 동안 예수님은, 돌아가시기 전 사람들이 이해하지 못했던 많은 것들을 이해하게 해 주셨습니다. 구원자가 오고, 고난받고, 죽게 될 것을, 하나님께서 수백 년 전 자기 백성에게 어떻게 말씀하셨는지 알려주셨습니다. 하나님께서는 구원자가 다시 살아날 것도 말씀하셨습니다.

다시 사신 지 사십 일 후에 예수님은 제자들을 언덕에 모으셨습니다. 그들이 물었습니다. "이제 우리의 왕으로 오시는 것입니까?"

예수님이 대답하셨습니다. "그 날이 언제 올지는 하나님이 결정하실 것이다. 내가 너희에게 할 일을 주겠다. 온 세상에 나에 대해서 전하기를 바란다. 가까운 사람에게든, 멀리 있는 사람에게든 전하여라. 온 세상에 있는 모든 사람들에게 전하여라. 내가 너희를 돕는다는 것을 기억하라. 하나님께서 나를 믿는 모든 사람들에게 성령을 보내실 것이다. 성령이 너희를 도와주실 것이다."

그러고 나서 예수님은 손을 들어 그들을 축복하셨습니다. 곧 예수님은 하늘로 올라가셨습니다. 두 사람이 흰 옷을 입고 제자들 옆에 서서 물었습니다. "왜 하늘을 바라보고 있습니까? 예수님은 하늘로 올라가셨으나, 여러분이 본 그대로 다시 오실 것입니다."

질문

1 예수님이 다시 사신 후, 이 땅에 며칠 머무셨나요?

2 그 기간에 누가 그분을 보았습니까?

3 그 기간에 예수님은 그분을 믿었던 사람들에게 무슨 일을 하셨나요?

4 사람들은 예수님이 무엇이 되시기를 아직도 바라고 있었습니까?

5 예수님이 떠나실 때, 하나님께서는 돕는 자로 누구를 보내신다고 하셨습니까? 설명하세요 우리는 성령님을 볼 수 없고, 왜 그런지 이해할 수 없습니다. 그러나 그분이 우리를 도우신다는 것을 알 수 있습니다. 그분이 우리를 도와 주신다고 성경이 말씀하시기 때문에 우리는 믿는 것입니다.

6 예수님은 이 땅을 떠나 어디로 가셨나요?

7 흰 옷 입은 두 사람이 예수님에 대해 무엇을 약속하셨나요?

8 이 이야기를 어떻게 생각하십니까?

성경을 삶에 적용하기

이제 복음이라는 중심 주제와 더불어 성경 이야기를 종합할 시간이 되었습니다. 아이들에게 믿음의 고백을 강요하지 마십시오. 나이와 영적 성장 속도가 다른 아이들이 참석하는 것이므로, 모임 전체에 같은 적용을 하지 않는 편이 낫습니다. 그래서 입교나 침례(세례)에 관한 내용은 포함하지 않았습니다. 아이들 신앙 배경은 다양하며, 어떤 아이들은 교회에 다닌 적이 없어서 이러한 내용이 혼란을 야기할 수 있기 때문입니다.

우리 목적은 아이들에게 예수님이 왜 죽으셨는지, 사람들이 어떻게 그리스도인이 되는지 알게 하는 것입니다. 우리는 아이들을 구원할 수 없습니다. 하나님께서 하실 수 있습니다. 우리는 아이들이 그리스도인이 되는 길을 '말해 줄' 책임이 있을 따름입니다. 하나님께서 아이들을 이끄십니다. 아이들을 향한 계획 속에서, 그분의 때에 여러분을 사용해 달라고 기도하십시오.

이야기천에서 42번 그림, "예수님께서 하늘로 올라가심"을 가리키며 말씀하세요 예수님은 자기를 믿던 많은 사람들에게 처음 나타나시고 사십 일 후, 제자들을 언덕에 모으셨습니다. 예수님은 어떻게 하나님의 가족을 만들 것인지 그들과 이야기 하셨습니다. 하나님의 가족은 자신들이 원하는 것을 하는 사람들이 아니라, 하나님께서 원하시는 것을 하려고 노력하는 사람들로 이루어지는 것이었습니다. 하나님의 가족은 하나님께서 예수님을 보내신 것을 믿습니다. 하나님의 가족은 예수님이 하나님께서 보내신다고 약속하셨던 그 구원자이신 하나님의 아들이라는 것을 믿습니다. 예수님은 모든 이들을 구원하려고 죽으셨습니다. 그래서 우리는 예수님이 원하시는 대로 살아가는 것입니다.

우리는 이것이 무슨 뜻인지 항상 이해할 수는 없지만, 하나님께서 성경에서 그것이 진리라고 말씀하셨기에 믿습니다. 우리는 하나님을 믿으며, 성경에 있는 모든 것을 믿습니다. 우리가 하나님을 따르고자 하지만, 아무도 완벽하게 따를 수도, 항상 그분이 원하시는 대로도 살 수 없습니다. 그러나 하나님께서 우리를 도와주실 것입니다. 예수님을 따르겠다는 이 결심은 우리가 할 수 있는 가장 중요한 선택일 것입니다. 언제 여러분이 여러분의 삶을 그분께 드리고 그분을 여러분의 구원자로 받아들이기를 바라고 계신지 하나님께서 알려주시도록 제가 기도하겠습니다.

아이들을 위해 소리내어 기도하세요. 어떤 아이든 관심을 보이면 더 알려 줄 수 있도록 주의를 기울이세요.

3

단원

❶ 성경 이야기를 위한 20가지 활동

실내
실외

나는 누구일까요?

준비물 3 X 5(125 X 75mm) 인덱스 카드, 종이봉투

- 아이들이 오기 전 성경의 중요한 인물과 사건들을 카드에 적고, 종이봉투에 넣으세요.
- 한 아이가 보지 않고 종이봉투 안에서 카드 하나를 뽑습니다.
- 뽑은 아이는 카드를 보지 않고, 나머지 아이들에게 그 카드를 보입니다.
- 카드에 적힌 인물이나 물건에 대한 단서를 서로 이야기하게 해 주십시오.
- 카드를 뽑은 아이는 그 단서를 듣고, 카드에 무엇이 써 있는지 맞춥니다.

이야기 듣고 연기하기

준비물 성극 의상이나 소품(선택)

- 이야기 모임이 크면, 5명 이하 작은 조로 나눕니다.
- 아이들이 그날 들은 성경 이야기의 중요한 내용을 다 넣어 연기하도록 해 주세요.
- 5분 동안 그날 내용을 복습하고 연습합니다.
- 연기를 하지 않는 아이들은 관람합니다.

대체: 선생님은 이야기를 읽고, 동시에 아이들은 그 줄거리에 맞추어 연기를 할 수도 있습니다.

인터뷰

준비물 질문이 적힌 종이, 소품(선택)

- 오늘 이야기 주인공들에게 물을 만한 짧은 질문 목록을 만드세요.
- 각 질문 사이에 종이 자를 공간을 두십시오.
- 한 질문당 한 조각으로 자르세요.
- 손에 질문 종이 묶음을 들고 다니면서 아이들에게 질문을 뽑게 하십시오.
- 아이들은 자기가 뽑은 질문을 인터뷰하는 것처럼 여러분에게 물어봅니다.
- 여러분은 그 인물인 척 하시거나, 다른 인물 흉내를 내며 대답하십시오. 실감나게 의상을 갖추어 입어도 됩니다.
- 아이들에게 더 질문할 것이 있는지 물어보십시오.

글 없는 책

준비물 종이, 스테이플러로 박아 만든 작은 공책, 크레용이나 마커

- 아이들에게 오늘 들은 성경 이야기를, 글씨 없이 그림으로만 그리게 하십시오. 그날 이야기에 해당하는 그림이 매 쪽 있어야 합니다.
- 아이들이 서로, 혹은 모두에게 이야기를 나누게 하세요.
- 직접 만든 그림책은 집으로 가져갑니다. 가족, 친구들에게 이야기를 나누도록 해 주세요.

집중 게임

준비물 3 X 5(125 X 75mm) 또는 4 X 6(152 X 102mm) 인덱스 카드

- 이야기에 어울리는 내용을 골라 짝을 지우세요.(예: 창조 이야기 - 한 카드에는 '첫째 날'이라고 적고, 다른 카드에는 '빛'이라고 적는 식입니다. 다른 날도 그렇게 짝을 지웁니다. 이렇게 하면 한 쪽에 7장씩 총 14장으로 한 벌을 이룹니다.) 내용은 짧고 간결하게 하세요.
- 카드에 그 단어들을 적으세요.
- 땅, 바닥, 혹은 탁자에 카드를 엎어 놓습니다. 아이들이 카드 짝을 찾도록 설명하십시오.
- 아이들을 두 조로 나눕니다. 조원들의 나이대가 다양하면 카드 두 벌을 준비하셔서, 나이가 많은 아이들과 적은 아이들로 나누어 놀이를 진행합니다.
- 각 아이들은 순서대로 한쪽 카드를 뽑은 다음, 다른 쪽 카드도 뽑아서 짝을 맞추어 봅니다. 짝이 맞은 카드는 빼 주세요. 짝을 맞추지 못하면 원래 있던 자리에 카드를 두고, 그 다음 아이에게 기회를 줍니다. 짝을 다 맞출 때까지 계속합니다.

대안: 이야기에 나오는 사람이나 물건 이름을 사용하세요. 서로 다른 두 카드에 짝이 맞도록 단어를 적습니다. 아이들이 짝을 맞추면, 그 카드에 적힌 사람이나 물건에 대해 물어보십시오.

실잣기

준비물 100 cm 정도의 털실

- 말씀하세요: 여기서 말하는 '실 잣기'란, 실을 만들어 내듯 '이야기 하기'를 말합니다. 오늘 우리는 참된 이야기를 나눌 것입니다. 모임에서 배운 이야기 중 하나를 골라 아이들이 이야기해 보는 놀이입니다.
- 이야기하는 사람이 자기 손가락에 털실을 말면서 이야기를 시작합니다. 실이 손가락에 다 말리면 이야기를 중간 정도 밖에 못 했어도 멈추어야 합니다.
- 실을 손가락에서 풀어 옆에 있는 다음 사람에게 전달합니다.
- 다음 아이는 앞 사람 이야기가 멈춘 곳에서 이야기를 시작하며 실을 감습니다. 이야기 전체가 끝날 때까지 이어갑니다.

인형극

준비물 흰 종이 접시나 종이 봉투, 마커

- 아이들을 작은 무리로 나눕니다.
- 각 무리에 종이 접시나 종이 봉투를 나누어 줍니다.
- 오늘 성경 이야기에 나온 인물 하나를 골라 마커로 자기 종이 접시나 봉투에 그 인물을 그립니다.
- 모임 별로 오늘 들은 성경 이야기를 5분 동안 인형극으로 재현해 봅니다.

캠프파이어 이야기

- 아이들을 둥그렇게 모으시고 캠프파이어 앞에 있다고 상상하게 합니다. 많은 사람들이 캠프에서 대화하는 것을 좋아한다고 일러주세요. 때로는 사람들이 이야기를 '넘기면서' 이야기를 이어가기도 합니다.
- 학생들이 오늘 이야기를 다시 말해 보도록 하십시오. 한 사람이 이야기를 모두 하지 않게 해 주세요. 한 사람이 한 문장씩 말하고, 다음 사람에게 이야기를 '넘기게' 하십시오.
- 인도자가 한 문장을 말하면서 이야기를 시작하세요. 오른쪽에 있는 사람에게 이야기를 넘기시고 둥그렇게 앉아 있는 모두에게 기회가 가게 합니다. 이야기가 다 끝날 때까지 진행합니다.

돌을 던져 이야기 하기

준비물 성경 이야기천, 작은 돌이나 공기 돌

- 아이들을 둥그렇게 앉히십시오.
- 한 명씩 성경 이야기 천에 돌을 던져, 거기 해당하는 이야기를 요약하여 말해 봅니다.
- 이야기 내용을 더 파악하도록 질문을 더 해 주세요.
- 아직 못 들은 이야기에 돌이 떨어졌다면, 그 이야기를 추측해 보기도 합니다.

종이 고리

준비물 약 8cm 넓이로 잘라진 긴 색 도화지, 스테이플러

- 아이들에게 도화지 세 장씩 나누어 주세요.
- 각 종이에 다음 사항을 적습니다: 오늘 배운 것, 좋아하는 등장 인물, 배운 내용과 관련된 기도 등.
- 아이들이 원하면 간단한 장식을 해도 됩니다.
- 다 적으면, 자기가 무엇을 적었는지 다른 이들과 나누어 봅니다. 그리고 각 종이를 고리 모양으로 만들어 스테이플러로 박아서 사슬 모양으로 이어 줍니다. 그리고 기도할 때 기억나도록 잘 보이는 곳에 걸어 두세요.

메모지 게임

준비물 점착 메모지

- 그동안 배운 성경 인물 이름을 메모지 한 장당 하나씩 적으세요.
- 한 사람씩 등에 메모지를 붙이세요.
- 짝을 지어 서로 '네, 아니요' 질문을 하면서, 자기 등 뒤에 적힌 인물이 누구인지 맞추어 보도록 합니다. (예: 나는 남자입니까? 나는 예수님이 태어나시기 전에 살았던 사람입니까? 나에게 형제 자매가 있습니까?)
- 답을 맞추면 등에 붙은 쪽지를 떼어 확인합니다.

참고: 이 놀이는 고학년에 더 적합합니다.

주요 단어 강조

준비물 작은 종이, 펜

- 성경 이야기의 주요 인물이나 장소를, 한 사람에 하나씩 돌아가도록 작은 종이에 하나씩 적으세요.
- 그날 이야기를 시작하기 전에 아이들에게 그 종이를 하나씩 나누어 주세요.
- 이야기 중 그 단어들이 어떻게 사용되는지 잘 듣고, 이야기가 끝난 후에 사람들과 나눌 준비를 하라고 일러두세요.
- 같은 단어를 여러 명에게 주어도 됩니다.

사실 혹은 거짓

- 활동 공간을 반으로 나눕니다.
- 한 쪽은 '사실', 다른 한 쪽은 '거짓'으로 지정합니다.
- 성경 이야기를 사실 혹은 거짓으로 구성하여 전달하지만, 어떤 것이 사실인지 아닌지는 밝히지 않습니다. (사실의 예: 예수님은 베들레헴에서 태어나셨다. 거짓의 예: 하나님께서 모세에게 방주를 지으라고 하셨다.)
- 방에서든 실외에서든, 아이들이 그 진술의 사실 여부를 따져 자신이 생각하는 대로 이동하게 해 주십시오. 아이들이 생각한 것이 틀렸다면, 왜 그러한지 아이에게 설명해 주고 옳은 쪽으로 옮겨 가도록 해 줍니다.
- 그날 이야기나 전에 나눈 이야기 내용을 바탕으로 새로운 진술을 구성하여 다시 시작할 수 있습니다.

삼목놀이

준비물 칠판과 마커(혹은 종이 테이프),
4 X 6(102 X 152mm) 인덱스 카드

- 삼목놀이판을 칠판에 그리거나, 종이에 그려 바닥에 붙이세요.
- X와 O를 각각 카드에 적으세요.
- 아이들을 두 조(X, O)로 나눕니다.
- 이야기 각 장에 있는 질문지를 골라 질문하세요.(어느 장이든 상관없지만, 질문지 순서는 지키십시오.)
- X조에게 질문을 먼저 시작하세요. 각 사람은 다른 조원 도움 없이 스스로 대답해야 합니다.
- X조가 질문에 답합니다. X조가 맞추면 삼목놀이판 위 원하는 칸에 X를 붙이세요. 이제 O팀 차례입니다.
- 먼저 자기 조 표시 세 개를 연속으로 표시하면 이깁니다. 한 쪽이 이길 때까지 놀이를 이어갑니다. 한 쪽이 이기더라도, 이야기 질문이 다 끝날 때까지 놀이를 지속하십시오.

의자 뺏기 놀이

준비물 의자

- 의자를 동그랗게 모아주세요. 앉는 자리가 밖으로 향하게 해 주십시오. 전체 아이들 수보다 하나 적은 수로 의자를 준비하세요.
- 음악을 틀고, 음악이 멈출 때까지 아이들이 의자 주변을 돕니다. 그러다가 신호를 주면 가까운 의자로 달려가 앉습니다.
- 의자에 못 앉은 아이는 그날 외울 말씀을 외우거나, 지난 이야기에 대해 자세히 말해야 다시 놀이에 들어올 수 있습니다. 그렇지 않으면 의자 하나를 빼십시오.
- 한 사람이 남을 때까지 계속 놀이를 하세요.

이렇게 해 보아요 저렇게 해 보아요

- 인도자가 "이렇게 해 보아요"라고 말하면 아이들은 인도자가 말하는 대로 따릅니다.
- 인도자가 "저렇게 해 보아요" 할 때는, 인도자가 무슨 말을 해도 움직이지 않습니다.
- 아이들이 놀이에 익숙해지면, 아이들에게 인도자 역할을 맡기세요.
- 말씀하세요 "인도자에게 순종하시다니, 아주 잘하신 것입니다. 이처럼 하나님께 순종하는 방법에는 어떤 것이 있을까요?"
- 성경에 나오는 인물에 관한 다양한 질문이나, 하나님께 순종하는 방법에는 어떤 것이 있는지 더 하여 보십시오.

생각 이어가기

준비물 종이, 펜, 핸드벨이나 호루라기

- 각 단원을 시작하기 전, 오늘 나올 중요한 사물, 사람, 장소를 각각 종이에 적으세요. 같은 단어를 반복하여 쓰지 마십시오.
- 아이들에게 종이를 주어 단어를 보게 합니다.
- 핸드벨이나 호루라기가 울리면, 아이들은 두 명씩 짝 지어 자기 종이에 있는 단어를 읽고 서로의 단어가 어떻게 연결될지 생각을 나눕니다.
- 아이들에게 일 분을 주어 단어에 대해 토의하게 하시고, 다음 신호를 주면 짝을 바꾸어 활동을 이어갑니다.
- 이 활동은 이야기 끝날 무렵 복습할 때 사용하세요.

문장 더하기

- 아이들을 둥그렇게 모으세요.
- 오늘 이야기를 사용하여 문장 하나를 크게 읽어 주고, 아이들이 따라하도록 합니다. 다음에는 처음 문장에 두 번째 문장을 더하여 읽고, 아이들이 그것을 따라하도록 하세요.
- 한 문장씩 더해 가면서 전체 이야기가 끝날 때까지 하십시오. 될 수 있으면 이야기 전체를 반복하세요.

참고: 이 활동은 짧은 이야기에 적용하기 좋습니다. 이야기 일부를 발췌하여 활용할 수도 있습니다.

이야기 정리정돈

준비물 종이, 펜

- 각 단원을 시작하기 전, 오늘 이야기를 여러 부분으로 나누십시오. 각 부분을 종이마다 따로 적어 주십시오.
- 각 아이들에게, 혹은 모임이 크면 조별로 이야기가 적힌 종이를 나누어 줍니다.
- 일 분 동안 각자 자기가 가진 이야기를 모아, 함께 순서대로 배열합니다.
- 일 분을 재세요. 그동안 순서대로 배열하지 못하면, 한 번 더 기회를 주십시오.
- 이 활동은 복습할 때 다시 사용할 수 있습니다.

물고기 잡으러 가자

준비물 작은 나무봉, 줄이나 뜨개실, 자석,
종이로 만든 물고기

- 나무봉으로 낚싯대를 만드십시오. 30cm~45cm 길이로 실을 자르고, 낚싯바늘로 사용할 자석을 줄에 달아 주세요. 물고기 그림을 확대하여 색 도화지에 본떠 자릅니다.
- 오늘 이야기 질문 하나씩 각 물고기 그림에 인쇄하십시오. 자석에 붙도록 물고기 입에 클립을 하나씩 답니다.
- 평평한 상자를 연못으로 삼으세요.
- 아이들을 여러 조로 나누십시오. 조원 한 명씩 대표로 뽑아서, 질문 하나를 낚게 합니다. 조원이 함께 답을 상의하면, 조 대표가 답을 말합니다.
- 답을 맞추면 물고기를 가져갑니다. 답이 틀리고 다른 조가 대답을 하면, 물고기는 연못으로 돌아갑니다. 가장 많은 물고기를 가진 조가 이깁니다.

참고: 이 활동은 성경 암송 활동에도 적용할 수 있습니다. 암송 구절을 한 단어씩 나누어, 물고기당 하나씩 적습니다. 단어를 다 낚으면, 아이들이 함께 그 암송 구절 전체를 순서대로 조합합니다.

2 성경 암송을 위한 20가지 활동

실내

실외

페인트 주머니 스케치

준비물 지퍼백 중형, 색깔 페인트, 성경 구절을 인쇄한 큰 종이

- 아이들이 도착하기 전 스케치 주머니를 준비합니다. 두 가지 다른 색깔의 페인트를 지퍼백의 양쪽 코너에 조금씩 담아 놓으십시오. 색깔을 섞지 마세요.
- 아이들에게 지퍼백을 주고 두 색깔을 살살 주무르게 하십시오.
- 탁자 위에 지퍼백을 내려 놓고 그 위에 외울 말씀을 적도록 도와 주십시오. 한 번에 한 단어씩 말씀하세요. 다 마치면 지퍼백을 버립니다.
- 짧은 구절에 권장합니다.

퍼즐 만들기

준비물 두꺼운 색 도화지, 가위, 마커, 지퍼백

- 아이들에게 두꺼운 색 도화지를 하나씩 나누어 줍니다.
- 종이를 채울 만한 크기로 그날 성경 구절을 씁니다. 아이들이 종이 위에 다른 장식도 합니다.
- 퍼즐을 큰 조각들로 자릅니다. (고학년 아이들이 저학년 아이들을 도와도 됩니다. 하나님께서는 서로 돕기를 원하신다는 것을 고학년 아이들이 인지하게 해 주십시오.)
- 아이들이 퍼즐을 맞추게 하시고, 나중에 친구들과 함께 해 보도록 지도하세요.
- 지퍼백을 주어 자기 퍼즐을 집에 가져갈 수 있게 해 줍니다.

그래피티(벽화)

준비물 흰색 큰 종이, 수성 마커, 야외용 분필

- 벽에 흰색 큰 종이를 붙입니다.
- 마커로 성경 구절을 쓰도록 도와주시고, 그 구절이 기억날 만한 그림을 옆에 그립니다. 글씨를 쓰는 동안에 성경 구절을 반복해서 말씀하세요.
- 흰 공간을 가득 채워 봅니다.
- 실외에서 한다면, 야외용 분필로 길바닥에서 해 봅니다(허용되는 곳이라면).

전화 놀이

준비물 깡통 혹은 종이컵(아이들 수대로), 줄

- 모임 전 깡통 바닥에 구멍을 냅니다.
- 깡통 두 개를 줄로 연결하십시오. 1m 미만 줄로 연결합니다.
- 아이들이 짝을 지어 줄을 팽팽하게 한 다음, 깡통에 대고 말을 합니다.
- 몇 분 동안 전화 놀이를 한 후, 번갈아 가며 성경 구절을 말해 보도록 지도하십시오.
- 시간이 남으면 계속해서 성경 이야기를 서로에게 말해 봅니다.

공 던지기

준비물 작은 공

- 두 명씩 조를 나눕니다. 고학년 한 명과 저학년 한 명으로 짝을 지으세요.
- 각 조에게 공을 줍니다.
- 첫 번째 아이가 성경 구절 첫 단어를 말합니다.
- 그 아이가 다음 단어를 말할 자기 짝에게 공을 던집니다.
- 성경 구절을 다 익힐 때까지 서로 공을 던지며 단어를 주고 받습니다.
- 이 놀이는 여덟 살 넘은 아이들에게 좋습니다.

말씀 동그라미

준비물 지름 15cm 원으로 자른 도화지 여러 장, 마커

- 원으로 자른 도화지에 암송 구절 단어 하나씩 적어 단어 카드를 만듭니다.
- 단어가 쓰인 부분이 바닥으로 가도록 하여 카드를 평평한 바닥에 놓으세요.
- 한 번에 하나씩 단어 카드를 뽑으세요.
- 단어를 뽑은 아이들은 단어 카드를 들고 한 줄로 섭니다.
- 다른 사람이 단어를 뽑을 때, 먼저 뽑은 사람들은 말씀 순서대로 카드를 들고 움직이며 전체 문장을 맞추어 봅니다.

참고: 단어를 조합하는데 설 공간이 부족하면, 단어 카드를 테이블 위나 바닥에 놓고 문장을 맞춥니다.

뜨거운 감자

준비물 공, 감자, 봉제 인형 같은 작은 물건

- 아이들을 둥그렇게 모아서 외울 말씀을 몇 번 반복합니다.
- 아이들은 공을 옆으로 전달합니다. 공을 받은 아이는 암송 구절을 외워야 그 공을 다음 사람에게 넘길 수 있습니다. 외우지 못하는 사람은 게임에서 빠집니다.
- 아이들이 다 외울 때까지 활동을 지속합니다.

참고: 처음에는 많은 아이들이 빠질 수 있습니다. 그러나 원 밖에 있던 아이도 구절을 듣고 암송하게 되면 다시 들어와 놀이에 참여해도 됩니다.

그림 그리기

준비물 흰색 도화지나 카드 용지, 수성 물감, 페인트 붓, 컵, 흰색 크레용

- 아이들에게 도화지와 크레용을 줍니다.
- 도화지에 외울 말씀을 흰색 크레용으로 적습니다.
- 수성 물감, 붓, 그리고 물을 반 정도 채운 컵을 나누어 줍니다.
- 아이들이 원하는 대로 마음껏 색칠하게 합니다.

말씀 전하기

- 아이들을 둥그렇게 모으세요.
- 첫 번째 아이가 오른쪽에 앉아 있는 사람에게 성경 구절을 귓속말로 알려줍니다.
- 따라서 다른 사람들은 말할 필요가 없습니다. 마지막에 전달 받은 사람이 성경 구절을 말합니다.
- 외울 말씀이 조원 모두에게 확실하게 전달될 때까지 하세요.
- 시간이 되면, 이야기의 다른 내용도 짧은 문장으로 전달해 봅니다.

릴레이 게임

준비물 점착 메모지

- 각 단원을 시작하기 전, 외울 말씀을 단어 별로 점착 메모지에 적습니다. 똑같은 말씀이 적힌 말씀 종이 두 벌을 정해진 공간에 따로 한 벌씩 붙입니다. 말씀 순서는 뒤섞어 놓습니다.
- 외울 말씀 첫 글자는 크게 써서 아이들이 어디부터 시작할지 알게 합니다.
- 아이들을 두 조로 나누고, 거리를 두어 나란히 두 줄로 세우세요.
- 각 조에서 한 사람이 말씀이 붙은 곳으로 가서 말씀 종이를 하나씩 가져와 출발선 뒤 벽에 붙이면서 릴레이를 시작합니다.
- 각 조에서 한 사람씩 뛰어가 종이를 가지고 옵니다.
- 벽에 모든 단어를 붙였다면 순서대로 단어를 조합하여 암송 구절을 맞추어 봅니다.
- 먼저 암송 구절을 맞춘 편이 이깁니다.

뒤죽박죽 암송 구절

준비물 호일 박스 같은 직사각형 상자 네 개, 박스를 쌀 종이

- 각 상자를 종이로 싸 주세요.
- 전에 외운 성경 구절 네 개를 고르세요.
- 각 성경 구절을 네 부분으로 나누십시오.
- 한 상자에 네 면이 있습니다. 사등분 한 구절 중 하나를 모든 상자의 A면에 적어 주세요. 나머지 세 부분도 그런 식으로 상자의 다른 면에 적어 주세요. 즉, 두 번째 암송 구절은 각 상자 B면에, 세 번째 암송 구절은 각 상자 C면에, 네 번째 암송 구절은 각 상자 D면에(사등분한 구절이 네 개의 박스에 하나씩 적혀 있습니다).
- 상자를 모두 탁자에 올려 놓으세요. 모든 성경 구절은 섞여 있습니다.
- 아이들이 성경 구절을 순서대로 맞추어 봅니다.
- 아이들이 각 구절을 맞춘 후 소리 내어 읽어 봅니다.

말씀 상자

준비물 상자, 성경 구절을 적을 가느다란 종이 조각

- 길게 자른 종이 조각 열 개에 하나씩 외울 말씀을 적으세요.
- 구절마다 문장 중간을 마커로 나눕니다. 표시한 곳을 잘라서 구절의 앞 부분만 상자에 넣습니다.
- 아이들을 두 조로 나누세요.
- 각 조는 상자에서 나뉜 구절을 뽑습니다. 그 조는 나머지 부분을 암송하여 문장을 완성합니다.
- 가장 많은 구절을 맞춘 조가 이깁니다.

지문 그림

준비물 종이, 잉크 패드, 물티슈, 마커

- 아이들에게 종이 한 장씩 주세요. 아이들이 엄지 손가락을 잉크 패드에 조심스레 누르도록 도와 주십시오.
- 지문을 찍어 자기가 좋아하는 어떤 모양이든 만들고, 외울 말씀 적을 공간을 남깁니다.
- 모양이 완성되면, 옆에 큰 글씨로 암송 구절을 씁니다.
- 외울 말씀이 길면 구절을 먼저 쓰고 지문 찍기를 하세요.

구절 반복하기

- 아이들을 둥그렇게 모아 앉히세요. 인도자가 외울 말씀을 선창하고 전체가 따라합니다.
- 평소 목소리로 외울 말씀을 전달하십시오.
- 아이들이 따라하면, 다른 방식으로도 읽어 보십시오.
- 다른 억양, 소리 크기, 특정 단어를 강조하는 식으로 읽어 봅니다. (예: 사투리에 따라 다른 억양이나 다른 단어 구사)
- 인도자가 사용한 억양이나 말투를 아이들이 따라합니다.
- 구절이 익숙할 때까지 계속하세요. 아이들이 원하면 스스로 놀이를 이끌도록 하십시오.

말씀 꽃

준비물 종이 베이킹 컵, 가위, 연필, 풀, 지름 4cm 원으로 자른 종이(아이들 숫자 만큼), 외울 말씀이 적힌 칠판이나 보드, 녹색 도화지

- 탁자 위에 준비물을 올려 놓으세요.
- 외울 말씀도 진열해 놓습니다.
- 외울 말씀은 잘라 놓은 종이에 적습니다. 그리고 나서 베이킹 컵 중앙에 풀로 붙입니다. 베이킹 컵 테두리에 꽃잎처럼 주름을 잡습니다.
- 녹색 도화지로 줄기와 잎을 만들어서 꽃에 풀로 붙이십시오.
- 수업이 끝날 때까지 적당한 곳에 꽃을 보관하다가, 집에 갈 때 나누어 주십시오.
- 짧은 성경 구절이 좋습니다.

내가 기도하는 사람

준비물 종이, 마커, 크레용

- 종이 위에 각 아이들 손을 본 뜨세요.
- 아이들이 고마운 이나 좋아하는 누군가를 위해 기도하고 있다면, 각 손가락 그림 위에 그 사람들 이름을 적습니다. 손바닥 가운데에는 성경 구절을 적으세요.
- 이 활동에는 짧은 성경 구절이 적합합니다.

말씀 목걸이

준비물 지름 8cm 크기의 뻣뻣한 종이 동그라미와 길이 40cm정도의 뜨개실(한 사람당 하나씩), 홀 펀치, 연필이나 크레용

- 뻣뻣한 종이에 지름 8cm 정도 되는 동그라미를 그립니다. (컵이나 그릇으로 본 뜰 수 있습니다.)
- 동그라미 한쪽 가장자리에 홀 펀치를 사용하여 구멍 두 개를 냅니다.
- 40cm 길이 뜨개실을 잘라 나누어 줍니다.
- 두 구멍으로 실을 통과시켜, 실 양 끝을 모아 묶어 목걸이를 만드세요.
- 연필이나 크레용으로 오늘 말씀을 동그라미 안에 적습니다.
- 구절을 적은 후 그림이나 장식품으로 꾸며 봅니다.

숨은 단어 찾기

준비물 3x5(125X75mm) 인덱스 카드, 색깔 펜

- 아이들이 도착하기 전 외울 말씀을 인덱스 카드에 한 단어씩 적어 놓으세요. 다른 색 펜으로 똑같이 한 벌을 만듭니다. 총 두 벌에서 네 벌까지 만드세요.
- 카드는 활동 장소 안 여러 곳에 숨겨 주십시오.
- 색깔 별로 조를 나눕니다. (각 4~8명)
- 각 조에 해당하는 색깔 카드를 고르세요.
- 각 조는 성경 구절을 알맞은 순서대로 맞추어야 합니다. 먼저 끝내는 팀이 이깁니다.

하나님의 사랑 보여주기

준비물 어른 양손을 본떠 자른 종이(아이들 수 만큼), 마커

- 양손 모양과 마커를 각 사람에게 주세요.
- 한 손에는 "하나님 사랑을 보여줄 수 있어요"를, 다른 손에는 외울 말씀을 적으세요.
- 사람들에게 어떻게 하나님 사랑을 보여줄 수 있을지 서로 의견을 나누어 봅니다.
- 그런 다음 손 그림 뒷면에, 사랑을 표현할 방법을 적도록 합니다.
- 하나님 사랑을 보여주는 성경 구절을 사용하여 이야기를 나누십시오.

말씀 겨루기

- 모임을 두 조로 나누세요.
- 각 조에서 한 사람이 창의적인 방법으로 성경 말씀을 암송합니다. 한 발로 깡충깡충 뛰든, 특정 단어를 말할 때 손뼉을 치든, 노래를 부르면서 하든, 모든 상상력을 동원하여 암송할 수 있습니다.
- 차례가 모두에게 돌아갈 때까지 진행합니다.

3 성경 이야기를 위한 20 가지 재미있는 놀이

실내

실외

이야기 서클

- 아이들을 둥그렇게 앉히고 놀이를 시작할 아이를 정하세요.
- 첫 번째 아이가 말합니다. "오래 전 노아는 방주를 만들어, 아내와 아들들과, 찍찍 작은 생쥐를 데리고 들어갔습니다."
- 첫 번째 아이 오른편에 있는 아이는 앞 문장을 그대로 말하고, 마지막에 다른 동물 이름과 소리를 덧붙입니다. (예: "오래 전 노아는 방주를 만들어, 아내와 아들들과, 찍찍 작은 생쥐, 음메음메 송아지를 데리고 들어갔습니다.")
- 세 번째 아이는 다시 앞 두 사람의 문장을 반복하고, 동물 이름과 그 소리를 더합니다.
- 아이들에게 모두 기회가 돌아갈 때까지 계속해서 동물 이름과 소리를 더해 주세요.
- 마지막에는 놀이를 시작한 아이가 전체 문장을 반복하며 놀이를 끝냅니다.

참고: 이 놀이는 어떤 성경 이야기에도 적용할 수 있습니다. 복습하고 싶은 성경 이야기가 있으면, 그 이야기를 시간 순으로 펼치도록 해 주십시오.

위로 아래로

준비물 뜨개실이나 노끈 두 뭉치

- 아이들을 두 조로 나누어 나란히 줄을 세우세요.
- 각 줄마다 첫 사람에게 실 뭉치를 줍니다. 받은 아이는 뜨개실을 자기 어깨너머로 뒷사람에게 넘깁니다. 다음 사람은 뒷사람에게 자기 다리 사이로 실 뭉치를 넘깁니다. 세 번째 사람은 어깨너머로 실 뭉치를 넘깁니다. 네 번째 사람은 다시 다리 사이로 실을 넘깁니다. 마지막 사람에게 실 뭉치를 전달할 때까지 이 과정을 반복합니다. 마지막 사람은 앞 사람에게 달려가 실 뭉치를 줍니다. 가장 앞에 있는 사람에게 실 뭉치가 돌아올 때까지 진행하십시오. 먼저 끝내는 조가 이깁니다.
- 다른 물건을 사용하여 진행할 수 있습니다: 플라스틱 공, 스카프 등.

당신을 알고 싶어요

- 아이들을 둥그렇게 모아 주십시오.
- 아이들은 자기 이름을 말하고, 좋아하는 것 중 자기 이름 첫 자와 같은 글자로 시작하는 것을 말합니다.
- 예를 들어주세요: 내 이름은 '수진'이야. 나는 '수'영하는 것을 좋아해; 내 이름은 '하준'이야. 나는 '하'모니카 부는 것을 좋아해; 내 이름은 '가영'이야. 나는 '가'방을 좋아해 등.)
- 첫 번째 아이가 시작하도록 신호를 주세요.
- 서로 소개하는 시간이 끝나면, 옆에 앉은 사람 이름을 말해 보도록 하세요.
- 모임에 온 아이들을 환영해 주세요.

술래 잡기

- 한 사람을 술래로 정하세요.
- 술래가 사람들을 쫓기 전 몇 가지 엉뚱한 자세를 취합니다. (양손을 머리에 올린 채 한 발로 서거나, 손으로 양 발목을 잡거나, 차렷 자세로 서 있는 등.) 모든 사람이 볼 수 있어야 합니다.
- 그 다음 술래가 아이들을 쫓습니다. 잡히지 않기 위해서는, 술래가 앞에서 보여준 자세를 그대로 취해야 합니다.
- 그 자세를 취하지 못하고 잡히면 술래가 되고, 새 술래는 새로운 자세를 취하면서 놀이를 시작합니다.
- 이 놀이는 하나님께 순종하는 것과 규칙을 따르는 것의 중요성을 강조하는 데 도움이 됩니다.

풍선 웃음 게임

준비물 바람 넣은 풍선 한 개 이상

- 아이들을 둥그렇게 앉히세요.
- 풍선을 공중에 던지면, 바닥에 떨어질 때까지 아이들은 계속 웃어야 합니다.
- 풍선이 바닥에 떨어졌는데도 웃는 사람은 나가야 합니다. 나가는 아이를 보고 웃지 않도록 지도하십시오. 풍선을 공중에 계속 던질수록 웃음을 멈추기 더 어려워질 것입니다.
- 인원이 많으면 조로 나누고, 각 조마다 풍선을 주세요.
- 우리가 함께하며 하나님 사랑을 함께 배울 때 얼마나 즐거운 시간을 보낼 수 있는지 말씀해 주십시오.

좋은 소식

- 아이들을 두 조로 나눕니다.
- 아이들이 뛸 만한 장소를 고르세요.
- 아이들을 출발선에 줄 세웁니다.
- 각 조 첫 사람이 정해진 곳으로 뛰어갑니다. 돌아서서 올 때, "예수님은 살아계십니다"라고 외칩니다. 외친 후에는 시작점으로 돌아가 다음 사람에게 배턴을 넘깁니다. 나머지 조원들도 동일하게 합니다.
- 다음 구절들을 더하여 놀이를 연장할 수 있습니다. "예수님은 살아나셨습니다." "예수님은 살아계십니다." "예수님은 우리를 사랑하십니다" 등. 시간이 되는 대로 교대를 반복하십시오.
- 이 놀이에는 여러 가지를 적용할 수 있습니다: 외울 말씀을 반복해서 외치거나, 성경 인물 이름과 그들이 무엇을 했는지를 말할 수 있고, 이야기 마다 복습하고 싶은 부분을 사용할 수도 있으며, 성경 구절이나 하나님과 예수님에 대해서 배운 것을 외칠 수도 있습니다.

듣기 게임

준비물 소리낼 수 있는 물건들 – 숟가락, 플라스틱 그릇, 사포, 빗, 종, 열쇠, 호루라기, 소리 나는 강아지 장난감 등.

- 아이들을 둥그렇게 앉히세요.
- 아이들과 함께 앉아서 소리 나는 물건들을 보여 주십시오.
- 아이들은 눈을 감습니다.
- 준비한 물건 중 하나를 골라 소리를 내면, 그 물건이 무엇인지 아는 사람은 손을 듭니다.
- 먼저 손을 들은 아이가 맞추게 해 주십시오. 맞으면 아이들은 다시 눈을 감고, 맞춘 아이가 다음 물건을 골라 소리를 냅니다.
- 아이들 모두에게 소리 낼 기회가 돌아가게 하십시오.

속았지!

준비물 부드러운 공

- 아이들을 둥그렇게 세우십시오.
- 한 사람(이 놀이가 처음이라면 선생님)이 원 안에 들어가 공을 들고 서 있습니다.
- 원 안에 있는 사람이 다른 사람에게 어떻게 공을 던져야 할지 시범을 보이세요.
- 받은 사람은 다시 공을 안에 있는 사람에게 던지고, 가운데 사람은 아까 공을 던진 사람의 오른쪽 사람에게 공을 던집니다.
- 원을 이루는 모두가 공을 던지게 해 주십시오.
- 원 안에 있는 사람은 이따금씩 공 던지는 흉내만 내고 던지지 않을 수 있습니다.
- 공이 오는 줄 알고 움찔하거나 공을 잡으려고 움직였다면, 그 사람은 원 밖으로 나갑니다. 안에 있는 사람은 남은 사람에게 또 공을 던지는 척할 수 있습니다.
- 움찔하는 사람은 퇴장하여야 하고, 동그라미는 점점 작아져서 안에 있는 사람은 남은 이들에게 공 던지는 척하기가 점점 어려워집니다.
- 원 안에 있는 사람 말고, 원을 이루는 한 사람이 남으면 그 사람이 승자이고, 안에 있는 사람은 바뀝니다. 다시 아이들 모두가 원을 이루어 새 놀이를 시작합니다.
- 우리가 진리를 알기 위해서는 눈을 열고 조심해야 한다고 이야기함으로 성경 이야기에 이 놀이를 접목할 수 있습니다. 공을 주고받을 때마다 외울 말씀도 주고받으면서 성경 암송을 할 수도 있습니다.

공을 지켜라!

준비물 바구니 한 개, 부드러운 공 10개 이상

- 바구니 안에 공을 담아 놓습니다.
- 한 사람은 공이 든 바구니 옆에 섭니다. 다른 아이들은 멀찍이 둘러서 있습니다.
- 가운데 있는 사람이 공을 사방으로 던집니다.
- 다른 아이들은 그 공을 잡아서 재빨리 바구니 안에 넣습니다.
- 제한된 시간 안에 가운데 있는 사람이 바구니에 있는 공을 다 없애면 그가 이기며, 마지막으로 바구니에 공을 넣은 이가 가운데로 들어가 새로운 놀이를 시작합니다. 바구니에 공이 남으면 인도자는 게임을 멈추고, 누가 원 안에 들어가고 싶은지 물어 교체한 후 새 놀이를 시작합니다.

일본식 술래잡기

- 한 사람을 술래로 지정합니다.
- 술래가 다른 사람들을 쫓아갑니다.
- 술래에게 잡힌 사람은 술래가 자기를 잡은 그 지점에 한 손을 놓습니다. (예: 술래가 그 사람을 잡을 때 어깨를 건드렸다면, 잡힌 사람은 어깨에 한 손을 댑니다.) 그렇게 새 술래는 그곳에 손을 댄 채 다른 사람을 잡아야 합니다. 다른 사람을 잡을 때까지 그 손은 거기에 붙어 있어야 합니다.
- 술래가 무릎, 발목, 발꿈치 등 불편한 부분을 잡아, 놀이를 좀 더 재미있게 만들도록 유도해 보십시오.

꼼짝 마!

- 아이들이 좋아하는 찬양을 고릅니다. 가능하면 오늘 성경 이야기와 관련 있는 곡을 고르세요.
- 음악을 틀고, 아이들이 리듬에 맞추어 움직이도록 하세요.
- 갑자기 음악을 멈추고 "꼼짝 마!"라고 외치세요.
- 이때 아이들은 특정한 자세를 취한 채 멈출 수 있습니다. (동물 흉내, 글씨 모양 등)

내 이름은 무엇입니까?

준비물 점착 메모지, 펜

- 성경 인물 이름들을 점착 메모지에 하나씩 적습니다. 아이들에게 익숙한 인물 이름을 고르세요.
- 아이들이 메모지에 있는 이름을 보지 못하게 이마에 메모지를 붙이세요.
- 아이는 이마에 붙은 인물을 맞추기 위해 다른 사람에게 가서 다음과 같은 질문을 하고, 질문을 받는 사람은, '예, 아니요'로만 답합니다.
- 질문의 예:

  나는 구약에 나오는 사람입니까?
  나는 신약에 나오는 사람입니까?
  나는 소녀입니까?
  나는 소년입니까?
  나는 노인입니까?
  나는 젊은 사람입니까?
  나는 좋은 사람입니까?
  나는 똑똑한 사람입니까?
  나는 용감한 사람입니까?
  나는 하나님께 순종한 사람입니까?

- 잘 살피다가 아이들이 못 맞추어 좌절하지 않도록 적절하게 실마리를 제공하세요.

줄을 서시오!

준비물 바람 넣은 풍선 한 개 이상

- 아이들을 5–6명 조로 나눕니다.
- 인도자가 다음 문장 중 아무거나 골라 말하면, 아이들은 달려가 지시 사항에 맞추어 줄을 섭니다.

  이름 가나다 순으로 서기
  키 큰 순으로 서기
  나이 어린 순으로 서기
  나이 많은 순으로 서기
  가족이 많은 순으로 서기
  가족이 적은 순으로 서기

  모임 전체 상황에 맞는 문장을 더 만들 수 있습니다.
- 아이들이 순서에 맞추어 줄을 설 때마다 함성을 지릅니다.

낡은 옷 릴레이

준비물 각 조에 옷 한 벌(낡은 바지, 단추 달린 큰 셔츠, 큰 자켓, 스카프. 참고: 모자는 공유하지 않습니다. 따라서 모자 종류는 사용하지 않습니다.)

- 아이들을 최소 두 조로 나누십시오.
- 각 조 아이들에게서 4m 정도 떨어진 곳에 옷 한 벌씩 놓아 주십시오.
- 신호를 주면 각 조 첫 사람이 옷으로 달려갑니다. 바지를 입고, 셔츠를 입고, 단추를 잠그고 자켓을 입고 스카프를 두릅니다. 다 입으면, 그 옷들을 벗습니다. 그리고 출발점으로 달려와 다음 사람에게 배턴을 넘깁니다.
- 옷이 있는 곳에 어른 두 명을 배치합니다. 조원들이 규칙대로 하는지 지켜보십시오.
- 조원 모두가 차례대로 낡은 옷을 다 입고 벗은 후 먼저 출발점으로 돌아온 조가 이깁니다.

과일 바구니

준비물 총 인원보다 하나 모자란 의자, 인원 수에 맞는 몇 종류의 과일

- 의자를 둥그렇게 배치합니다.
- 아이들에게 과일 하나씩 나누어 주십시오. 사과, 오렌지, 바나나, 배, 등 필요한 대로 준비하세요.
- 술래를 정하여 원 안으로 세웁니다. 다른 아이들은 의자에 앉습니다.
- 술래가 아이들이 갖고 있는 과일 이름 중 하나를 부릅니다. 그 과일을 가진 사람들은 다 일어나서 자리를 바꿉니다. 이때 술래도 의자에 앉습니다. 의자에 앉지 못한 아이는 1점을 가집니다. 이 아이가 다음 과일 이름을 부르고, 자리 이동 시 빈 자리를 찾아가 앉습니다.
- 이런 식으로 계속 놀이가 진행됩니다. 과일 이름 말고 '과일 바구니'라고 하면, 모두 일어나 자리를 바꿉니다.
- 3점을 받은 사람은 놀이에서 빠집니다. 아이들이 나갈 때마다 의자도 하나씩 빼십시오.
- 아이 둘과 의자 하나가 남으면, 이 두 명이 이깁니다.
- 이 놀이를 '창조 이야기' 시간에 한다면, 하나님이 만드신 과일에 대해 이야기를 나누어 보시고 과일을 주신 하나님께 감사하는 시간을 가지세요.

껑충 뛰기 릴레이

준비물 다음 단어를 쓴 카드
– 한 발 뛰기, 팔짝팔짝 뛰기, 위로 껑충 뛰기, 달리기, 뒤로 걷기, 기어가기, 걷기, 옆으로 걷기, 옆으로 껑충 뛰기, 게 걸음 등(조마다 동일한 단어 카드 한 벌씩)

- 동일한 인원으로 두 조를 나누어 주십시오.
- 9m 정도 거리를 두어 마주보는 두 선을 그리세요.
- 각 조 출발선에 카드 한 벌씩 놓아 주세요.
- 시작 신호가 울리면 첫 번째 선수는 반대편 선으로 달려갔다가 돌아와, 자기편 카드를 한 장 집어 다음 아이에게 줍니다.
- 두 번째 선수부터 앞 선수가 준 카드에 쓰인 대로 자세를 취합니다. 자기 조 출발선에서 카드에 적힌 대로 자세를 취한 다음, 상대편 선까지 달려갔다 와서 다음 선수에게 카드 하나를 뽑아 줍니다.
- 각 조 모든 선수가 먼저 돌아오는 쪽이 이깁니다.

웃음은 최고의 보약

- 아이들을 둥그렇게 앉히세요.
- 아이들은 한 사람씩 차례대로 원 주위를 돌며 "하" 소리를 내며, 소리 낼 때 웃지 말아야 합니다.
- 각 사람은 자기 앞사람이 외친 것에 "하"를 하나 보탭니다. 즉, 첫 사람은 "하", 둘째 사람은 "하하".
- 놀이는 재미와 휴식을 위한 것이니, "하" 숫자가 매번 맞지 않더라도 신경 쓰지 마십시오. 아이들은 금새 재미를 붙일 것입니다.

선택

준비물 분필 혹은 마스킹 테이프

- 분필이나 마스킹 테이프로 선을 그어 여러분과 아이들 영역을 구분하십시오.
- 아이들은 선에 서서 놀이를 시작합니다.
- 단어를 짝 지워 불러 주세요. 이 단어는 이쪽, 저 단어는 저쪽으로 상반되는 방향을 가리키십시오. 아이들은 둘 중 하나를 택해, 해당하는 쪽 선 앞으로 달려가 섭니다.
- 선택 할 수 있는 단어들:

햄버거/핫도그
도시/시골
빨강/파랑
녹색/보라색
분홍색/귤색
과학/사회
수학/국어
모세/노아
다윗/사울

다른 성경 인물이나 장소를 사용해도 됩니다.

집 잽(Zip-Zap)

준비물 부드러운 공

- 원형을 만들어 섭니다.
- 술래를 정하고 가운데 세웁니다.
- 술래가 한 사람을 지목하여, “집” 또는 “잽” 하고 외칩니다. 술래가 “집” 하면, 지목된 사람은 자기 오른쪽 사람 이름을 말합니다. 술래가 “잽” 하면, 지목된 사람은 자기 왼쪽 사람 이름을 말합니다. 5초 내로 답을 못하면 그 사람이 술래가 됩니다.
- 이 놀이는 처음에 친해지기 위해 진행합니다.

풍선 밟기

준비물 풍선, 줄

- 각 사람 발목에 바람 넣은 풍선을 달아 주세요. 모두가 풍선을 달 때까지 아이들을 흩어 놓으세요.
- 다른 사람 풍선은 밟아 터뜨리지만 자기 풍선은 터지지 않도록 지켜야 합니다.
- 마지막까지 풍선이 남은 사람이 이깁니다.

주의: 터진 풍선은 즉시 주우세요. 아이들이 풍선 조각을 입에 넣지 않게 해 주십시오.

4

단원

성경 이야기 5일 계획

"하나님이 세상을 이처럼 사랑하사 독생자를 주셨으니 이는 저를 믿는 자마다 멸망치 않고 영생을 얻게 하려 하심이니라"

요한복음 3:16

개요

이 자료에는 지역 사회 전도나 선교 여행을 위한 5회 분량의 수업 내용이 있습니다. 각 과는 다음과 같이 나뉩니다:

개회시간 이 시간에는 아이들이 모두 모여 노래를 하고 오늘 일정을 안내 받습니다. 이 시간을 어떻게 구성할지 창의력을 발휘해 보세요. 모임 상황에 맞는 요소들로 구성됩니다.

소모임 활동

성경 시간 각 성경 이야기는 구연에 맞게 구성되어 있습니다. 각 장은 이야기를 어떻게 배울지 알려줄 뿐 아니라, 전달 방식의 모범을 보여줍니다. 함께 구성된 이야기천은 이야기를 떠올리기 위한 시각 효과를 위해 사용합니다. 이야기마다 질문과 적용이 있습니다. 또한 성경 시간에는 외울 말씀을 익히는 학습 활동도 있습니다. 요한복음 3:16은 매번 사용합니다.

놀이 시간 각 장마다 흥미를 돋울 놀이 시간이 있습니다.

간식 시간 특정 간식이 필요한 때도 있지만, 늘 그렇지는 않습니다. 어떤 간식이 제일 좋을지는 여러분이 판단하십시오. 주의: 음식 알레르기가 있는 아이들이 있는지 주의하시고, 필요에 따라 조정해 주세요. 성경 이야기 시간에 맞추어 간식 시간을 적절하게 배정하십시오.

만들기 시간 각 과마다 성경 이야기나 성경 구절을 연결시키는 만들기 시간이 있습니다.

폐회 폐회 시간은 아이들이 다시 모두 모여 무엇을 배웠는지 나눌 수 있는 좋은 때입니다.

선교지에서 자료를 사용하는 열 가지 방법

1. 어떤 이야기들은 줄이거나 간략화하세요. 작은 단위로 나누세요. 이야기를 통역하여 전하면 시간이 배나 걸리기 때문입니다.
2. 질문은 몇 가지만 고르십시오.
3. 이야기 주요 부분은 아이들이 자기 언어로 따라하도록 준비하십시오.
4. 놀이와 학습 활동을 어떻게 하는지 이해하고, 정확하게 전달하도록 통역사에게 먼저 설명합니다.
5. 자원봉사자가 적어 한 번에 네 군데 배치할 수 없다면 두 군데에만 봉사자를 배치하세요.
6. 그들 문화에 맞추어 노래를 고릅니다. 현지 담당자와 미리 연락하여 상의하십시오.
7. 아이들이 모여서 성경 모임을 할 좋은 장소를 물색하세요. 봉사자들은 성경 모임에 대해 일주일 전에 광고하는 것은 물론이고, 당일 현지인과 함께 한 시간이나 30분 전에 나가 아이들을 찾아 데리고 오세요.
8. 아주 어린 아이들이 자기 형제 자매와 참석하리라는 것을 예상하세요. 유아들을 위한 학습 활동을 사전에 준비하십시오.
9. 아이들의 활동을 지켜보려고 남은 부모님과의 교제를 미리 계획하십시오. 대화가 가능하도록 통역할 봉사자와 함께 하십시오. 현지 목사님이나 집사님들이 부모들에게 복음을 전하게 해 주십시오. 장년들과 나눌 만한 현지어 성경과 전도지를 준비하세요.
10. 그 지역이나 이웃 지역에서 최근 일어난 일이나, 아이들에게 필요한 것이 있다면 순서를 변경하거나 새로운 내용을 더해도 됩니다.

1 태초에

"하나님이 세상을 이처럼 사랑하사 독생자를 주셨으니 이는 저를
믿는 자마다 멸망치 않고 영생을 얻게 하려 하심이니라"
요한복음 3:16

아이들이 오면 연령별로 조를 나눕니다. 조마다 다른 색깔 스티커로 표시하세요. 5살 미만, 6–8세, 9–12세 등(필요하다면 조를 더 다양하게 나누어도 됩니다.). 교대 시 적어도 자원봉사자 한 명과, 각 조와 계속 함께 있을 한 명이 있어야 합니다.

오늘 모임을 네 가지 활동으로 나눕니다: 성경 이야기, 놀이, 간식, 만들기. 활동별로 20분 정도를 할애하여 다음 활동으로 전환합니다.

인도자는 아이들에게 인사하고, 아이들이 모두 오기 전까지 "당신을 알고 싶어요" 놀이를 하세요. 아이들을 둥그렇게 모읍니다. 아이들은 자기 이름을 말하고, 좋아하는 것 중 자기 이름 첫 자와 같은 글자로 시작하는 것을 말합니다. 예를 들어주세요: 내 이름은 '수진'이야. 나는 '수'영하는 것을 좋아해; 내 이름은 '하준'이야. 나는 '하'모니카 부는 것을 좋아해; 내 이름은 '가영'이야. 나는 '가'방을 좋아해 등. 첫 번째 아이가 시작하도록 신호를 주세요. 서로 소개하는 시간이 끝나면, 옆에 앉은 사람 이름을 말해 보도록 하세요. 모임에 온 아이들을 환영하세요.

전체 소개 (15분)

아이들이 음악에 맞추어 움직이도록 합니다. 친숙한 노래나, 아래에 제안하는 노래 중에 고르세요. 기억하기 쉬운 노래들로 준비합니다. 기타를 칠 수 있는 사람이 있다면 도움을 구해 보세요. 다음 노래들을 모르면 더 찾아 준비하세요.

"예수께로 가면" "예수 사랑하심은" "주는 나를 기르시는 목자"
"우리 모두 다 같이 손뼉을" "좋으신 하나님"

이 시간에 인도자를 소개합니다. 아이들에게 오늘 일정과, 아이들이 기대할 만한 것들에 대해 이야기해 봅니다. 특별한 지침이 있다면 이때 알리십시오. 기도로 이 시간을 마무리합니다.

소모임 활동

성경 시간

각 성경 이야기는 구연에 맞게 구성되어 있습니다. 각 장은 이야기를 어떻게 배울지 알려줄 뿐 아니라, 전달 방식의 모범을 보여줍니다. 함께 구성된 이야기천은 이야기를 떠올리기 위한 시각 효과를 위해 사용합니다. 이야기마다 질문과 적용이 있습니다. 또한 성경 시간에는 외울 말씀을 익히는 학습 활동도 있습니다. 요한복음 3:16은 매번 사용합니다.(20분)

성경 이야기 구연을 위한 준비

아이들에게 '성경에 있는' 이야기를 전하십시오. 성경이 말하는 것보다 더하거나 덜하지 말고 가능한 한 성경 그대로 전하도록 주의를 기울이십시오. 이야기를 전할 때 여러분의 설명을 더하지 않도록 자제하십시오. 성경 이야기를 준비할 때 다음 사항을 참고하십시오:

❶ 오늘 이야기의 본문인 창세기 1:1-2:4을 찾습니다.
❷ 본문을 읽고 또 읽으세요. 이야기의 주제를 마음에 새깁니다.
❸ 눈을 감고 이야기를 상상해 보세요. 이야기 전개를 머릿속에 펼쳐 보세요.
❹ 어떤 말들은 아이들을 위해 단순화하세요.
❺ 성경을 덮고 여러분 자신에게 큰 소리로 이야기해 보세요. 가족들이나 친구에게 이야기를 전해 보고 어떻게 하면 이야기를 더 잘 전할 수 있을지 도움을 구하세요.
❻ 원고 없이 이야기를 할 수 있을 때까지 반복하며 연습해 보십시오.

1 태초에

창세기 1:1-2:4

성경 이야기를 위한 준비

아이들을 둥그렇게 모아주세요. 환영하여 맞이하고 몇 가지 질문으로 시작하세요. 물어보세요 아주 키가 큰 나무를 보면서 이 나무는 어디서 왔을지 궁금한 적이 있나요? 나무는 씨앗에서 자라는데, 씨는 어디서 왔을까요? 강아지나 아기 고양이는 어디서 왔을까요?

해, 달, 별은 어디서 시작되었을까요? 이 모든 것이 어떻게 시작되었는지 생각해 본 적 있나요?

오늘 이야기는 하나님께서 아름다운 세상을 어떻게 창조하셨는가에 대한 것입니다.

이야기 1

태초에 하나님께서 하늘과 땅을 창조하셨습니다. 우리가 살고 있는 이 지구는 모양이 없고 빈 공간이었습니다. 어두움만 있었습니다. 하나님의 영이 물 위로 운행하고 계셨습니다.

"빛이 있으라"고 하나님께서 말씀하셨습니다. 그러자마자 어두움이 사라지고 빛이 있었습니다. 빛을 "낮"이라 부르시고 어두움을 "밤"이라 부르셨습니다. 첫 날에 있었던 일입니다.

둘째 날에는 하나님께서 말씀하셨습니다. "물 사이에 거대한 공간이 생겨라. 위에 있는 물과 아래 있는 물로 갈라지라." 그리고 이 거대한 공간을 "궁창"이라고 부르셨습니다. 궁창을 "하늘"이라고 이름을 지으셨습니다.

하나님께서는 아직 멈추지 않으셨습니다. 하나님께서 말씀하셨습니다. "하늘 아래에 있는 물들은 한 곳으로 모이라." 그리고 마른 곳이 드러났습니다. 마른 곳을 "땅"으로, 물을 "바다"라고 부르셨습니다. 하나님께서 자기가 만든 것들을 보시니 좋았습니다.

다음 날, 하나님께서는 씨앗, 식물, 그리고 나무를 창조하셨습니다. 모든 식물과 나무는 각기 종류대로 씨앗을 맺었습니다. 하나님께서 손수 만드신 것을 보시고 좋다고 생각하셨습니다. 이는 셋째 날이었습니다.

넷째 날에는 하나님께서 해와 달을 만드셔서 이 땅에 빛을 주셨습니다. 해는 큰 빛이고, 낮에 나옵니다. 달은 작은 빛이고, 밤에 별과 함께 나옵니다. 하나님께서 어둠과 빛을 나누기 위해서 해, 달, 별을 하늘에 두셨습니다. 하나님께서 자기가 만든 것들을 보시니 좋았습니다. 저녁과 아침이 이어졌습니다.

다음 날에는 하나님께서 하늘을 나는 모든 종

류의 새를 만드셨습니다. 거대한 고래와 돌고래, 그리고 바다에 사는 온갖 물고기를 만드셨습니다. 그리고 하나님께서는 하늘과 바다를 가득 채우기 위해 새와 물고기에게 새끼를 낳으라고 하셨습니다. 이것은 다섯 째 날이었습니다.

여섯째 날에는 하나님은 온갖 종류의 들짐승들을 만드셨습니다. 여러 모양과 크기대로 짐승을 만드셨습니다. 하나님이 자기가 만든 것들을 보시니 좋으셨습니다.

하나님께서 말씀하셨습니다. "우리가 우리와 같은 사람을 만들자. 그들이 바다에 물고기와, 하늘의 새와 소떼, 그리고 모든 들짐승을 돌볼 것이다. 땅 위에 움직이는 모든 피조물을 다스릴 것이다." 그리하여 하나님께서는 땅의 흙으로 사람을 만드셨습니다. 하나님은 사람이 살도록 호흡을 불어 넣으셨습니다. 그는 살아 있는 사람이 되었습니다. 나중에 하나님께서 여자를 만드셔서 남자가 외롭지 않게 하며 돕는 자가 되게 하셨습니다.

하나님께서 육일 동안 열심히 일하셨습니다. 그리고 일곱째 날에는 쉬셨습니다. 하나님께서 쉬셨기 때문에 일곱째 날을 복 주시고 그날을 특별하게 하셨습니다. 이것이 바로 하나님께서 하늘과 땅을 만드신 이야기입니다.

이야기 2

하나님께서 아담과 하와를 만드시고 그들에게 자기가 만드신 모든 것을 돌보게 하셨습니다. 그들이 행복하게 살도록 아름다운 동산을 만드셨습니다. 동산에는 온갖 나무들이 먹을 만한 좋은 과실을 맺게 하셨습니다. 동산에는 나무와 식물들에게 물을 주는 시내가 흘렀습니다.

하나님께서는 그들에게, 딱 한 나무 열매 말고는 어떤 나무 열매든 먹어도 된다고 말씀하셨습니다. 그 나무 열매는 사람들이 선과 악을 알게 하는 것이었습니다. 그 과일을 먹으면 죽게 됩니다.

아담과 하와는 동산에 살면서 그곳을 돌보았습니다. 저녁마다 하나님께서 동산을 거니셨고, 그들과 대화를 나누러 오셨습니다.

어느 날 뱀이 하와에게 이야기했습니다. "하나님이 정말 어떤 나무 열매도 먹으면 안 된다고 하셨어?"라고 물었습니다.

하와가 대답하였습니다. "아니, 하나님께서는 동산에 있는 한 가지 말고는 어떤 나무 과일도 먹어도 된다고 하셨어. 동산 중앙에 있는 나무 열매를 먹으면 죽게 될 거야."

뱀이 놀란 듯이 물었습니다. "하나님이 그렇게 말씀하셨다고? 그건 사실이 아니야. 네가 하나님처럼 되는 것이 싫어서 그렇게 말씀하셨을 뿐이야. 네가 그 과일을 먹으면 너는 하나님처럼 되어 무엇이 좋고 나쁜지 알게 되기 때문이야."

하와는 나무를 바라보았습니다. 아름다운 나무였습니다. 과일 또한 아주 먹음직스러워 보였습니다. 지혜로워지면 얼마나 좋을까 생각하였습니다. 그래서 하와는 손을 뻗어 나무에서 과일을 하나 따서 한 입 베어먹었습니다. 아담에게 주자 그도 먹었습니다.

즉시 그들은 나쁜 선택을 했다는 것을 깨달았습니다. 그러나 너무 늦었습니다. 하나님께서 동산에 오실 때가 되었습니다. 이들은 어디에 숨을 수 있을까요? 그들은 부끄러워서 하나님과 대화하고 싶지 않았습니다. 큰 나뭇잎으로 옷을 만들어 입고 나무 뒤에 숨었습니다. 하나님께서 그들을 부르시며 물으셨습니다. "어디에 있느냐?" 그들이 나무 뒤에서 나오자, 하나님께서는 그들이 만든 옷을 보시고 말씀하셨습니다. "무슨 일이냐? 내가 먹지 말라는 과일을 먹었느냐?"

아담은 하와를 탓하려고 하였습니다. "여자가 그 열매를 주어서 먹었습니다." 하와는 뱀을 탓하였습니다. "뱀이 저를 속였습니다."

하나님은 아담과 하와에게 벌을 주셨습니다. 그들을 동산에서 쫓아내신 것입니다. 삶에 힘든 일이 가득했습니다. 그러나 하나님께서는 그들을 계속 사랑하셨습니다. 하나님께서는 언젠가 그들이 다시 하나님과 가까이 살게 해 줄 구원자를 보내겠다 약속하셨습니다.

참고:

한 번에 이 이야기를 다 할 수도 있고, 첫 번째 이야기를 한 후에 연관된 질문을 하고 다시 두 번째 이야기를 한 후에 연관된 질문을 할 수 있습니다.

질문

(다음 질문들은 아이들이 들은 이야기를 다시 이야기하게 하고 대화를 나눔으로 심화 학습 하도록 구성되었습니다. 질문은 연령에 따라 다르게 이해될 수 있습니다. 아이들이 이 시간을 잘 끌어가도록 도우십시오. 시간이 부족하면 질문을 다 하지 않아도 됩니다. 아이들과 이야기를 나눌 때 하나님의 인도하심을 구하세요.)

1 이 이야기에서 하나님에 대해 무엇을 배웠습니까?

2 하나님께서는 어떻게 세상을 창조하셨습니까? 손을 사용하셨나요? 무엇을 사용하셨나요?

3 하나님께서 세상을 창조하시는 데 얼마나 걸렸나요?

4 하나님께서는 자기가 만드신 모든 것들을 보시고 어떻게 느끼셨습니까?

5 하나님께서 만드신 것에 대해 여러분은 어떤 마음이 드십니까?

6 여러분이 이 이야기에서 좋아하는 것은 무엇입니까? 좋아하지 않는 것은 무엇입니까?

7 하나님께 불순종하게 하려고 뱀은 하와를 어떻게 속였습니까?

8 금지된 과일을 먹고 아담과 하와는 어떤 마음이 들었습니까?

9 금지된 과일을 먹은 후 하나님께서 동산에 방문하시자 아담과 하와는 무엇을 하였습니까?

10 아담과 하와가 하나님께 불순종했다는 것을 아시고, 하나님은 아담과 하와에게 무엇을 하셨습니까?

11 하나님께 불순종하면 용서해 주실까요?

성경을 삶에 적용하기

이야기천에서 2번 그림을 보여주세요.

말씀하세요 여기 하나님의 창조물 몇 가지가 있습니다. 하나님께서 천지를 창조하실 때 에덴 동산이 얼마나 아름다웠는지 상상해 봅시다. 또 무엇이 있었을까요?

대답을 기다리세요. 3번 그림을 가리키시고

물어보세요 아담과 하와가 왜 잘못된 선택을 했을까요? 여러분은 잘못된 선택을 한 적이 있습니까? 그 선택 때문에 어떤 일이 있었나요?

대답을 기다려주세요. 말씀하세요 아담과 하와가 불순종하기로 한 것은 하나님 마음을 아프게 하였습니다. 그러나 하나님은 그들을 용서하셨습니다. 하나님께서는 여러분도 용서하실 것입니다. 하나님께나 사람들에게 불순종하였다면, 미안하다고 하며 용서를 구할 수 있습니다. 누군가에게 상처를 준 적 있는지 생각해 보세요. 그 사람에게 용서를 구하지 않았다면, 하나님께서는 여러분이 어떻게 하기를 원하실까요? 그 사람에게 있었던 일을 말하고 용서를 구할 수 있겠습니까?

아이들이 옳은 선택을 하고, 다른 사람들을 용서하도록 하나님의 도움을 구하고 기도하십시오. 잘못된 선택에 대해 말하고 싶은 사람이 있다면 들어 보는 시간을 가지세요.

학습 활동 : 크레용 암송 구절

준비물 흰 도화지나 카드 용지, 흰색 크레용, 수성 페인트, 페인트 붓, 컵

- 아이들에게 도화지와 크레용을 나누어 주세요.
- 아이들이 크레용으로 외울 말씀을 도화지에 씁니다.
- 수성 페인트, 붓, 그리고 물 반 컵을 주십시오.
- 아이들은 도화지에 그리고 싶은 것을 그립니다.

놀이 시간 - 릴레이 경기 (20분)

준비물 플라스틱 혹은 나무 숟가락 3개, 플라스틱 달걀 3개, 공 3개, 줄넘기 3개

아이들을 2-3조로 나눕니다.

❶ 플라스틱 달걀과 숟가락 – 숟가락과 플라스틱 달걀을 각 조에게 나누어 주세요. 아이들은 달걀을 숟가락에 담아서 결승점에 갔다가 출발점으로 돌아옵니다. 일찍 끝내는 팀이 이깁니다.

❷ 공 가지고 뜀 뛰기 – 각 조에 공을 나누어 주세요. 공을 다리 사이에 넣고 결승점에 갔다가 출발점으로 돌아옵니다. 출발점으로 돌아오면 다음 아이에게 공을 넘깁니다. 먼저 끝내는 팀이 이깁니다.

❸ 위아래로 공 넘기기 - 각 조는 어느 정도 간격을 두고 섭니다. 첫 사람이 머리 위로 공을 넘겨서 다음 사람에게 주고 다음 사람은 공을 다리 사이로 다음 사람에게 넘깁니다. 끝까지 갔다면, 같은 방법으로 처음 사람까지 공이 돌아오게 합니다. 먼저 끝내는 조가 이깁니다.

❹ 줄넘기 릴레이 – 줄넘기를 각 조에게 주세요. 첫 사람이 정해 놓은 장소까지 달려갑니다. 거기에서 줄넘기를 5번 합니다. 그리고 달려와서 다음 사람에게 줄넘기를 넘겨줍니다. 그렇게 조원 모두가 마친 조가 이깁니다.

간식 시간 (20분)

과일을 아이들에게 나누어 주세요. (바나나, 사과, 포도 등.)

주의 사항: 음식 알레르기가 있는지 확인하세요.

물어보세요 지금 먹고 있는 과일을 하나님께서 몇일 째에 창조하셨는지 기억하시나요? (제 삼 일째) 하나님께서 매일 무엇을 창조하셨는지 계속 나누어 보세요. 오늘 들은 성경 이야기를 말해 보거나, 연기해 볼 아이들이 있는지 물어봅니다. 아이들과 친분을 쌓기 위한 대화의 시간으로 활용하십시오.

만들기 시간 - 지문 그림

준비물 카드 용지에 베낀 창조 이야기판 복사본 여러 개(창조 이야기판은 부록에), 물휴지, 가는 마커, 다양한 색깔의 잉크 패드

- 아이들에게 이야기를 하나씩 나누어 주세요. 아이들이 잉크 패드에 엄지손가락을 조심스럽게 찍게 도와주십시오.
- 자기 엄지 손가락 지문으로 창조 이야기 그림을 그려 보도록 하세요.
- 창조 이야기판으로 가족과 친구들에게 이야기를 전해 볼 수 있게 해 주세요.

폐회

이 시간을 복습하는 기회로 삼으십시오. 성경 이야기를 다시 말해 볼 자원자를 찾습니다. 한 아이가 먼저 말하고, 다른 아이들이 이야기를 이어받아 함께 이야기를 완성할 수 있습니다. 아이들을 보내기 전에 기도하세요. 내일은 친구들을 데려올 수 있도록 해 보세요.

2 예수님이 태어나심

"하나님이 세상을 이처럼 사랑하사 독생자를 주셨으니 이는 저를 믿는 자마다 멸망치 않고 영생을 얻게 하려 하심이니라"
요한복음 3:16

아이들이 오면 연령별로 조를 나눕니다. 조마다 다른 색깔 스티커로 표시하세요. 5살 미만, 6–8세, 9–12세 등(필요하다면 조를 더 다양하게 나누어도 됩니다). 교대 시 적어도 자원봉사자 한 명과, 각 조와 계속 함께 있을 한 명이 있어야 합니다.

오늘 모임을 네 가지 활동으로 나눕니다: 성경 이야기, 놀이, 간식, 만들기. 활동별로 20분 정도를 할애하여 다음 활동으로 전환합니다. 아이들이 도착하면 인도자들은 아이들과 인사하고 집–잽 게임을 하세요.

원형을 만들어 섭니다. 술래를 정하고 가운데 세웁니다. 술래가 한 사람을 지목하여, "집" 또는 "잽" 하고 외칩니다. "집" 하면 지목된 사람은 자기 오른쪽 사람 이름을 말합니다. 술래가 "잽" 하면, 지목된 사람은 자기 왼쪽 사람 이름을 말합니다. 5초 내로 답을 못하면 그 사람이 술래가 됩니다.

전체 소개 (15분)

아이들이 음악에 맞추어 움직이도록 합니다. 친숙한 노래나, 아래에 제안하는 노래 중에 고르세요. 기억하기 쉬운 노래들로 준비합니다. 기타를 칠 수 있는 사람이 있다면 도움을 구해 보세요. 다음 노래들을 모르면 더 찾아 준비하세요.

"기쁘다 구주 오셨네" "고요한 밤 거룩한 밤" "천사 찬송하기를" "그 어린 주 예수"

인도자들이 나와서 자기 소개를 합니다. 오늘 무엇을 배울지, 그리고 기대할 만한 것은 무엇일지 말씀해 주세요. 아이들이 알아야 할 지침은 다시 확인하여 전달합니다. 기도로 이 시간을 마무리합니다.

소모임 활동

성경 시간

각 성경 이야기는 구연에 맞게 구성되어 있습니다. 각 장은 이야기를 어떻게 배울지 알려줄 뿐 아니라, 전달 방식의 모범을 보여줍니다. 함께 구성된 이야기천은 이야기를 떠올리기 위한 시각 효과를 위해 사용합니다. 이야기마다 질문과 적용이 있습니다. 또한 성경 시간에는 외울 말씀을 익히는 학습 활동도 있습니다. 요한복음 3:16은 매번 사용합니다.(20분)

성경 이야기 구연을 위한 준비

아이들에게 '성경에 있는' 이야기를 전하십시오. 성경이 말하는 것보다 더하거나 덜하지 말고 가능한 한 성경 그대로 전하도록 주의를 기울이십시오. 이야기를 전할 때 여러분의 설명을 더하지 않도록 자제하십시오. 성경 이야기를 준비할 때 다음 사항을 참고하십시오:

1. 오늘 이야기의 본문은 마태복음 1:18-2:12; 3:1-12; 마가복음 1:1-8; 누가복음 1:26-38; 2:1-20입니다. 이 중 한두 가지 말씀을 고르세요.
2. 본문을 읽고 또 읽으세요. 이야기 주제를 마음에 새깁니다.
3. 눈을 감고 이야기를 상상해 보세요. 이야기 전개를 머릿속에 펼쳐 보세요.
4. 어떤 말들은 아이들을 위해 단순화하세요.
5. 성경을 덮고 여러분 자신에게 큰 소리로 이야기해 보세요. 가족이나 친구에게 이야기를 전해 보고 어떻게 하면 이야기를 더 잘 전할 수 있을지 도움을 구하세요.
6. 원고 없이 이야기를 할 수 있을 때까지 반복하며 연습해 보십시오.

2 예수님이 태어나심

마태복음 1:18-2:12; 3:1-12; 마가복음 1:1-8;
누가복음 1:26-38; 2:1-20

성경 이야기를 위한 준비

물어보세요 지난 시간에는 하나님께서 세상과 첫 사람 아담과 하와를 어떻게 창조하셨는지 들었습니다. 아담과 하와가 하나님께 어떻게 불순종하였는지도 배웠습니다. 오늘 이야기는 이 땅에 구원자가 어떻게 오셨는지에 관한 것입니다. (지난 이야기를 떠올리기 위해, 지난 시간 사용한 창조 이야기판이나 이야기천을 활용할 수 있습니다.) 말씀하세요 오늘 이야기는 하나님의 말씀에 있는 것이고, 이 말은 그것이 참된 이야기라는 뜻입니다.

이야기 1

하나님께서 구원자이신 자기 아들 예수님을 보내실 때가 되었습니다. 가브리엘 천사가 마리아라 불리는 어린 여인에게 나타나서 말하였습니다. "하나님께서 당신을 선택하여 자기 아들을 낳게 하셨습니다. 아기 이름을 예수라 하십시오." 마리아의 남편은 요셉이었고, 예수님이 이 땅에 머무실 때 그분의 아버지였습니다.

예수님이 태어나시기 전 이스라엘을 다스리던 지도자는, 모든 사람이 로마 제국의 호적에 이름을 올리라는 법을 만들었습니다. 이것은, 사람들이 각자 태어난 곳에 가서 인구 조사를 받아야 했다는 것을 말합니다.

요셉과 마리아는 베들레헴이라는 마을로 갔습니다. 여행은 길었고, 마리아는 아이를 낳을 때가 되었습니다. 마리아와 요셉이 베들레헴에 도착했으나 잠 잘 곳이 없었습니다. 다른 사람들도 호적에 이름을 올리러 베들레헴에 왔기 때문에, 남은 방이 하나도 없었습니다. 여관 주인은 마구간에서 자게 해 줄 수는 있다고 하였습니다.

바로 그 밤에 예수님이 태어나셨습니다. 마리아는 아기를 강보에 싼 후, 소의 먹이를 담는 구유에 누였습니다.

목자들이 그 밤에 양떼를 돌보려고 들판에 있었습니다. 천사가 나타나서 목자들 주위에 빛을 밝게 비추었습니다. 목자들은 두려워 떨었습니다. 그러나 천사가 말하였습니다. "두려워하지 마십시오. 제게 모든 사람들을 위한 좋은 소식이 있습니다. 오늘 구원자이신 하나님의 아들이 태어나셨습니다. 여러분은 가서 강보에 싸여 구유에 누우신 아기를 보게 될 것이고, 제 말씀이 맞다는 것을 알게 될 것입니다."

그러자 수많은 천사가 하늘에서 하나님을 찬

송하였습니다. 천사들이 떠나고, 목자들은 서둘러 베들레헴에 있는 마구간에 가서 구유에 누워 계신 아기 예수님을 보았습니다. 목자들은 돌아가서 그 밤에 하나님 아들이 나셨다고 사람들에게 전하였습니다.

예수님이 나신 후 얼마 지나, 동방에서 온 박사들이 하나님의 아들을 찾아왔습니다. 별이 예수님 계신 곳으로 인도하였습니다.

동방박사들이 아기 예수님과 어머니를 보고 집으로 들어갔습니다. 박사들은 무릎을 꿇고 예수님께 경배하였습니다. 그들은 세 가지 보배, 황금, 유향, 몰약(아주 좋은 향이 나는 기름)을 가져와서 그분께 드렸습니다.

마리아와 요셉은 예수님을 사랑으로 잘 돌보았습니다. 그들은 예수님의 부모가 되게 하신 하나님께 감사드렸습니다.

질문

(다음 질문들은 아이들이 들은 이야기를 다시 이야기하게 하고 대화를 나눔으로 심화 학습 하도록 구성되었습니다. 질문은 연령에 따라 다르게 이해될 수 있습니다. 아이들이 이 시간을 잘 끌어가도록 도우십시오. 시간이 부족하면 질문을 다 하지 않아도 됩니다. 아이들과 이야기를 나눌 때 하나님의 인도하심을 구하세요.)

1 하나님께서는 누구를 구원자로 이 땅에 보내신다고 하셨습니까?
2 이야기 초반에 무슨 일이 있었습니까? (한 사람이 이야기 앞 부분을 이야기 한 다음, 다른 아이들이 이야기 다음 부분을 이어가며 전체 이야기를 완성해 봅니다.)
3 이야기 속 등장 인물들은 누구입니까?
4 하나님께서는 왜 자기 아들 예수님을 보내셨나요?
5 이 이야기에서 여러분이 가장 좋아하는 부분은 무엇입니까?

성경을 삶에 적용하기

아이들이 이야기에 대해 질문을 하거나 말해 볼 시간을 가지세요. 이야기천에서 27번 그림, "예수님이 태어나심"을 가리키고 말씀하세요 방금 들은 이야기는 첫 크리스마스에 대한 것입니다. 이 이야기를 전에 들어본 적 있나요? 여러분 가족이 크리스마스 때 이 이야기를 읽나요? 누구에게 이 이야기를 해 줄 수 있을까요?

아이들 몇 명이 실제 구유 장면을 재현하여 보도록 지도하세요. 하나는 마리아, 하나는 요셉 그리고 두세 명은 목자가 되고, 다른 두세 명은 천사 역할을 맡습니다. 분장 소품을 사용해도 됩니다. (침대보, 큰 천, 또는 수건을 의상으로 활용할 수 있습니다.) 구유에 누우신 아기 예수를 나타내도록 상자와 인형을 한 쪽에 놓으세요. 나머지 아이들은 구유 장면에 놓일 물건들을 배치합니다. 아이들이 연기하는 동안 한 아이는 오늘 이야기를 재구연합니다.하나님께서 우리를 사랑하셔서 오래전 그 아들 예수님을 보내신 것에 감사하며 기도로 마치세요.

학습 활동 : 숨겨진 단어

준비물 3 X 5(125 X 75mm) 인덱스 카드, 색깔 펜

- 아이들이 오기 전에 외울 말씀을 인덱스 카드에 한 단어씩 적어 놓으세요. 색을 바꾸어 다음 세트를 만들어 주세요. 각 단어가 모두 쓰인 2-4벌을 구비하십시오.
- 카드는 놀이 장소 여러 곳에 숨겨주세요.
- 아이들을 색깔 별로 조를 나누세요. (대략 한 팀당 4-8명 정도로) 각 조 색에 해당하는 카드를 찾습니다.
- 각 조는 성경 구절을 알맞은 순서대로 맞춥니다. 먼저 끝내는 조가 이깁니다.

놀이 시간 - 껑충 뛰기 릴레이 (20분)

준비물 다음 단어를 쓴 카드 – 한 발 뛰기, 팔짝팔짝 뛰기, 위로 껑충 뛰기, 달리기, 뒤로 걷기, 기어가기, 걷기, 옆으로 걷기, 옆으로 껑충 뛰기, 게 걸음 등 (조마다 동일한 단어 카드 한 벌씩)

- 동일한 인원으로 두 조를 나누어 주십시오.
- 9m 정도 거리를 두어 마주보는 두 선을 그리세요.
- 각 조 출발선에 카드 한 벌씩 놓아 주세요.
- 시작 신호가 울리면 첫 번째 선수는 반대편 선으로 달려갔다가 돌아와, 자기편 카드를 한 장 집어 다음 아이에게 줍니다.
- 두 번째 선수부터 앞 선수가 준 카드에 쓰인 대로 자세를 취합니다. 자기 조 출발선에서 카드에 적힌 대로 자세를 취한 다음, 상대편 선까지 달려갔다 와서 다음 선수에게 카드 하나를 뽑아 줍니다.
- 각 조 모든 선수가 먼저 돌아오는 쪽이 이깁니다.

간식 시간

건강한 간식을 준비하십시오.

주의사항: 음식 알레르기가 있는지 확인하세요. 이 시간을 성경 이야기를 나누는 기회로 삼으세요. 아이들에게 오늘 들은 성경 이야기를 연기해 보게 하세요. 동시에 한 명은 연기에 맞추어 이야기를 읽을 수도 있습니다. 아이들과 친분을 쌓도록 이 시간을 활용하세요.

만들기 시간 - 별 장식 만들기

준비물 한 사람 당 3개의 아이스크림 막대, 약 30cm 실, 장식용 스팽글 혹은 장난감 보석, 목공용 풀, 가는 마커, 반짝이 가루

- 아이스크림 막대 두 개를 X모양으로 만들어 목공용 풀로 붙입니다. X모양 중간에 막대 하나를 세로 모양으로 붙이세요.
- 막대 하나에는 다음과 같이 씁니다: "하나님께서 자기 아들 예수님을 보내셨습니다." (미리 써 놓아도 됩니다.)
- 아이들이 마커, 장식 보석, 스팽글, 반짝이 가루로 별을 장식합니다.
- 세 막대가 겹치는 접점에 실을 골고루 돌린 후 뒤에서 묶으세요. 길게 남은 실 끝 부분을 단단하게 두 번 묶어 벽에 걸도록 고리를 만듭니다.
- 저학년을 위해 별을 미리 만들어 놓거나 도우미를 섭외해 놓으세요.

폐회

이 시간을 복습하는 기회로 삼으십시오. 성경 이야기를 다시 말해 볼 자원자를 찾습니다. 오늘 성경 이야기 질문을 다시 해 보십시오. 아이들이 오늘 들은 성경 이야기를 다른 누군가에게 전해 보게 해 주세요. 아이들을 보내기 전에 기도합니다. 내일은 친구들을 데려올 수 있도록 해 보세요.

3 예수님이 오천 명을 먹이시다

"하나님이 세상을 이처럼 사랑하사 독생자를 주셨으니 이는 저를 믿는 자마다 멸망치 않고 영생을 얻게 하려 하심이니라"

요한복음 3:16

아이들이 오면 연령별로 조를 나눕니다. 조마다 다른 색깔 스티커로 표시하세요. 5살 미만, 6–8세, 9–12세 등(필요하다면 조를 더 다양하게 나누어도 됩니다.). 교대 시 적어도 자원봉사자 한 명과, 각 조와 계속 함께 있을 한 명이 있어야 합니다.

오늘 모임을 네 가지 활동으로 나눕니다: 성경 이야기, 놀이, 간식, 만들기. 활동별로 20분 정도를 할애하여 다음 활동으로 전환합니다.

아이들이 오면 인도자는 아이들과 인사한 다음 수건돌리기, 낙하산 놀이, 꼼짝 마! 등을 합니다. 실내에서 모인다면 모임 시작 전에 색칠 공부를 하도록 크레용도 준비하세요.

전체 소개 (15분)

아이들이 음악에 맞추어 움직이도록 합니다. 친숙한 노래나, 아래에 제안하는 노래 중에 고르세요. 기억하기 쉬운 노래들로 준비합니다. 기타를 칠 수 있는 사람이 있다면 도움을 구해 보세요. 다음 노래들을 모르면 더 찾아 준비하세요.

"예수께로 가면" "예수 사랑 하심은" "주는 나를 기르시는 목자"
"우리 모두 다 같이 손뼉을" "좋으신 하나님"

이 시간에 인도자를 소개합니다. 아이들에게 오늘 어떤 일이 있을지, 그리고 무엇을 기대할 만할지 말씀해 주세요. 특별히 알릴 점이 있다면 이때 같이 알리십시오. 기도로 이 시간을 마무리합니다.

소모임 활동

성경 시간

성경 이야기는 구연에 맞게 구성되어 있습니다. 각 장은 이야기를 어떻게 배울지 알려줄 뿐 아니라, 전달 방식의 모범을 보여줍니다. 함께 구성된 이야기천은 이야기를 떠올리기 위한 시각 효과를 위해 사용합니다. 이야기마다 질문과 적용이 있습니다. 또한 성경 시간에는 외울 말씀을 익히는 학습 활동도 있습니다. 요한복음 3:16은 매번 사용합니다.(20분)

성경 이야기 구연을 위한 준비

예수님이 오천 명을 먹이신 이야기는, 하나님 능력이 우리 필요를 채우신다는 것을 가르쳐 줄 것입니다.

아이들에게 '성경에 있는' 이야기를 전하십시오. 성경이 말하는 것보다 더하거나 덜하지 말고 가능한 한 성경 그대로 전하도록 주의를 기울이십시오. 이야기를 전할 때 여러분의 설명을 더하지 않도록 자제하십시오. 성경 이야기를 준비할 때 다음 사항을 참고하십시오:

1. 오늘 이야기의 본문은 마태복음 14:13-21; 마가복음 6:30-44; 누가복음 9:10-17; 요한복음 6:1-15; 6:24-71입니다. 이 중 한두 가지 말씀을 고르세요.
2. 본문을 읽고 또 읽으세요. 이야기 주제를 마음에 새깁니다.
3. 눈을 감고 이야기를 상상해 보세요. 이야기 전개를 머릿속에 펼쳐 보세요.
4. 어떤 말들은 아이들을 위해 단순화하세요.
5. 성경을 덮고 여러분 자신에게 큰 소리로 이야기해 보세요. 가족이나 친구에게 이야기를 전해 보고 어떻게 하면 이야기를 더 잘 전할 수 있을지 도움을 구하세요.
6. 원고 없이 이야기를 할 수 있을 때까지 반복하며 연습해 보십시오.

3 예수님이 오천 명을 먹이시다

마태복음 14:13-21; 마가복음 6:30-44;
누가복음 9:10-17; 요한복음 6:1-15; 6:24-71

성경 이야기를 위한 준비

이야기천에서 27번 그림을 가리키고 ? 물어보세요 약속으로 태어난 아기 이름은 무엇입니까? 하나님께서는 왜 이 특별한 아기를 보내셨습니까? 이 아기는 자라면 사람들을 위해 무엇을 하게 됩니까? 예수님은 한때 여러분과 같은 소년이었습니다. 성경에는 예수님이 자랄 때 어떠했는지 자세히 나오지 않습니다. 그러나 그분이 어른이 되어서 하신 일은 알려줍니다. 그것이 무엇이었는지 말할 수 있도록 잘 들어보세요. 오늘 이야기에서 예수님은 어른이시고, 사람들에게 하나님에 대하여 가르치시며 많은 시간을 보내십니다. 예수님이 하나님에 대하여 가르치시는 것을 들으려고 많은 사람들이 왔습니다. 이 시간, 하나님께서 여러 또래의 어떤 소년을 사용하셔서 오천 명을 먹이신 이야기를 잘 들어 보세요.

이야기

예수님은 하나님 말씀을 가르치시는 것과, 아픈 이들을 고쳐주시는 것 때문에 사람들에게 알려지셨습니다. 어느 날 많은 사람이 예수님의 말씀을 들으려 모였습니다. 아픈 사람들은 낫고 싶어 왔습니다. 그런데 모인 사람들에게 먹을 것이 없었습니다. 음식이라고는 아무 것도 살 수 없는 외진 곳에 있었습니다.

예수님이 친구 빌립에게 물으셨습니다. "어디 가면 사람들에게 줄 떡을 좀 살 수 있을까?" 그러나 빌립이 대답하였습니다. "우리는 이 사람들을 다 먹일 수 없습니다. 각 사람에게 조그만 떡 조각을 준다고 해도, 한 사람이 이백 일이나 일한 만큼의 돈이 들 것입니다."

예수님 친구 중 하나인 안드레가 크게 말하였습니다. "여기 작은 아이에게 떡 다섯과 물고기 두 마리가 있습니다. 그러나 이 많은 사람들을 다 먹일 수는 없습니다!"

예수님이 말씀하셨습니다. "모두 앉으라고 하여라. 그리고 아이를 데리고 와라." 거기에는 오천 명 정도 되는 남자들이 있었습니다. 예수님은 떡을 들고 하나님께 감사 기도를 드리셨습니다. 그리고 그 사람들에게 떡을 나누어 주셨습니다. 그리고 물고기도 나누어 주셨습니다.

모든 이들이 먹고 싶은 만큼 먹었습니다. 모두 배가 차자 예수님이 친구들을 돌아보며 말씀하셨습니다. "남아 있는 것을 거두고, 아무 것도 버리지 말아라." 제자들은 일어나서 나머지 음식을 열두 바구니에 가득 채웠습니다.

사람들은 너무 놀랐습니다. 그들은 이것이 기적인 줄 알았고, 하나님만이 하실 수 있는 일이라는 것을 알았습니다. 예수님은 사람이셨습니다. 그러나 그는 예수님은 하나님의 아들이며, 하나님이 하시는 일을 하셨습니다. 예수님이 하신 모든 일을 보고 사람들은 놀랐습니다. 그래서 사람들은 예수님이 자기들 왕이 되어 주시기를 바랐습니다. 그러나 예수님은 왕이 되려 하지 않으셨기 때문에 떠나셨습니다. 예수님이 사람들이 없는 곳에 혼자 계시려고 산으로 올라가셨습니다.

질문

(다음 질문들은 아이들이 들은 이야기를 다시 이야기하게 하고 대화를 나눔으로 심화 학습 하도록 구성되었습니다. 질문은 연령에 따라 다르게 이해될 수 있습니다. 아이들이 이 시간을 잘 끌어가도록 도우십시오. 시간이 부족하면 질문을 다 하지 않아도 됩니다. 아이들과 이야기를 나눌 때 하나님의 인도하심을 구하세요.)

1 왜 사람들은 예수님의 말씀을 들으려고 왔습니까?

2 사람들에게는 어떤 문제가 있었습니까?

3 어린 소년은 점심 식사로 무엇을 가지고 왔습니까?

4 예수님은 소년이 드린 음식을 어떻게 하셨습니까?

5 여러분은 그 음식의 어떤 점 때문에 놀랐나요? 그 일은 어떻게 일어났습니까?

6 예수님는 사람들에게 음식을 나누어 주시기 전에 무엇을 하셨습니까?

7 남은 음식은 얼마나 되었습니까?

8 사람들은 왜 그 일로 놀랐습니까? 여러분도 놀란 적이 있나요? 왜 놀랐습니까? 아니면 왜 놀라본 적이 없었을까요?

9 어떤 사람이 기적이 무엇인지 묻는다면 여러분은 무엇이라고 하겠습니까?

10 사람들은 예수님이 어떤 분이 되어 주시기를 바랐습니까? 예수님은 그들 생각에 동의하셨나요?

11 이 이야기에서 예수님에 대해 무엇을 배울 수 있습니까?

12 이 이야기에서 여러분이 좋아하는 것은 무엇입니까?

13 우리는 어떻게 자기 점심식사를 나눈 아이처럼 될 수 있을까요?

성경을 삶에 적용하기

아이들을 전부 모으세요. 이야기천에서 32번 그림, "예수님이 오천 명을 먹이시다"를 가리키고

설명하세요 우리는 예수님을 볼 수는 없지만 그분이 우리를 사랑하시고, 이 이야기에서 사람들을 돌보신 것처럼 우리를 돌보아 주시는 것을 알 수 있습니다. 예수님이 우리를 돌보아 주시는

것을 어떻게 알 수 있습니까?

대답을 기다려주세요. 그리고 필요하면 한두 가지 대답을 제시해 보세요. (예수님은 우리가 잘못된 일을 하려고 할 때 옳은 선택을 하도록 도우십니다. 우리가 두렵고, 외롭고, 친구가 없다고 생각할 때 우리를 도와주십니다.)

말씀하세요 어린 소년처럼 다른 사람들을 도울 방법에는 어떤 것들이 있는지 말하여 보세요.

대답을 들은 후 말씀하세요 여러분이 말한 것들은 사람들을 도울 수 있는 좋은 방법들입니다. 이번 주에 할 수 있는 한 가지를 골라 보세요. 예수님께 우리를 돌보아 주심에 감사하고, 어떻게 다른 사람들을 도울지 하나님께 여쭈어 보는 기도를 하세요.

학습 활동

준비물 비치볼

비치볼을 한 아이에게 건네세요. 그 아이가 성경 구절의 첫 단어를 말하고 다음 사람에게 비치볼을 넘기면 넘겨 받은 사람은 두 번째 단어를 말합니다. 성경 구절 전체를 다 말할 때까지 계속합니다. 아이들 모두에게 차례가 돌아가도록 여러 번 계속하세요.

놀이 시간 - 술래 잡기 (20분)

- 한 사람을 술래로 정하세요.
- 술래가 사람들을 쫓기 전 엉뚱한 자세를 취합니다. (양손을 머리에 올린 채 한 발로 서거나, 손으로 양 발목을 잡거나, 차렷 자세로 서 있는 등.) 모든 사람이 볼 수 있어야 합니다.
- 그 다음 술래가 아이들을 쫓습니다. 잡히지 않기 위해서는, 술래가 앞에서 보여준 자세를 그대로 취해야 합니다.
- 그 자세를 취하지 못하고 잡히면 다음 술래가 되고, 새 술래는 새로운 자세를 취하면서 놀이를 시작합니다.
- 이 놀이는 하나님께 순종하는 것과 규칙을 따르는 것의 중요성을 강조하는 데 도움이 됩니다.

간식 시간

아이들에게 물고기 과자와 물을 주세요.

주의사항: 음식 알레르기가 있는지 확인하세요. 예수님 당시에는 많은 이들이 어부였고, 예수님 제자들 중에도 어부가 여럿 있었다고 알려주세요. 어린 소년의 점심 식사는 무엇이었고, 예수님은 모든 사람들을 먹이려고 그것을 어떻게 하셨는지 이야기를 나누어 봅니다. 아이들이 기억나는 부분을 계속해서 이야기하도록 해 주세요. 아이들과 대화하며 더 알아가는 시간으로 활용하세요.

만들기 시간 - 물고기 열쇠고리

준비물 벨벳 철사 끈, 열쇠고리(아이들 수 만큼), 꿸 수 있는 구슬

벨벳 철사 끈을 반으로 접은 다음 접힌 중앙 부분의 일부를 작은 하트 모양으로 만들어 물고기의 꼬리로 사용합니다. 길게 남은 철사 끈 양쪽으로 약 2.5cm 남기고 구슬을 끼우세요. 끈 양쪽 끝을 돌려 고정하세요.

열쇠고리 링을 붙이고 철사 끈으로 묶으세요. 만든 열쇠고리를 사용하여 가족들이나 친구들에게 예수님이 오천 명을 먹이신 오늘 이야기를 나누어 봅니다.

폐회

이 시간을 복습하는 기회로 삼으십시오. ? 물어보세요 오늘 우리가 한 활동 중 어떤 것이 가장 좋았나요? 오늘 이야기를 다시 말해 볼 사람 있나요? 누가 그 이야기를 듣고 싶어할까요? 그 사람에게 그 이야기를 해 줄 건가요? 마무리하면서 자기 경험을 아이들과 나눌 자원자를 초청하는 것도 좋습니다. 아이들을 보내기 전에 기도하세요.

④ 예수님의 죽음과 부활

"하나님이 세상을 이처럼 사랑하사 독생자를 주셨으니 이는 저를 믿는 자마다 멸망치 않고 영생을 얻게 하려 하심이니라"

요한복음 3:16

아이들이 오면 연령별로 조를 나눕니다. 조마다 다른 색깔 스티커로 표시하세요. 5살 미만, 6–8세, 9–12세 등(필요하다면 조를 더 다양하게 나누어도 됩니다). 교대 시 적어도 자원봉사자 한 명과, 각 조와 계속 함께 있을 한 명이 있어야 합니다.

오늘 모임을 네 가지 활동으로 나눕니다: 성경 이야기, 놀이, 간식, 만들기. 활동별로 20분 정도를 할애하여 다음 활동으로 전환합니다.

아이들이 오면 인도자들은 아이들과 인사하고 '위로 아래로' 놀이를 하세요. 뜨개실 두 개나 노끈 두 뭉치를 준비하세요. (플라스틱 공이나 스카프 등으로 대체할 수 있습니다.) 아이들을 두 조로 나누어 나란히 줄을 세우세요. 각 줄마다 첫 사람에게 실 뭉치를 줍니다. 받은 아이는 뜨개실을 자기 어깨너머로 뒷사람에게 넘깁니다. 다음 사람은 뒷사람에게 자기 다리 사이로 실 뭉치를 넘깁니다. 세 번째 사람은 어깨너머로 실 뭉치를 넘깁니다. 네 번째 사람은 다시 다리 사이로 실을 넘깁니다. 마지막 사람에게 실 뭉치가 전달될 때까지 이 과정을 반복합니다. 마지막 사람은 앞 사람에게 달려가 실 뭉치를 줍니다. 가장 앞에 있는 사람에게 실 뭉치가 돌아올 때까지 진행하십시오. 먼저 끝내는 조가 이깁니다.

전체 소개 (15분)

아이들이 음악에 맞추어 움직이도록 합니다. 친숙한 노래나, 아래에 제안하는 노래 중에 고르세요. 기억하기 쉬운 노래들로 준비합니다. 기타를 칠 수 있는 사람이 있다면 도움을 구해 보세요. 다음 노래들을 모르면 더 찾아 준비하세요.

"예수께로 가면" "예수 사랑 하심은" "주는 나를 기르시는 목자"
"우리 모두 다 같이 손뼉을" "좋으신 하나님"

이 시간에 인도자를 소개합니다. 아이들에게 오늘 어떤 일이 있을지, 그리고 무엇을 기대할 만할지 말씀해 주세요. 특별히 알릴 점이 있다면 이때 같이 알리십시오. 기도로 이 시간을 마무리합니다.

소모임 활동

성경 시간

성경 이야기는 구연에 맞게 구성되어 있습니다. 각 장은 이야기를 어떻게 배울지 알려줄 뿐 아니라, 전달 방식의 모범을 보여줍니다. 함께 구성된 이야기천은 이야기를 떠올리기 위한 시각 효과를 위해 사용합니다. 이야기마다 질문과 적용이 있습니다. 또한 성경 시간에는 외울 말씀을 익히는 학습 활동도 있습니다. 요한복음 3:16은 매번 사용합니다.(20분)

성경 이야기 구연을 위한 준비

십자가와 부활 이야기는 구원자 예수님과 그분이 왜 죽으셔야 했는지 알게 해 줄 것입니다.

아이들에게 '성경에 있는' 이야기를 전하십시오. 성경이 말하는 것보다 더하거나 덜하지 말고 가능한 한 성경 그대로 전하도록 주의를 기울이십시오. 이야기를 전할 때 여러분의 설명을 더하지 않도록 자제하십시오. 성경 이야기를 준비할 때 다음 사항을 참고하십시오:

1. 오늘 이야기의 기본이 되는 십자가 본문(마태복음 27:31-66; 마가복음 15:20-47; 누가복음 23:26-56; 요한복음 19:17-42; 갈라디아서 3:10-14)과 부활 본문(마태복음 28:1-15; 마가복음 16:1-8; 누가복음 24:1-12; 요한복음 20:1-18)을 찾으세요.
2. 십자가 본문 하나와 부활 본문 하나를 고르십시오.
3. 본문을 읽고 또 읽으세요. 이야기 주제를 마음에 새깁니다.
4. 눈을 감고 이야기를 상상해 보세요. 이야기 전개를 머릿속에 펼쳐 보세요.
5. 어떤 말들은 아이들을 위해 단순화하세요.
6. 성경을 덮고 여러분 자신에게 큰 소리로 이야기해 보세요. 가족이나 친구에게 이야기를 전해 보고 어떻게 하면 이야기를 더 잘 전할 수 있을지 도움을 구하세요.
7. 원고 없이 이야기를 할 수 있을 때까지 반복하며 연습해 보십시오.

4 십자가에 못 박히심

마태복음 27:31-66; 마가복음 15:20-47; 누가복음 23:26-56; 요한복음 19:17-42; 갈라디아서 3:10-14

성경 이야기를 위한 준비

말씀하세요 지난 이야기에서, 예수님이 자기가 가르치시던 사람들의 필요를 어떻게 채우셨는지 배웠습니다. 그것은 기적이었습니다. 예수님이 무엇을 하셨는지 말해 볼 사람 있나요? 모두가 예수님을 사랑하지는 않았습니다. 어떤 사람들은 예수님이 죽기를 바라기도 하였습니다. 오늘 이야기를 통해 예수님에 대한 좋은 소식과 나쁜 소식에 대해서 배워 보도록 하겠습니다. 제가 이야기를 할 때 잘 들어 보세요.

이야기 1

빌라도가 사형을 선고하자 군사들은 예수님을 끌고 갔습니다. 그들은 예수님을 예루살렘 밖으로 데려갔습니다. 그들은 십자가형을 받은 두 범죄자 사이에 예수님을 두고 못 박았습니다.

예수님은 십자가에 달리셔서, 자기를 싫어했던 사람들을 생각하셨습니다. 그리고 기도하셨습니다. "하나님, 저들을 용서하여 주십시오. 저들은 자신들이 무엇을 하는지 모릅니다."

그 사람들 중 몇이 말하였습니다. "저 사람이 하나님이 약속하신 그 사람인지 보자. 십자가에서 내려올 수 있을지 보자." 그들은 하나님이 원하셔서 예수님께 이 일이 일어났다는 것을 알지 못했습니다.

옆에 매달린 죄수 중 하나가 예수님을 조롱하였습니다. "너 자신을 구원하고 우리도 구원해 보아라."

다른 죄수는 예수님을 모욕하는 그 죄수에게 말하였습니다. "너는 하나님에 대한 조그마한 존경심도 없느냐? 너도 이분과 같은 벌을 받았다. 우리는 우리가 저지른 일 때문에 벌을 받으시는 것이다. 우리는 도둑이다. 그러나 예수님은 잘못하신 것이 전혀 없다. 그리고는 예수님께 말씀드렸습니다. "왕으로 오실 때 저를 기억해 주십시오."

예수님이 말씀하셨습니다. "오늘 네가 나와 함께 낙원에 있을 것이라 약속하겠다."

예수님이 십자가에 계시던 정오부터 오후 세 시까지 모든 곳이 어두웠습니다. 예수님이 외치셨습니다. "하나님, 저의 생명을 아버지 손에 맡깁니다." 그리고 예수님은 돌아가셨습니다.

책임을 맡은 로마 병사들은 하나님을 높이며 말하였습니다. "그분은 좋은 사람이셨다." 무슨 일이 일어났는지 본 사람들은 매우 슬펐습니다. 여자들을 포함하여 예수님의 친구들이던 사람들은 무슨 일이 일어날지 보려 주위에 머물렀습니다.

아리마대라는 마을의 종교 지도자였던 요셉이라는 사람도 무슨 일이 일어났는지 보았습니다. 그는 다른 종교 지도자들처럼 예수님을 죽이고 싶지 않았습니다. 요셉은 빌라도에게 가서 예수님의 시체를 달라고 하였습니다.

요셉이 십자가에서 시체를 내려서 세마포로 쌌습니다. 그는 돌무덤에 시체를 넣었습니다. 그 무덤은 자기를 위해 마련한 것이었습니다. 그때는 금요일 늦은 오후였습니다. 엄격한 종교인들은 안식일인 토요일에 일하는 것은 옳지 않다고 생각했습니다. 그들은 무덤에 가서 시체를 묻으려 향품과 향유를 사용하려면 일요일까지 기다려야 한다고 생각하였습니다.

이야기 2

주일 아침이 되었습니다. 예수님을 따랐던 여인들이 돌 무덤으로 갔습니다. 큰 지진으로 땅이 흔들렸습니다. 무덤 앞에 있던 큰 돌이 옮겨져 있었습니다. 무덤 안으로 들어갔는데 시체를 찾을 수가 없어서 당황하였습니다.

갑자기 밝은 빛이 나는 옷을 입은 두 사람이 거기에 서 있었습니다. 여자들은 무서웠습니다. 그들은 절을 하며 엎드려 그 사람들에게 경의를 표했습니다. 여인들은 그 사람들이 하는 말에 놀랐습니다.

"왜 살아 있는 사람을 죽은 이들 중에 찾고 있느냐? 그분은 여기에 안 계시다. 살아나셨다. 예수님이 하신 말씀을 기억하느냐? '내가 나쁜 사람들에게 넘겨지고 십자가에 달려야 한다. 그리고 삼일 후에 다시 살아날 것이다.'"

여인들은 무덤에서 달려 나갔습니다. 그들은 무서웠으나 기쁨으로 가득 차 있었습니다. 여인들은 제자들에게 이 소식을 전하려고 달려갔습니다. 갑자기 예수님이 나타나서 말씀하셨습니다. "평안하냐!" 제자들은 예수님께 와서 발을 붙잡고 경배했습니다. 예수님이 말씀하셨습니다. "두려워 말라. 가서 나의 친구들에게 갈릴리로 가라고 하라. 내가 거기서 그들을 만날 것이다."

처음에 제자들은 여인들 말을 믿지 않았습니다. 그들이 지어낸 이야기라고 생각했습니다. 그러나 베드로는 여인들이 한 말을 듣자마자 무덤으로 달려가 보았습니다. 그는 예수님 몸을 쌌던 천을 보았습니다. 그러나 시체는 보지 못했습니다. 베드로는 어쩔 줄 몰랐습니다. 그는 예수께서 생전에 제자들에게 자기가 죽고 다시 살아나야 한다고 하신 말씀을 잊고 있었습니다.

참고: 한 번에 두 이야기를 모두 할 수도 있고, 첫 번째 이야기를 한 후에 관련 질문을 한 다음 두 번째 이야기를 하고 관련 질문을 할 수 있습니다.

질문

(다음 질문들은 아이들이 들은 이야기를 다시 이야기하게 하고 대화를 나눔으로 심화 학습 하도록 구성되었습니다. 질문은 연령에 따라 다르게 이해될 수 있습니다. 아이들이 이 시간을 잘 끌어 가도록 도우십시오. 시간이 부족하면 질문을 다 하지 않아도 됩니다. 아이들과 이야기를 나눌 때 하나님의 인도하심을 구하세요.)

1 이야기천에서 39번 그림, "십자가에 못 박히심"을 가리키시고 물어보세요 이 그림에 있는 사람들은 누구입니까? 십자가에 달린 사람들은 누구입니까? 십자가에 달린 사람들에게 어떤 일이 일어났습니까?

2 이야기천에서 40번 그림을 가리키고 물어보세요 이 사람은 누구일까요? 무슨 일이 있었을까요?

3 이야기천에서 41번 그림, "제자들에게 나타나신 예수님"을 가리키고 물어보세요 누가 서서 사람들에게 말하고 있습니까? 이 사람의 놀라운 점은 무엇입니까?

4 예수님이 자기를 싫어하는 사람들을 위해 하신 기도는 무엇입니까? 어떻게 이런 기도를 하실 수 있었을까요? 여러분에게 못되게 군 사람들을 용서할 수 있습니까?

5 예수님은 왜 죽으셔야 했습니까?

6 여인들은 언제 돌 무덤으로 갔고, 거기서 본 것은 무엇입니까?

7 여인들이 돌 무덤으로 갔을 때 어떤 마음이 들었을까요?

8 이 이야기에서 여러분이 예수님에 대해 배운 점은 무엇입니까?

9 이 이야기에서 여러분이 가장 좋아하는 것은 무엇입니까?

10 이 이야기를 누구에게 해 줄 수 있을까요?

성경을 삶에 적용하기

말씀하세요 "내 얼굴을 보아요" 놀이를 해 보겠습니다. 제가 여러분에게 소식을 전할 때, 그것이 행복한 것이면 행복한 얼굴을 보여주고, 나쁜 것이면 슬픈 얼굴을 보여주세요. 놀라운 소식이라면 어리둥절한 얼굴을 보여주세요.

1. 무덤에서 예수님 시체를 보는 대신 여자들은 빛나는 옷을 입은 두 남자를 보았습니다.
2. 예수님 시체는 무덤에 없었습니다.
3. 여자들은 예수님이 살아계시다는 소식을 들었습니다. 그래서 돌무덤에서 달려나갔습니다.
4. 예수님 제자들은 예수님께서 살아 계시다는 소식을 들었습니다.
5. 베드로는 예수님을 둘렀던 천을 보았습니다. 그러나 예수님 시체는 무덤에 없었습니다.
6. 예수님은 구원자로서 모든 이들을 위해 십자가에서 돌아가셨다는 소식을 들었을 때 여러분 표정.
7. 예수님이 무덤에 계시지 않은 것을 보았을 때 여러분 표정.
8. 예수님이 살아나셨다는 소식을 들었을 때 여러분 표정.

계속해서 말씀하세요 진실로 예수님은 하나님께서 보내시겠다 약속하신 구원자이셨습니다. 하나님은 저와 여러분을 너무 사랑하셔서 자기 외아들 예수님을 보내셨습니다. 예수님이 구원자라고 믿는 모든 사람은 하나님과 영원히 함께 살 것입니다.

예수님에 대해 알도록 도와주신 분을 떠올려 보세요(이 모임에 그분이 계시다면 그분을 바라보도록 하세요). 우리는 예수님의 선물을 받아들여 그분을 우리 구원자로 모실 수 있다고 배웠습니다. 오늘 예수님을 구원자로 받아들이기 원한다면, 예수님을 따르겠다는 여러분의 큰 결심을 예수님에 대해 알도록 도와주신 그분과 나누어 보세요.

아이들과 소리내어 기도하십시오. 집중하고 있다가 관심을 보이는 아이가 있다면 이야기해 줄 준비를 하고 계십시오.

성경 시간 - 학습 활동 : 말씀 동그라미

준비물 지름 15cm 원으로 자른 도화지 여러 장, 마커

원으로 자른 도화지에 암송 구절 단어 하나씩 적어 단어 카드를 만듭니다. 단어가 쓰인 부분이 바닥으로 가도록 하여 카드를 평평한 바닥에 놓으세요. 한 번에 하나씩 단어 카드를 뽑으세요. 단어를 뽑은 아이들은 단어 카드를 들고 한 줄로 섭니다. 다른 사람이 단어를 뽑을 때, 먼저 뽑은 사람들은 말씀 순서대로 카드를 들고 움직이며 전체 문장을 맞추어 봅니다. (참고: 단어를 조합하는데 설 공간이 부족하면 단이 카드를 테이블 위나 바닥에 놓고 문장을 맞춥니다.)

놀이 시간 - 물로 하는 릴레이 (20분)

준비물 플라스틱 컵과 구멍 낸 일회용 종이컵(아이 숫자 만큼), 물이 든 양동이 3개, 작은 양동이 3개, 스펀지 큰 것 3개

아이들을 2-3조로 나눕니다.

❶ 물컵 릴레이 – 아이들에게 플라스틱 컵을 하나씩 나누어 줍니다. 각 조에게 물이 찬 양동이를 줍니다. 도착점에 빈 양동이를 놓습니다. 첫 번째 아이가 물이 든 컵을 머리 위에 얹고 걸어서 도착점까지 갑니다. 도착점에 이르면 물을 양동이에 부은 후 팀원들이 있는 출발점까지 달려옵니다. 다음 선수가 이어받습니다. 모든 조원이 먼저 마치는 조가 이깁니다.

❷ 위로 아래로 – 아이들을 두 조로 나누어 나란히 줄을 세우세요. 각 조에게 물컵을 줍니다. 받은 아이는 물컵을 자기 어깨너머로 뒷사람에게 넘깁니다. 다음 사람은 뒷사람에게 자기 다리 사이로 물컵을 넘깁니다. 마지막 사람에게 물컵이 전달되면, 다시 반대 방향으로 컵을 전달합니다. 먼저 끝내는 조가 이깁니다. (다른 물건을 사용하여 진행할 수 있습니다: 플라스틱 공, 스카프 등.)

❸ 스펀지 릴레이 – 각 조에게 스펀지를 하나씩 줍니다. 각 조 출발점에 물이 가득한 양동이를 둡니다. 도착점에 빈 양동이를 둡니다. 첫 선수가 양동이 물로 스펀지를 적셔서 도착점에 있는 빈 양동이로 달려가 물을 짜냅니다. 출발점으로 돌아와 다음 선수에게 스펀지를 줍니다. 같은 방식으로 빈 양동이에 물이 다 옮겨질 때까지 이어갑니다. 양동이에 물이 많은 팀이 이깁니다.

❹ 물컵 드리블 – 각 조에게 바닥에 작은 구멍 낸 종이컵을 하나씩 줍니다. 각 조 출발점에 물이 가득한 양동이를 둡니다. 도착점에는 빈 양동이를 둡니다. 첫 선수는 컵에 물을 담아 도착점까지 걸어가 빈 양동이에 물을 붓습니다. 그리고 출발점으로 달려와 컵을 다음 선수에게 줍니다. 이렇게 빈 양동이에 물이 다 옮겨질 때까지 이어갑니다. 양동이에 물이 많은 팀이 이깁니다.

간식 시간

건강식으로 준비한 간식을 아이들에게 주세요.

주의 사항: 음식 알레르기가 있는지 확인하세요. 이야기천에서 39-41번 그림을 가리키세요. 그림과 연결해서 그림에 대해 기억하는지 아이들에게 물어보세요. 이 시간을 아이들과 대화하며 더욱 친밀한 관계를 형성하는 기회로 삼으세요.

만들기 시간 - 스테인드 그래스 십자가

준비물 카드지, 습자지, 풀, 고체풀

아이들이 도착하기 전 습자지를 작은 사각형으로 자릅니다. 카드지를 십자가 모양으로 자릅니다. 아이들마다 십자가 한 개와 습자지를 나누어 줍니다. 아이들이 십자가에 자기가 원하는 대로 습자지를 붙이도록 하세요. 풀은 얇게 바르세요. 십자가 한 면에 다 붙입니다. 풀이 다 마르면, 성경 구절을 기억나게 해 줄 십자가를 집으로 가져가도 됩니다.

폐회

이 시간을 아이들과 오늘 배운 내용을 복습하는 기회로 삼으세요. 아이들과 암송 말씀을 함께 읽어 보세요. 말씀하세요 제가 암송 말씀 단어 하나를 말하면, 여러분은 그 말 다음에 나오는 말을 해 보세요. (인도자)"하나님이" (아이들)"세상을." 구절을 마칠 때까지 이어 가세요. 이번 주에 아이들이 가장 좋아했던 노래 하나를 부르세요. 우리를 사랑하시고 자기 아들 예수님을 우리 구원자로 보내신 것에 감사하는 기도를 하세요. 아이들이 내일 다시 오도록, 그리고 친구를 데려오도록 해 주세요.

5 창조부터 예수님까지

"하나님이 세상을 이처럼 사랑하사 독생자를 주셨으니 이는 저를 믿는 자마다 멸망치 않고 영생을 얻게 하려 하심이니라"

요한복음 3:16

아이들이 오면 연령별로 조를 나눕니다. 조마다 다른 색깔 스티커로 표시하세요. 5살 미만, 6–8세, 9–12세 등(필요하다면 조를 더 다양하게 나누어도 됩니다). 교대 시 적어도 자원봉사자 한 명과, 각 조와 계속 함께 있을 한 명이 있어야 합니다.

오늘 모임을 네 가지 활동으로 나눕니다: 성경 이야기, 놀이, 간식, 만들기. 활동별로 20분 정도를 할애하여 다음 활동으로 전환합니다.

아이들이 도착하면 인도자들은 아이들과 인사하고 놀이를 진행합니다. 이번 주에 아이들이 가장 좋아한 놀이 한 가지를 합니다. 실내에서 모이면 아이들이 시작하기 전에 색칠 공부를 하도록 크레용을 함께 준비해 보세요.

전체 소개 (15분)

아이들이 음악에 맞추어 움직이도록 합니다. 친숙한 노래나, 아래에 제안하는 노래 중에 고르세요. 기억하기 쉬운 노래들로 준비합니다. 기타를 칠 수 있는 사람이 있다면 도움을 구해 보세요. 다음 노래들을 모르면 더 찾아 준비하세요.

"예수께로 가면" "예수 사랑 하심은" "주는 나를 기르시는 목자"
"우리 모두 다 같이 손뼉을" "좋으신 하나님"

이 시간에 인도자를 소개합니다. 아이들에게 오늘 어떤 일이 있을지, 그리고 무엇을 기대할 만할지 말씀해 주세요. 특별히 알릴 점이 있다면 이때 같이 알리십시오. 기도로 이 시간을 마무리합니다.

소모임 활동

성경 시간

각 성경 이야기는 구연에 맞게 구성되어 있습니다. 각 장은 이야기를 어떻게 배울지 알려줄 뿐 아니라, 전달 방식의 모범을 보여줍니다. 함께 구성된 이야기천은 이야기를 떠올리기 위한 시각 효과를 위해 사용합니다. 이야기마다 질문과 적용이 있습니다. 또한 성경 시간에는 외울 말씀을 익히는 학습 활동도 있습니다. 요한복음 3:16은 매번 사용합니다.(20분)

성경 이야기 구연을 위한 준비

마지막 이야기는 창조부터 그리스도까지 복음 전체를 개관합니다. 이번 주에 들은 이야기 중 일부를 복습할 것입니다. 다음의 이야기를 사용하세요. 이야기를 그대로 읽지 마시고, 충분히 읽고 익혀 이야기를 하듯 말씀하세요.

1. 창조부터 그리스도 이야기까지 전체를 소리 내어 읽고 또 읽으세요. 이야기 주제를 마음에 새깁니다.
2. 눈을 감고 이야기를 상상해 보세요. 이야기 전개를 머릿속에 그려 보세요.
3. 어떤 말들은 아이들을 위해 단순화하세요.
4. 성경을 덮고 여러분 자신에게 큰 소리로 이야기해 보세요. 가족이나 친구에게 이야기를 전해 보고 어떻게 하면 이야기를 더 잘 전할 수 있을지 도움을 구하세요.
5. 원고 없이 이야기를 할 수 있을 때까지 반복하며 연습해 보십시오.

5 창조부터 예수님까지

성경 이야기를 위한 준비

둥그렇게 앉은 아이들에게 ? 물어보세요 지난 시간에 어떤 좋은 일과 나쁜 일이 예수님께 일어났는지 말해 줄 사람 있나요? 그 이야기를 어떻게 생각하세요? 대답할 시간을 주세요.

말씀하세요 오늘 이야기에는 이미 들은 것도 있지만 새로운 내용도 있습니다. 두 가지 다 들어보세요. 이 이야기는 하나님의 말씀에서 온 것입니다. 하나님의 말씀에 있는 것이기에 (성경을 위로 들어주세요.) 이것은 진리입니다.

이야기 1

하나님께서 태초에 계셨습니다. 그는 유일하신 한 분 하나님이십니다. 그분은 창조주이십니다. 그분은 하늘과 땅에 있는 모든 것을 만드신 분입니다. 하늘에는 하나님께 예배하고 그분 뜻을 전달하는 천사들을 만들어 두셨습니다. 땅에는 자연에 있는 것, 즉 나무, 꽃, 바다, 그리고 사람들을 창조하셨습니다. 하나님은 사람들이 하나님을 신뢰하고 그분과 관계 맺기를 바라셨습니다.

하나님께서 남자(아담)와 여자(하와)를 창조하셨을 때는, 그들을 아름다운 동산에 있게 하셨습니다. 하나님은 그들을 사랑하셨고 동산에서 그들과 시간을 보내셨습니다. 하나님은 그들에게 따라야 할 한 가지 규칙을 주셨습니다. 곧, 동산에 딱 한 나무 과일 말고는 어느 것이든 먹어도 된다는 것이었습니다. 하나님께서는, 그들이 불순종하여 그 나무 과일을 먹으면 죽을 것이라고 말씀하셨습니다.

어느 날 뱀이 와서 아담과 하와를 속여 하나님께 불순종하게 하였습니다. 뱀은 여자에게 그 과일을 먹어도 죽지 않을 것이라고 거짓말하였습니다. 아담과 하와 모두 뱀의 말을 듣기로 했고, 하나님께 불순종하였습니다. 그들은 과일을 먹었습니다. 불순종하였기에 그들은 동산 밖으로 쫓겨났고, 언젠가는 죽을 처지가 되었습니다.

시간이 지나고, 하나님께서는 사람들이 따라야

할 열 가지 규칙을 주셨습니다. 그러나 아무도 그 규칙을 다 지키지 못했습니다. 더 심각한 것은, 누구도 깨진 하나님과의 관계를 고칠 수가 없다는 사실이었습니다.

사람들이 하나님과 그분의 인도하심에 신실할 때도 있었지만, 대부분은 그분에게 반항하였습니다. 어떤 이들은, 언젠가 구원자가 오셔서 그 반항의 결과로 온 처참한 상태에서 사람들을 구원하실 것이라고 말하였습니다. 그분은 베들레헴에서 태어나실 것이라고 하였습니다. 또한 "전능하신 하나님, 영원하신 아버지, 그리고 평강의 왕이라고 불릴 것이라고 하였습니다." 그러나 선지자들은 또한 예수께서 수치 속에서 죽으실 것이며, 자기 백성이 그분을 경멸하고 거절할 것이라 말하였습니다.

여러 해가 지나고 하나님께서 자기 백성을 얼마나 사랑하시고, 그들과 신뢰와 사랑의 관계를 가지려 하시는지 보여주셨습니다. 하나님은 예수 그리스도를 보내셨습니다. 예수님은 특별한 분이셨습니다. 그분은 인간의 몸을 입으신 하나님의 아들이셨기 때문입니다. 예수님은 한 번도 잘못을 한 적이 없으시고, 항상 하나님께 순종하셨습니다.

예수님은 사람들을 사랑하셨고 그들을 가르치시며 시간을 보내셨습니다. 병든 자를 고치셨고, 눈먼 사람이 보게 하셨고, 한 번은 아주 적은 양식으로 오천 명을 먹이기도 하셨습니다. 예수님께는 제자 혹은 특별한 도우미라고 부를 수 있는, 예수님을 따르는 친구 열둘이 있었습니다. 예수님은 제자들과 많은 사람들에게 하나님에 대해 가르치셨습니다.

많은 사람들이 예수님을 사랑했으나, 종교 지도자들은 예수님을 질투하여 그분을 죽이기로 하였습니다. 그들은 예수님을 십자가에 못 박았습니다. 예수님은 그날 십자가에서 돌아가셨습니다. 그리고 십자가에서 내리워 돌무덤에 묻히셨습니다. 무덤 입구는 큰 돌로 막았고, 로마 병사들은 아무도 그분 시체를 가져가지 못하게 지켰습니다. 그럼에도 불구하고, 예수님은 삼 일 후 죽음에서 다시 살아나셨고, 예수님이 돌무덤에서 나오실 때 무덤 앞에 있던 돌은 치워졌습니다. 예수님이 살아나신 것입니다!

그 후 사십 일 동안 예수님은 오백 명도 넘는 사람에게 나타나셔서 그들을 가르치시고 격려하셨습니다. 어느 날 예수님은 예루살렘 밖 언덕으로 올라가셨습니다. 예수님은 제자들에게, 자기는 이 땅을 떠나 하늘로 올라갈 것이라고 하셨습니다. 예수님은 모든 사람에게 예수님과 그들을 향한 예수님 사랑을 전하라고 말씀하셨습니다.

질문

(다음 질문들은 아이들이 들은 이야기를 다시 이야기하게 하고 대화를 나눔으로 심화 학습 하도록 구성되었습니다. 질문은 연령에 따라 다르게 이해될 수 있습니다. 아이들이 이 시간을 잘 끌어 가도록 도우십시오. 시간이 부족하면 질문을 다 하지 않아도 됩니다. 아이들과 이야기를 나눌 때 하나님의 인도하심을 구하세요.)

1 누가 세상을 만드셨나요?

2 아담과 하와가 따라야 할 한 가지 규칙은 무엇이었습니까?

3 뱀이 아담과 하와를 속였을 때 무슨 일이 일어났습니까?

4 오늘 이야기에서는 하나님께서 사람들에게 열 가지 규칙을 주셨다고 배웠습니다. 사람들은 이 규칙을 따랐나요?

5 하나님께서는 사람들이 규칙을 완전하게 따르지 못하기 때문에, 누구를 구원자로 보내셨습니까?

6 예수님이 이 땅에 계셨을 때 하신 일 중 몇 가지를 말해 봅시다.

7 종교 지도자들은 예수님께 어떤 일을 하였습니까?

8 예수님이 돌아가시고 삼일 뒤에 무슨 일이 일어났습니까?

9 이 이야기에서 여러분이 좋아하는 부분은 어디인가요?

10 이 이야기에서 우리가 하나님과 예수님에 대해서 알 수 있는 것은 무엇입니까?

성경을 삶에 적용하기

마지막 날 적용은 폐회 시간에 있을 것입니다.

학습 활동 : 그래피티(벽화)

준비물 흰색 큰 종이, 수성 마커, 야외용 분필

벽에 흰색 큰 종이를 붙입니다. 마커로 성경 구절을 쓰도록 도와주시고, 그 구절이 기억날 만한 그림을 옆에 그립니다. 글씨를 쓰는 동안에 성경 구절을 반복해서 말씀하세요. 흰 공간을 가득 채워 봅니다. 실외에서 한다면, 야외용 분필로 보도에서 해 봅니다(허용되는 곳이라면).

놀이 시간 - 속았지! (20분)

준비물 부드러운 공

이 놀이는 유치부에게 어려울 수 있습니다. 그렇다면 간단한 게임을 하세요.

- 아이들을 둥그렇게 세우십시오.
- 한 사람(이 놀이가 처음이라면 선생님)이 원 안에 들어가 공을 들고 서 있습니다.
- 원 안에 있는 사람이 다른 사람에게 어떻게 공을 던져야 할지 시범을 보이세요.

- 받은 사람은 다시 공을 안에 있는 사람에게 던지고, 가운데 사람은 아까 공을 던진 사람의 오른쪽 사람에게 공을 던집니다.
- 원을 이루는 모두가 공을 던지게 해 주십시오.
- 원 안에 있는 사람은 이따금씩 공 던지는 흉내만 내고 던지지 않을 수 있습니다.
- 공이 오는 줄 알고 움찔하거나 공을 잡으려고 움직였다면, 그 사람은 원 밖으로 나갑니다. 안에 있는 사람은 남은 사람에게 또 공을 던지는 척할 수 있습니다.
- 움찔하는 사람은 퇴장하여야 하고, 동그라미는 점점 작아져서 안에 있는 사람은 남은 이들에게 공 던지는 척하기가 점점 어려워집니다.
- 원 안에 있는 사람 말고, 원을 이루는 한 사람이 남으면 그 사람이 승자이고, 안에 있는 사람은 바뀝니다. 다시 아이들 모두가 원을 이루어 새 놀이를 시작합니다.
- 우리가 진리를 알기 위해서는 눈을 열고 조심해야 한다고 이야기함으로 성경 이야기에 이 놀이를 접목할 수 있습니다. 공을 주고받을 때마다 외울 말씀도 주고받으면서 성경 암송을 할 수도 있습니다.

간식 시간 (20분)

건강식으로 준비한 간식을 아이들에게 주세요.

주의 사항: 음식 알레르기가 있는지 확인하세요. 창조부터 그리스도까지 이야기를 말해 보고 싶은 사람이 있는지 물어보세요. 아이들이 주저한다면 여러분이 먼저 시작하시고, 그 다음 어떤 말이 나올지 아이들에게 물어보세요. 여러분은 아이들과 한 주를 함께하며 관계를 맺었습니다. 서로의 마음을 나누어 보세요.

만들기 시간 - 창조부터 그리스도까지 이야기판

준비물 이야기판(인원에 맞게, 부록 참조), 크레용

아이들에게 창조부터 그리스도까지 이야기판 복사본을 한 장씩 주어 색칠하게 하고, 집으로 가져가 한 주 동안 배운 모든 내용을 기억하게 합니다. 색칠이 다 끝나면 서로 이야기를 하며 연습하도록 하세요.

폐회 시간

이제 복음의 주제를 중심으로 성경의 모든 이야기를 다룰 때가 되었습니다. 아이들이 자기 믿음의 고백을 할 때는 아닙니다. 아이들의 나이와 영적 배경이 다르기 때문에 전체를 대상으로 고백을 요구하는 것은 지혜롭지 않습니다. 따라서 침례(세례)나 입교 같은 것들은 일부러 넣지 않았습니다. 종교적 배경이 다양하거나, 교회 다닌 경험이 전혀 없을 수도 있기에 이러한 것들이 아이들을 혼란스럽게 할 지도 모릅니다.

우리의 목적은, 예수님이 왜 죽으셨고, 어떻게 그리스도인이 되는지 알려 주는 것입니다. 우리는 아이들을 구원할 수 없습니다. 하나님께서만 하십니다. 아이들에게 어떻게 그리스도인이 되는지 "말해 주는 것"이 우리의 책임입니다. 하나님께서 아이들을 자기에게로 부르십니다. 아이들을 향한 하나님 계획 속에서, 그분의 때에 여러분을 사용해 달라고 기도하십시오.

말씀하세요 예수님은 자기를 믿던 많은 사람들에게 나타나시고 사십 일 후, 제자들을 언덕에 모으셨습니다. 예수님은 어떻게 하나님의 가족을 만들 것인지 그들과 이야기하셨습니다. 하나님의 가족은 자신들이 원하는 것을 하는 사람들이 아닌, 하나님께서 원하시는 것을 하려고 노력하는 사람들로 이루어지는 것이었습니다. 하나님의 가족은 하나님께서 예수님을 보내신 것을 믿습니다. 하나님의 가족은, 예수님이 하나님께서 보내신다고 약속하셨던 바로 그 구원자이신 하나님의 아들이라는 것을 믿습니다. 예수님은 모든 이들을 구원하려고 죽으셨습니다. 그래서 우리는 예수님이 원하시는 대로 살아가는 것입니다.

우리는 이것이 무슨 뜻인지 항상 이해할 수는 없지만, 하나님께서 성경에서 그것이 진리라고 말씀하셨기에 믿습니다. 우리는 하나님을 믿으며, 성경에 있는 모든 것을 믿습니다. 우리가 하나님을 따르고자 하지만, 아무도 완벽하게 따를 수도, 항상 그분이 원하시는 대로 살 수도 없습니다. 그러나 하나님께서 우리를 도와주실 것입니다. 예수님을 따르겠다는 이 결심은 우리가 할 수 있는 것 중 가장 중요한 선택일 것입니다. 언제 여러분이 여러분의 삶을 그분께 드리고 그분을 여러분의 구원자로 받아들이기를 바라고 계신지 하나님께서 알려 주시도록 제가 기도하겠습니다.

아이들을 위해 소리 내어 기도하세요. 어떤 아이든 관심을 보이면 더 알려 줄 수 있도록 주의를 기울이세요.

참고: 아이들과 함께 할 마지막 시간이므로 헤어질 때 아이들의 마음을 세심하게 살펴 주세요. 말과 행동으로 자기 기분을 보이면, 그것을 듣고 반응해 주는 시간을 가능한 길게 가지세요.

부록

복사하여 사용하세요

연대기적 성경 이야기천

42가지 이야기

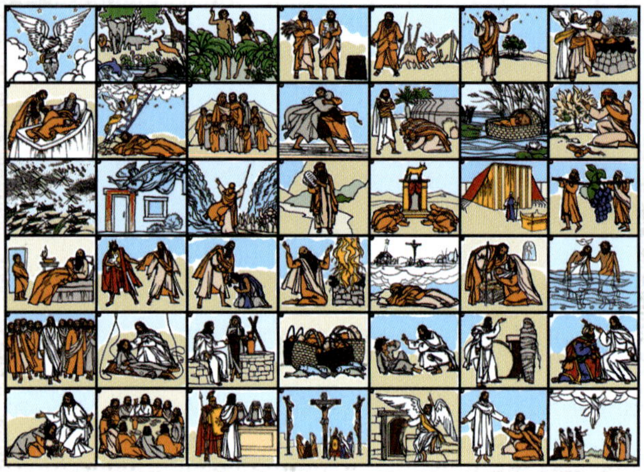

참고. 42가지로 구성된 이야기천 그림 번호는 2단원 각 장 번호와 일치하지 않습니다.

예 – 그림 1. "영의 세계 – 세라핌"
1장 "태초에'(이야기천 그림 2)

Dr. R. L. CALVERT

1. **영의 세계** – 세라핌
   욥1:6–7; 38:6–7; 사14:12–15 겔28:11–19; 고후 11:14; 딤전 3:6; 벧후 2:4; 유6; 계 12:7–9

2. **태초에** – 각종 동물
   창1:1–2:3

3. **아담과 하와** – 동산에 있는 남자와 여자
   창1:26–3:24

4. **가인, 아벨, 셋, 그리고 노아** – 각자 예물을 가져오는 두 사람
   창 4:1–16, 25–26; 창 5:3,28–32

5. **홍수** – 방주 – 동물들
   창6:9–9:17

6. **아브람과 언약을 맺으신 하나님** – 별을 바라보는 아브람
   창12:1–9; 15:1–18; 16:1–16; 17:1–22; 21:1–21

7. **아브라함이 받은 시험** – 아브라함과 이삭은 제단에 – 숫양은 뒤에
   창17:15–22; 18:1–15; 22:1–19

8. **이삭이 리브가와 결혼하여 두 아들을 둠;** 야곱이 에서의 축복을 차지함 – 자리에 누운 이삭과 손에 동물 가죽을 덮은 야곱
   창 24:1–67; 25:20–34; 27:1–46

9. **야곱이 벧엘에서 꿈을 꿈** – 야곱과 사닥다리
   창 28:10–22

10. **야곱이 레아** – 라헬과 결혼하여 자녀들을 낳음; 특별히 요셉과 베냐민 – 두 명의 아내와 열두 자녀들
    창 29:14–31; 30:3, 9, 21–24; 35:16–18

11. **야곱이 언약을 갱신하고 이름을 바꿈** – 야곱이 어떤 남자와 씨름함
    창 32:22–32; 35:10–15

12. **요셉과 그의 형제들, 요셉을 노예로 만들고 감옥에 보냄** – 형제들이 요셉에게 절함; 술 맡은 관원장과 떡 굽는 관원장, 바로의 꿈, 요셉의 형제들이 애굽으로 감
    창37:39; 창 40; 창 41, 42–45

13. **모세가 태어남** – 나일강의 바구니에 담긴 모세
    출 1:8–2:25

14. **모세, 불 붙은 떨기나무와 두 가지 징조** – 모세와 불 붙은 떨기나무
    출 2:15–4:17

15. **열 가지 재앙 – 재앙을 택함** - 메뚜기 재앙
    출 7:6–11; 10

16. **유월절** – 문설주의 피
    출 12

17. **홍해를 건넘** – 바다가 갈라지고 그곳으로 걸어감
    출 13:17–14:31(긴 이야기는 15–17장에 이어서)

18. **십계명을 주심** – 모세와 돌판
    출 19:1–20:21

19. **금송아지** – 금송아지와 절하는 사람들
    출 32

20. **성막과 속죄일**
    출 40; 레 16

21. **열두 명의 정탐꾼들을 가나안에 보냄** – 과일을 나르는 열두 명
민 13:1–14:12

22. **여호와께서 사무엘을 부르심** – 엘리에게 간 소년
삼상 1–4

23. **이스라엘이 왕을 구함;** 하나님께서 사울 왕의 죄로 인해 그를 거절하심 – 사무엘이 양을 챙긴 사울에게서 돌아섬
삼상 8–10; 12; 13:13–14(행13:20–23); 15:1–29

24. **사무엘이 다윗에게 기름 부음;** 다윗이 성전을 짓기를 원했으나, 대신 후손이 영원히 통치할 것이라는 약속을 받음
삼상 13:13–14(행 7:46; 13:20–23); 16:1–13; 삼하7:1–17; 왕상 5

25. **갈멜산의 엘리야** – 제물에 불이 내림 – 엘리야가 기도함
왕상 18:16–46

26. **메시야의 나심, 고난, 십자가에 못 박히심, 부활에 대한 다윗과 이사야의 예언** – 꿈에 나타난 사람
시2:7–8; 16:8–11;22:1–2,6–7,14–18; 68:18; 사7:14; 9:6–7; 53:1–7,9; 미 5:2

27. **예언된 예수님의 나심** – 요셉, 마리아, 그리고 구유에 있는 아기; 예수님의 탄생; 목자들과 천사들
– 마1:18–2:12; 3:1–12 막1:1–8; 누1:26–38; 눅2:1–7; 눅 2:8–20; 요1:1–36; 사 40:3
– 침례(세례) 요한에 대한 예언 – 말3:3–5

28. **침례(세례) 요한이 주의 길을 예비함** – 요단 강에 있는 털 많은 남자가 예수님과 함께함
– 요한에 대한 예언– 사 40:3; 말 3:3–5
– 예수님의 침례(세례) – 마3:1–12; 막1:1–8; 눅 3:1–18; 마3:13–17; 막1:9–11; 눅 3:21, 22; 요1:29–34
– 예수님의 시험 – 마4:1–11; 마 1:12,18; 눅4:1–13

29. **제자들을 부르심** – 예수님과 열두 명
마4:18–22; 막1:16–20; 막3:13–19; 눅 5:1–11, 27–32; 눅 6:12–16; 요1:35–51

30. **예수님께서 많은 사람들을 고치심** – 예수님과 병든 사람; 중풍병자를 고치심
막2:1–12; 눅 5:17–26

31. **예수님께서 사마리아 여인** – 예수님과 함께 있는 우물가에 있는 여인
요4:4–42

32. **예수님께서 오천 명을 먹이심** – 오병이어로 먹이심
마14:13–21; 막6:30–44; 눅 9:10–17; 요6:1–15,24–71

33. **귀신 들린 아이를 고치시고 죽음, 장사, 그리고 삼일 만에 부활하실 것을 예언하심** – 예수님께서 아이를 고치심
마17:14–23; 막9:14–32; 눅 9:37–44

34. **예수님께서 죽은 나사로를 살리심** – 나사로가 무덤에서 나옴
요11:1–46

35. **부자 청년과 죽음, 장사, 그리고 삼일 만에 부활하실 것을 예언하심** – 예수님과 부자 청년
마19:16–30; 막10:17–34; 눅 18:18–34

36. **예수님께서 베다니에서 기름부음 받으심;** 배반할 음모 – 예수님께서 여인에게 기름부음 받으심
마26:1–16; 막14:3–11; 눅 7:36–50; 요 11:2; 요12:1–11

37. **주의 만찬** – 식탁에 앉은 예수님과 열두 명
마26:17–35; 막14:12–31; 눅22:7–34
성령님을 약속하심 – 요13:1–14;18, 14:23–29; 15:26–27; 16:7–14

38. **겟세마네** – 군인들과 재판 받으시는 예수님; 유대 지도자들과 예수님
마26:36–75; 막14:32–72; 눅 22:39–62; 요18:1–27; 마27:1–30; 마15:1–19; 눅 22:63–23:25; 요18:28–19:16; 사50:6; 53:3–7

39. **십자가에 못 박히심** – 십자가에 달리신 예수님
마27:31–56; 막15:20–41; 눅 23:26–49; 요19:17–37
예수님께서 저주를 끊으심 – 갈3:10–14
예수님의 장사 – 마 27:57–66; 막15:42–47; 눅 23:50–56; 요19:38–42

40. **부활** – 빈 무덤
마28:1–15; 막16:1–8; 눅 24:1–12; 요20:1–18

41. **예수님이 제자들에게 나타나심** – 엠마오로 가는 두 제자와 같은 방에 머무심, 제자들, 복음 전도의 사명
마28:16–20; 눅 24:13–53; 요20:19–31; 고전 15:5–8

42. **예수님께서 하늘로 올라가심** – 올라가는 예수님을 쳐다보는 사람들; 복음 전도를 위해 성령의 능력을 약속하심
행1:4–11; 눅24:44–53

텔 더 스토리
성경 속 40가지 이야기
무엇을
어디서
언제
문의 전화

텔 더 스토리
성경 속 40가지 이야기
무엇을
어디서
언제
문의 전화

이름 ………………………… 나이 ………… 학년 …………

주소 …………………………………………

부모님 성함 ………………………… 전화 …………

알레르기 …………………………………………

데리러 가면 안 되는 아이는 표시해 주세요.

부모님에게 연락이 안 될 경우 비상 연락처

이름(관계) ………………………… 전화 …………

기타 …………………………………………

이름 ………………………… 나이 ………… 학년 …………

주소 …………………………………………

부모님 성함 ………………………… 전화 …………

알레르기 …………………………………………

데리러 가면 안 되는 아이는 표시해 주세요.

부모님에게 연락이 안 될 경우 비상 연락처

이름(관계) ………………………… 전화 …………

기타 …………………………………………

이름 ………………………… 나이 ………… 학년 …………

주소 …………………………………………

부모님 성함 ………………………… 전화 …………

알레르기 …………………………………………

데리러 가면 안 되는 아이는 표시해 주세요.

부모님에게 연락이 안 될 경우 비상 연락처

이름(관계) ………………………… 전화 …………

기타 …………………………………………

출석부

이름	1일	2일	3일	4일	5일
1.					
2.					
3.					
4.					
5.					
6.					
7.					
8.					
9.					
10.					
11.					
12.					
13.					
14.					
15.					
16.					
17.					
18.					
19.					
20.					
21.					
22.					
23.					
24.					

출석부

이름	1일	2일	3일	4일	5일
1.					
2.					
3.					
4.					
5.					
6.					
7.					
8.					
9.					
10.					
11.					
12.					
13.					
14.					
15.					
16.					
17.					
18.					
19.					
20.					
21.					
22.					
23.					
24.					

장별 계획표

날짜: .... 회차: ....

이야기: .... 성경 본문: ....

활동 사항	책임자	준비물
성경 이야기를 위한 준비와 성경 이야기		
질문		
성경을 삶에 적용하기		
학습 활동		
성경 암송		
놀이		

추가 사항

....

....

....

....

창조

하나님이 하늘과 땅을 창조하셨습니다.

제 1일

제 2일

제 3일

제 4일

제 5일

제 6일

창조부터 그리스도까지

하나님의 사랑과 구속 이야기

창조

아담과 하와

십계명

하나님께서 예수님을 보내심

예수님이 사람들과 함께하심

예수님이 죽으시고 다시 살아나심

성경 이야기 5일 장별 계획표

	개회/폐회	성경 시간	놀이 시간	간식 시간	만들기 시간
인도자					
도우미					
도우미					
준비물					

	개회/폐회
인도자	
도우미	
도우미	
준비물	

참고

성경 이야기 5일 계획 준비물

성경 이야기 모임을 위한 기본 준비물(이동을 쉽게 하기 위해서 큰 플라스틱 통에 담아 주세요.)

구급약품, 담요, 텐트, 물, 화장실 현황, 접이식 의자(선생님), 접이식 탁자, 골판지, 탁자 대용 판자(무릎에 놓을), 쓰레기 봉지, 종이 수건, 물티슈, 가위, 펜, 크레용, 색 도화지

	1장 태초에	2장 예수님이 태어나심	3장 예수님께서 오천 명을 먹이심	4장 예수님의 죽음과 부활	5장 창조부터 그리스도까지
성경 이야기	이야기천	이야기천 아기 인형 박스 1 의상용 수건 / 천	이야기천	이야기천	
성경 암송	흰 도화지나 카드 용지 흰 크레용 수용성 페인트 페인트 붓, 컵	3X5 (125 X75mm) 인덱스 카드 다양한 색깔펜	비치볼	15cm 도화지 (단어당 한 장) 마커	흰색 큰 종이 수성용 색깔 마커 야외용 분필
놀이	플라스틱이나 나무 숟가락 3 플라스틱 달걀 3 놀이터용 공 3 줄넘기 3	카드지 (조별로 1벌씩)	준비물 없음	일회용 컵 (1인 1개) 바닥에 구멍 낸 일회용 컵 (1인 1개) 물이 든 큰 양동이 3 작은 양동이 3 큰 스펀지 3	부드러운 스펀지 공
간식	사과, 바나나, 포도 등 과일	건강 간식	물고기 모양 과자, 물	건강 간식	건강 간식
만들기	창조 이야기판 (1인 1개) 가는 마커 물티슈	아이스크림 스틱 (1인 3개) 풀 30cm 실 (1인 3개) 가는 마커 장식용 스팽글 장난감 보석	벨벳 철사 (1인 1개) 열쇠고리 링 (1인 1개) 실 구멍이 있는 비즈	카드지 (1인 1개) 사각형으로 자른 습자지 고체풀	창조부터 그리스도까지 이야기판 (1인 1개) 크레용
기타	이름표 등록 카드 색깔 스티커	이름표 등록 카드 색깔 스티커	이름표 등록 카드 색깔 스티커	이름표 / 등록 카드 /색깔 스티커 뜨개실 2 타래(노끈 공, 플라스틱 공, 스카프 뭉치 등으로 대체)	이름표 등록 카드 색깔 스티커

색인 - 2단원

아래의 색인을 복사하거나 잘라 장마다 붙여 구분하는 용도로 사용하세요.

1장 태초에	**2장** 아담과 하와	**3장** 가인, 아벨, 셋, 그리고 노아	**4장** 홍수
5장 아브람과 언약을 맺으신 하나님	**6장** 아브라함이 시험을 받다	**7장** 야곱이 이삭의 축복을 차지하다	**8장** 야곱이 벧엘에서 꿈을 꾸다
9장 야곱이 결혼하여 열두 자녀를 낳다	**10장** 야곱이 씨름하다	**11장** 이집트에 있는 요셉	**12장** 모세가 태어남
13장 모세와 불타는 떨기나무	**14장** 열 가지 재앙	**15장** 유월절	**16장** 홍해를 건너다
17장 십계명	**18장** 금송아지	**19장** 성막	**20장** 가나안의 열두 정탐꾼
21장 하나님께서 사무엘을 부르시다	**22장** 사무엘이 사울에게 기름을 붓다	**23장** 사무엘이 다윗에게 기름을 붓다	**24장** 갈멜산의 엘리야
25장 예수님이 태어나심	**26장** 침례(세례) 요한	**27장** 제자들을 부르심	**28장** 예수께서 중풍병자를 고치시다
29장 예수님과 사마리아 여인	**30장** 예수께서 오천 명을 먹이시다	**31장** 예수께서 아이를 고치시다	**32장** 예수께서 나사로를 죽음에서 일으키시다

33장 부자 청년

34장 예수님이 베다니에서 기름 부음을 받으시다

35장 주의 만찬

36장 겟세마네 : 재판을 받으시는 예수님

37장 십자가에 못 박히심

38장 부활하심

39장 제자들에게 나타나신 예수님

40장 하늘로 올라가신 예수님

색인 - 3, 4단원과 부록

아래의 색인을 복사하거나 잘라 장마다 붙여 구분하는 용도로 사용하세요.

성경 이야기를 위한 20가지 **활동**

성경 암송을 위한 20가지 활동

성경 이야기를 위한 20가지 재미있는 **놀이**

1장 태초에

2장 예수님이 태어나심

3장 예수님이 오천 명을 먹이시다

4장 예수님의 죽음과 부활

5장 창조부터 예수님까지

창조 이야기판

창조부터 예수님까지 이야기판

장별 계획표

준비물